2019 年度教育部哲学社会科学研究后期资助项目一般项目"古代两河流域政治婚姻史研究"（项目批准号：19JHQ054）最终结项成果

浙江师范大学出版基金资助成果

THE LEAGUE OF NO LOVE
A HISTORY OF POLITICAL MARRIAGE
IN ANCIENT MESOPOTAMIA

无爱之盟
古代两河流域政治婚姻史

刘昌玉　著

中国社会科学出版社

图书在版编目（CIP）数据

无爱之盟：古代两河流域政治婚姻史／刘昌玉著 . —北京：
中国社会科学出版社，2023.12
ISBN 978 - 7 - 5227 - 2852 - 0

Ⅰ.①无⋯　Ⅱ.①刘⋯　Ⅲ.①两河流域—政治—婚姻
制度—研究　Ⅳ.①D913.9

中国国家版本馆 CIP 数据核字（2023）第 246509 号

出　版　人　赵剑英
责任编辑　耿晓明
责任校对　李　军
责任印制　李寡寡

出　　　版　中国社会科学出版社
社　　　址　北京鼓楼西大街甲 158 号
邮　　　编　100720
网　　　址　http://www.csspw.cn
发 行 部　010 - 84083685
门 市 部　010 - 84029450
经　　　销　新华书店及其他书店

印　　　刷　北京君升印刷有限公司
装　　　订　廊坊市广阳区广增装订厂
版　　　次　2023 年 12 月第 1 版
印　　　次　2023 年 12 月第 1 次印刷

开　　　本　710 × 1000　1/16
印　　　张　17
字　　　数　276 千字
定　　　价　79.00 元

目　　录

前　言

古代两河流域文明①作为世界上最古老的文明，在世界文明史发展过程中发挥着重要的作用。作为一个"失落的文明"，两河流域文明走过了辉煌的近三千年历程（约公元前3200—前539年），直到近代欧洲探险家的偶然游历，才得以重见天日，继续讲述着它辉煌灿烂的过去。

在地理范围上，两河流域文明以西亚的底格里斯河（Tigris，全长约1900公里）与幼发拉底河（Euphrates，全长约2800公里）流域作为大致界限，还包括东地中海沿岸、小亚细亚半岛、伊朗高原以及波斯湾沿岸地区，大致相当于今天的伊拉克全境、叙利亚东北部、伊朗西部和土耳其南部地区。

本书所讨论的地理范围要大于传统的定义，除上述区域，还应包括伊朗的扎格罗斯山脉、高加索山区、小亚细亚、叙利亚巴勒斯坦地区，以及古埃及（如图0.1所示）。本书所讨论的时间范围，从最早有文字记载开始（约公元前3200年），一直到新巴比伦王国的灭亡（公元前539年）为止。

政治婚姻（Political Marriage）是指男女双方为了双方或某一方或及其集团的政治利益而结婚，多指没有感情基础，或者受到长辈强制而非自身意愿情况下，结成的婚姻形式。关于政治婚姻，恩格斯的《家庭、私有制和国家的起源》一文讲得极为透彻：

---

① 古希腊语 $M\varepsilon\sigma o\pi o\tau\alpha\mu i\alpha$（美索不达米亚，Mesopotamia），意为"河流之间的土地"。这里的"两河"指幼发拉底河（Euphrates）和底格里斯河（Tigris），故两河流域文明又名为美索不达米亚文明。注意：本书所述的两河流域政治婚姻是以两河流域作为中心视角，论述其内部以及其与周边国家和地区之间的政治婚姻，亦包括楔形文字文献中所记载的两河流域周边国家和地区（即整个近东地区）之间的政治婚姻。

"对于骑士或男爵，像对于王公一样，结婚是一种政治行为，是一种借新的联姻来扩大自己势力的机会；起决定作用的是家族的利益，而决不是个人的意愿。"①

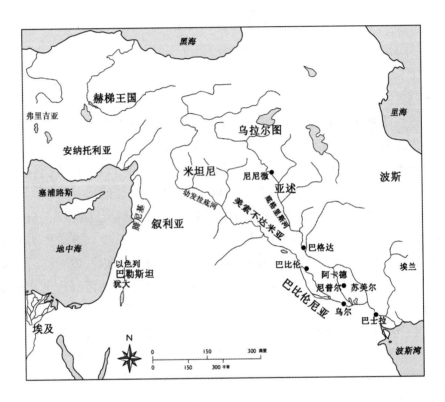

图 0.1　古代近东地图

资料来源：S. Bertman, *Handbook to Life in Ancient Mesopotamia*, New York：Oxford University Press, 2003, p. 3.

恩格斯还说："在整个古代，婚姻都是由父母为当事人缔结的，当事人则安心顺从。古代所仅有的那一点夫妇之爱，并不是主观的爱好，而是客观的义务；不是婚姻的基础，而是婚姻的附加物。"②

---

① 《马克思恩格斯选集》第 4 卷，人民出版社 2012 年版，第 89 页。
② 《马克思恩格斯选集》第 4 卷，人民出版社 2012 年版，第 87 页。

一　选题意义

古代两河流域文明绵延三千年的发展历史，产生了无数政治联姻的案例，虽然这些政治婚姻都是特定历史条件下政治目的的产物，但是它们有着不同的类型、不同的特征，古代两河流域的政治婚姻有些与古代中国的和亲形式很相似，有些与和亲则全然不同。古代两河流域作为丝绸之路沿线国家和地区，是"一带一路"倡议的重要组成部分，研究它们的政治外交史，对于深入认识和揭示古代两河流域文明的发展特征以及对古代世界历史规律的认识有着深远的影响。本书运用辩证唯物主义与历史唯物主义的观点和方法，从历史学的角度考察古代两河流域政治婚姻的历史地位和作用，可以补充国内外亚述学研究之不足，加强国际人文学科的合作与交流，在国际人文学科研究中增强中国话语权。

古代两河流域的政治婚姻与古代中国历史上的政治婚姻及"和亲"制度有类似之处也有明显的区别。[①] 它贯穿于两河流域文明发展的始终，从城邦制度伊始的古苏美尔时期（早王朝时期），经阿卡德王朝、新苏美尔时期（古地亚王朝、乌尔第三王朝）、古亚述－古巴比伦时期（伊新－拉尔萨王朝、古巴比伦王国）、中亚述－中巴比伦时期（加喜特巴比伦、米坦尼、赫梯、亚述、埃及），直到新亚述和新巴比伦时期。在古代两河流域历史发展过程中，主要存在有三种政治婚姻类型：王朝内部婚姻（dynastic marriage）、王朝之间的外交婚姻（diplomatic marriage）、附属国与宗主国之间的婚姻。[②]

在纵向上，本书从古代两河流域文明整个历史发展时期出发，立足于对古代两河流域楔形文字原始文献的解读与整理，系统梳理其政治婚姻的

---

① 关于中国古代的政治婚姻及和亲制度的研究成果，主要参见：闫明恕《中国古代和亲史》，贵州民族出版社 2003 年版；崔明德《先秦政治婚姻史》，山东大学出版社 2004 年版；崔明德《中国古代和亲通史》，人民出版社 2005 年版；宋超《和亲史话》，社会科学文献出版社 2012 年版；林恩显《中国古代和亲研究》，黑龙江教育出版社 2012 年版；王连儒《汉魏六朝琅琊王氏家族政治与婚姻文化研究》，中国社会科学出版社 2013 年版；范香立《唐代和亲研究》，陕西人民出版社 2017 年版；齐伟《辽代汉官集团的婚姻与政治》，科学出版社 2017 年版；耿超《性别视角下的商周婚姻、家族与政治》，人民出版社 2018 年版。

② Sarah C. Melville, "Royal Women and the Exercise of Power in the Ancient Near East", in *A Companion to the Ancient Near East*, Daniel C. Snell (ed.), Oxford: Blackwell Publishing, 2005, p. 224.

发展史，研究政治婚姻的类型、特征与历史作用。在横向上，本书以古代两河流域的政治婚姻这一专题作为研究对象，突破两河流域的地域界限，扩展到整个古代中东地区，包括古埃及、赫梯、伊朗及东地中海沿岸等地区，通过对各个地区的政治联姻的梳理，从宏观上系统探究上古时期中东的国际关系与政治发展规律。

二 研究综述

古代两河流域妇女与婚姻史的研究一直是国际亚述学界的热点研究方向之一，在研究领域和特点方面，学者们侧重于对古代两河流域乃至古代中东（包括两河流域、伊朗、小亚细亚、叙利亚巴勒斯坦和古埃及）的某一个时期的政治婚姻进行研究，即分段式、分期式研究，所依据的资料包括出土的楔形文字、象形文字等文献资料，以及相关考古发掘证据与出土文物证据，少数资料是根据后来的编撰（比如《圣经》资料、西方古典学家的著作等）。在国际学术界对于古代两河流域整体政治婚姻的研究成果，目前只有德国亚述学家沃尔夫冈·勒里希（Wolfgang Röllig）在 20 世纪 70 年代的论文《古代东方的政治婚姻》[①] 以及同时期他在德国亚述学辞典所撰写的词条"政治婚姻"[②]，在这两篇文章中，勒里希根据当时的文献资料，工具书式的收集汇总了古代两河流域的政治婚姻资料，但是缺少对这些政治婚姻的分析与进一步研究，所以只能算是对古代两河流域政治婚姻这一主题的首次涉足以及资料搜集，而随着大量考古证据以及新出土文献资料的释读与出版，关于古代两河流域文明的政治婚姻需要重新审视与研究。而目前研究古代两河流域整个文明史政治婚姻的论著还没有出现，这也是本书创作的初衷所在。

除了沃尔夫冈·勒里希对古代两河流域政治婚姻的整体研究之外，其余有关这一主题的研究成果都是立足于研究某一个特定时期，包括早王朝时期（古苏美尔）埃卜拉城邦的政治婚姻、乌尔第三王朝时期的政治婚姻、古巴比伦时期马里（Mari）[③] 王室档案记录的政治婚姻、中巴比

---

① Wolfgang Röllig, "Politische Heiraten im Alten Orient", *Saeculum* 25 (1974), pp. 11 – 23.

② Wolfgang Röllig, "Heirat", *Reallexikon der Assyriologie und Vorderasiatischen Archäologie* 4 (1972 – 1975), pp. 282 – 287.

③ 国内有的学者亦将其译为"马瑞"。

伦时期（对应于古埃及新王国时期）阿马尔那书信所记录的外交婚姻等。
亚述学家、埃及学家、赫梯学家和圣经学家们通过解读楔形文字、象形
文字等古文献资料，从中窥探出政治婚姻的线索，并且通过对政治婚姻
的再解读，揭示当时的社会政治背景及对当时国际关系的影响等。关于
古苏美尔时期的政治婚姻，茉莉亚·M. 亚瑟－格雷夫（Julia M. Asher-
Greve）在其所著的《古苏美尔时期的妇女》一书中论述了政治婚姻内
容。① 而在古苏美尔时期，学者们更多地关注于两河流域之外的叙利亚城
邦埃卜拉（Ebla）的政治婚姻情况，其中以意大利亚述学者和埃卜拉学
者的研究成果为最丰富（埃卜拉遗址主要是由意大利考古学家发掘），比
如阿方索·阿尔基（Alfonso Archi）所著的《埃卜拉妇女的珠宝》中介绍
了埃卜拉的政治婚姻，② 对埃卜拉城邦的政治婚姻情况研究最为深入的学
者要属另一位意大利学者玛利亚·乔凡娜·比加（Maria Giovanna Biga），
他撰写了埃卜拉王室家族的女性世系以及政治联姻的分布，③ 同时通过埃
卜拉文献记录，深入研究了埃卜拉同那加尔（Nagar）、④ 杜鲁（Dulu）⑤ 和
哈兰（Harran）⑥ 之间的政治婚姻以及外交关系。关于阿卡德王国时期的政
治婚姻情况，学者们所著成果相对比较少，主要是乔治·布切拉蒂（Gior-
gio Buccellati）与玛丽莲·凯莉－布切拉蒂（Marilyn Kelly-Buccellati）夫妇

---

① Julia M. Asher-Greve, *Frauen in altsumerischer Zeit*, Bibliotheca Mesopotamica 18, Malibu: Undena Publications, 1985.

② Alfonso Archi, "Jewels for the Ladies of Ebla", *Zeitschrift für Assyriologie und Vorderasiatische Archäologie* 92 (2002), pp. 161 – 199.

③ Maria Giovanna Biga, "Femmes de la Famille Royale d'Ebla", in *La Femme dans le Proche-Orient Antique: Compte Rendu de la XXXIIIe Rencontre Assyriologique Internationale (Paris, 7 – 10 Juillet 1986)*, Jean-Marie Durand (ed.), Paris: Editions Recherche sur les Civilisations, 1987, pp. 41 – 47; Maria Giovanna Biga, "Au-delà des frontières: guerre et diplomatie à Ébla", *Orientalia* 77/4 (2008), pp. 289 – 334.

④ Maria Giovanna Biga, "The Marriage of Eblaite Princess Tagri?-Damu with a Son of Nagar's King", *Subartu* 4/2 (1998): pp. 17 – 22.

⑤ Maria Giovanna Biga, "The Marriage of an Eblaite Princess with the King of Dulu", in *From Source to History Studies on Ancient Near Eastern Worlds and Beyond: Dedicated to Giovanni Battista Lanfranchi on the Occasion of His 65th Birthday on June 23, 2014*, Salvatore Gaspa (etc. eds.), Alter Orient und Altes Testament 412, Münster: Ugarit-Verlag, 2014, pp. 73 – 79.

⑥ Maria Giovanna Biga, "More on Relations between Ebla and Harran at the Time of the Eblaite Royal Archives (24th Century BC)", in *Veysel Donbaz' a Sunulan Yazilar DUB. SAR É. DUB. BA. A: Studies Presented in Honour of Veysel Donbaz*, Şevket Dönmez (ed.), Istanbul: Ege Publications, 2010, pp. 159 – 165.

对阿卡德国王纳拉姆辛（Naram-Sin）的女儿与乌尔凯什（Urkesh）之间政治联姻的研究。[①] 关于新苏美尔时期，尤其是乌尔第三王朝的政治婚姻，德国亚述学者弗劳科·魏尔斯霍伊纳（Frauke Weiershäuser）在其《乌尔第三王朝的王室妇女》一书中，专门有一章节撰写乌尔第三王朝的政治婚姻，她将乌尔第三王朝的政治婚姻分为两大类别——王朝外部婚姻（即外交婚姻）、王朝内部婚姻（即王室成员与地方权贵联姻），并且认为乌尔第三王朝的王朝外部联姻是其外交政策实施的重要环节，而王朝内部联姻则有助于进一步研究乌尔第三王朝的权贵家族及其与中央的政治联系。[②] 德国亚述学者瓦尔特·扎拉贝格尔（Walther Sallaberger）在其著作《乌尔第三王朝》以及美国亚述学者彼得·米哈沃夫斯基（Piotr Michalowski）在其著作《乌尔国王的通信》中也分别有部分章节简述了乌尔第三王朝的政治婚姻。[③] 此外，米哈沃夫斯基还对乌尔第三王朝的王室妇女进行了系列专题研究。[④] 除了这些通过专门研究王室妇女来探析乌尔第三王朝的政治婚姻外，学者们也通过剖析乌尔第三王朝与周边邦国的外交关系来研究其外部政治婚姻，比如乌尔

---

① Buccellati, Giorgio / Kelly-Buccellati, Marilyn, "Tar'am-Agade, Daughter of Naram-Sin, at Urkesh", in *Of Pots and Plans: Papers on the Archaeology and History of Mesopotamia and Syria Presented to David Oates in Honour of his 75th Birthday*, Lamia Al-Gailani Werr, John Curtis, Harriet Martin (eds.), London: Nabu Publications, 2002, pp. 11–31; Buccellati, Giorgio / Kelly-Buccellati, Marilyn, "The Royal Palace at Urkesh and the Daughter of Naram-Sin", *Les Annales Archéologiques Arabes Syriennes: Revue d'Archéologie et d'Histoire* 44 (2001), pp. 63–69; Kelly-Buccellati, Marilyn, "Uqnitum and Tar'am-Agade Patronage and Portraiture at Urkesh", in *Festschrift für Gernot Wilhelm: anläßlich seines 65. Geburtstages am 28. Januar 2010*, Jeanette C. Fincke (ed.), Dresden: ISLET, 2010, pp. 185–202.

② Frauke Weiershäuser, *Die königlichen Frauen der III. Dynastie von Ur*, Göttinger Beiträge zum Alten Orient 1, Göttingen: Universitätsverlag Göttingen, 2008.

③ Walther Sallaberger, "Ur III-Zeit", in *Mesopotamien: Akkade-Zeit und Ur III-Zeit*, OBO 160/3, Pascal Attinger, Markus Wäfler (eds.), Freiburg, Schweiz: Universitätsverlag / Göttingen: Vandenhoeck und Ruprecht, 1999, pp. 159–161; Piotr Michalowski, *The Correspondence of the Kings of Ur: An Epistolary History of an Ancient Mesopotamian Kingdom*, Mesopotamian Civilizations 15, Winona Lake: Eisenbrauns, 2011, p. 10.

④ Piotr Michalowski, "Royal Women of the Ur III Period Part I: The Wife of Shulgi", *Journal of Cuneiform Studies* 28 (1976), pp. 169–172; Piotr Michalowski, "Royal Women of the Ur III Period Part II: Geme-Ninlila", *Journal of Cuneiform Studies* 31 (1979), pp. 171–176; Piotr Michalowski, "Royal Women of the Ur III Period Part III", *Acta Sumerologica* 4 (1982), pp. 129–139; Piotr Michalowski, "Sumerian Royal Women in Motown", in *Libiamo ne' lieti calici: Ancient Near Eastern Studies Presented to Lucio Milano on the Occasion of his 65th Birthday by Pupils, Colleagues and Friends*, Paola Corò (etc., eds.), Münster: Ugarit-Verlag, 2016, pp. 395–403.

与叙利亚城邦马里和埃卜拉、① 两河流域北部城邦阿舒尔（Ashur）和西马农（Simanum），② 以及埃兰地区城邦马尔哈西（Marhashi）和帕西美（Pashime）③ 等。乌尔第三王朝的古代两河流域政治婚姻史发展的第一个高峰期，这一时期政治婚姻主要是以乌尔第三王朝为中心视角，为了乌尔的政治利益从而采用的一种外交手段，不管是内部联姻还是外部联姻，乌尔王室都在其中发挥了核心作用。而这种以中央王朝为主轴的政治婚姻形式在古巴比伦时期首先得到了改变。

关于古亚述－古巴比伦时期的政治婚姻，其文献资料主要来源于马里王室档案（或称马里书信），④ 穆恩－兰金（J. M. Munn-Rankin）通过大

---

① Piotr Michalowski, "Third Millennium Contacts: Observations on the Relationships Between Mari and Ebla", *Journal of the American Oriental Society* 105 (1985), pp. 293 – 302; Piotr Michalowski, "The Men From Mari", in *Immigration and Emigration within the Ancient Near East: Festschrift E. Lipiński*, K. van Lerberghe and A. Schoors (eds.), Leuven: Peeters, 1995, pp. 181 – 188; Piotr Michalowski, "Iddin-Dagan and his Family", *Zeitschrift für Assyriologie und Vorderasiatische Archäologie* 95 (2005), pp. 65 – 76.

② P. Michalowski, "The Bride of Simanum", *Journal of the American Oriental Society* 95 (1975), pp. 716 – 719; Piotr Michalowski, "Assur during the Ur *III* Period", in *Here and There Across the Ancient Near East: Studies in Honour of Krystyna Lyczkowska*, Olga Drewnowska-Rymarz (ed.), Warszawa: Agade, 2009, pp. 149 – 157.

③ Piotr Steinkeller, "The Question of Marhaši: A Contribution to the Historical Geography of Iran in the Third Millennium B. C. ", *Zeitschrift für Assyriologie und Vorderasiatische Archäologie* 72 (1982), p. 241 (n. 16); J. van Dijk, "Ishbi' erra, Kindattu, l' homme d' Elam, et la chute de la ville d' Ur", *Journal of Cuneiform Studies* 30 (1978), pp. 189 – 208.

④ 在国际亚述学界，自 1941 年至 2012 年，马里王室档案主要被学者们编撰在两个系列丛书《马里王室档案》（*Archives royales de Mari*，简称 ARM）和《马里王室档案译文》（*Archives royales de Mari, traduction*，简称 ARMT）中，目前共出版有 32 卷，参与编撰的学者绝大多数是法国亚述学家，包括乔治·多森（Georges Dossin）、让·博泰罗（Jean Bottéro）、让－马里·迪朗（Jean-Marie Durand）、多米尼克·尚潘（Dominique Charpin）、弗朗西斯·若内（Francis Jonnès）、西尔维·拉康巴舍（Sylvie Lakenbacher）、莫里斯·比罗（Maurice Birot）、贝特朗·拉丰（Bertrand Lafont）、让－罗贝尔·库珀尔（Jean-Robert Kupper）和亨利·利梅（Henri Limet）等。1998 年至 2002 年，让－马里·迪朗又对 1—18 卷书信系列重新核对、纠错和翻译，出版了三卷本的《马里宫廷书信文件》（*Les documents épistolaires du palais de Mari*, I – III, Paris: Les Éditions du Cerf, 1998, 2000, 2002），共包括有 1288 封书信文献。2003 年，美国亚述学家沃尔夫冈·亨佩尔（Wolfgang Heimpel）出版了英文翻译版的《马里国王的书信》（*Letters to the King of Mari: A New Translation, with Historical Introduction, Notes, and Commentary*, Mesopotamian Civilizations 12, Winona Lake: Eisenbrauns）。此外，国外学者们还将 1933 年至 1988 年有关马里的论著目录进行了整理汇编（Jean Georges Heintz, Daniel Bodi, Lison Millot, *Bibliographie de Mari: Archéologie et Textes (1933 – 1988)*. Travaux du Groupe de Recherches et d'Études Sémitiques Anciennes (G. R. E. S. A.), Université des Sciences Humaines de Strasbourg 3. Otto Harrassowitz Verlag, 1990）。国内关于马里王室档案的研究成果，参见吴宇虹等《古代两河流域楔形文字经典举要》，黑龙江人民出版社 2006 年版。

量的史料对公元前 2 千纪早期（即古巴比伦时期）的西亚外交关系进行了梳理式研究，其中涉及这一时期的外交婚姻。[①] 这一时期是古代两河流域第二个政治婚姻的高峰期，主要的政治婚姻都与马里国王金瑞林和巴比伦国王汉谟拉比有关，尤其通过马里王室档案资料中记载的马里王室妇女的情况，探析马里与其他国家的外交婚姻。[②] 关于古亚述的政治婚姻情况，由于资料缺乏，学术界对这一问题尚未涉足。

　　中亚述 – 中巴比伦时期是古代两河流域政治婚姻发展的第三个，也是最后一个高峰期，这一时期政治婚姻呈现出十分鲜明的时代特征，在中东大国之间的政治角逐中，政治婚姻（外交婚姻）作为一种外交手段在这一时期发挥了极其关键的作用。关于中亚述 – 中巴比伦时期的政治婚姻情况，学术界做了大量的微观研究，主要集中在古埃及新王国时期、赫梯帝国和加喜特巴比伦王国的政治婚姻，以外交婚姻为主。意大利学者平托雷（F. Pintore）和卡洛·扎卡尼尼（Carlo Zaccagnini）以公元前 15—前 13 世纪这个时间段为界，探讨了这一时期的中东国际外交婚姻的总体情况。[③] 由于研究这一时期的总体外交婚姻是一项庞大的工程，所以国外学者们还是倾向于对这一时期某一国家或地区的政治婚姻进行专题式研究，而他们所依据的文献资料除了两河流域地区出土的少数楔形文字泥板之外，这一时期涉及政治婚姻（尤其外交婚姻）的大多数文献资料来自古埃及新王国时期法老埃赫那吞的新都埃赫塔吞（今阿马尔那）发掘出土的阿马尔那书信（Amarna Letters），近百年来国际埃及学家和亚述学家携手对这些珍贵的文献资料进行整理与汇编，出版了若干基础研究成果，这些研究成果也成为继续深入研究这

　　[①] J. M. Munn-Rankin, "Diplomacy in Western Asia in the Early Second Millennium B. C. ", *Iraq* 18/1 (1956), pp. 68 – 110.

　　[②] Jack M. Sasson, "Biographical Notices on Some Royal Ladies from Mari", *Journal of Cuneiform Studies* 25/2 (1973), pp. 59 – 78; Nele Ziegler, *La population féminine des palais d' après les archives royales de Mari: Le Harem de Zimrî – Lîm*, Mémoires de N. A. B. U. 5, Paris: SEPOA, 1999; Daniel Bodi, *The Michal Affair: From Zimri-Lim to the Rabbis*, Hebrew Bible Monographs 3, Sheffield: Sheffield Phoenix Press, 2005, pp. 83, 91, 104; Bernard Frank Batto, *Studies on Women at Mari*, Baltimore and London: The Johns Hopkins University Press, 1974.

　　[③] F. Pintore, *Il matrimonio interdinastico nel Vicino Oriente durante i secoli XV - XIII*, Rome 1978; Carlo Zaccagnini, "Aspetti della diplomazia nel Vicino Oriente antico (XIV - XIII secolo a. C.)", *Studi Storici* 40/1 (1999), pp. 181 – 217.

一时期中东大国外交关系的重要依据与参考资料，这些学者主要包括威廉·
L. 莫兰（William L. Moran）、雷蒙德·韦斯特布鲁克（Raymond Westbrook）
和亚娜·米娜诺娃（Jana Mynářová）等。① 有关这一时期埃及新王国的政治
外交婚姻情况，埃及学家尤其在近年来进行了深入的讨论。早在 20 世纪七八
十年代，阿兰·R. 舒尔曼（Alan R. Schulman）撰文对埃及新王国时期的外
交婚姻进行了初步的探索。② 在 2012—2014 年，穆罕默德·拉法特·阿巴斯
（Mohamed Raafat Abbas）和玛乔丽·费舍尔（Marjorie Fisher）分别对埃及新
王国拉美西斯二世统治时期的外交婚姻进行了讨论。③ 此外，格里戈里奥
斯·I. 孔托普洛斯（Grigorios I. Kontopoulos）通过分析埃及法老的外国王后
与周边国家的书信材料，来进一步探讨埃及新王国时期的外交婚姻的特征与
影响，通过解析术语"兄弟权"与"平等权"来讨论埃及新王国时期的法老
身份及王权的遗弃情况，以及通过解析赫梯国王苏皮鲁流马一世（Suppiluli-

①　关于阿马尔那书信档案的整理汇编及研究成果，主要参见 Pinhas Artzi, "The Influence of
Political Marriages on the International Relations of the Amarna-Age", in *La Femme dans le Proche-Orient
antique*, Jean-Marie Durand（ed.）, Paris：Editions Recherche sur les Civilisations, 1987, pp. 23 – 26;
William L. Moran, *The Amarna Letters*, Baltimore：The Johns Hopkins University Press, 1992; William J.
Murnane, *Texts from the Amarna Period in Egypt*, Atlanta：Scholars Press, 1995; Raymond Cohen, Ray-
mond Westbrook（eds.）, *Amarna Diplomacy：The Beginnings of International Relations*, Baltimore and Lon-
don：The Johns Hopkins University Press, 2000, pp. 165 – 173（"Diplomacy and International Marria-
ges"）; Raymond Westbrook, "Babylonian Diplomacy in the Amarna Letters", *Journal of the American Ori-
ental Society* 120/3（2000）, pp. 377 – 382; Jana Mynářová, *Language of Amarna-Language of Diploma-
cy：Perspectives on the Amarna Letters*, Prague：Czech Institute of Egyptology, Faculty of Arts, Charles Uni-
versity in Prague, 2007; Mynářová, Jana, "The Representatives of Power in the Amarna Letters", in *Or-
ganization, Representation, and Symbols of Power in the Ancient Near East：Proceedings of the 54th Rencontre
Assyriologique Internationale at Würzburg 20 – 25 July 2008*, Gernot Wilhelm（ed.）, Winona Lake：Eisen-
brauns, 2012, pp. 551 – 558; William M. Schniedewind（ed.）, *The El-Amarna Correspondence：A New
Edition of the Cuneiform Letters from the Site of El-Amarna based on Collations of all Extant Tablets*, Volume
1, Leiden and Boston：Brill, 2015.

②　Alan R. Schulman, "Diplomatic Marriage in the Egyptian New Kingdom", *Journal of Near Eastern
Studies* 38/3（1979）, pp. 177 – 193.

③　Mohamed Raafat Abbas, "A Survey of the Diplomatic Role of the Charioteers in the Ramesside Pe-
riod", in *Chasing Chariots：Proceedings of the First International Chariot Conference（Cairo 2012）*, André
J. Veldmeijer and Salima Ikram（eds.）, Leiden：Sidestone Press, 2013, pp. 17 – 27; Marjorie Fisher,
"A Diplomatic Marriage in the Ramesside Period：Maathorneferure, Daughter of the Great Ruler of Hatti",
in *Beyond Hatti：A Tribute to Gary Beckman*, Billie Jean Collins and Piotr Michalowski（eds.）, Atlanta：
Lockwood Press, 2013, pp. 75 – 119.

uma Ⅰ）的自传来探讨埃及新王国图坦卡蒙统治时期的外交婚姻。① 有关中亚述－中巴比伦时期赫梯帝国的政治婚姻，菲洛·H. J. 霍温克·腾卡特（Philo H. J. Houwink ten Cate）撰写了《约公元前1258—前1244年赫梯的王朝婚姻》一文，探索了赫梯在这一时期除外交婚姻之外的王朝内部政治婚姻形式，并且探究了赫梯王室的内部统治特征。② 斯特凡诺·德马蒂诺（Stefano de Martino）撰文探讨了赫梯王后哈塔杜海帕（Hataduhepa）以及赫梯王室信使，映射出赫梯的政治婚姻。③ 此外，亚娜·米娜诺娃撰文就这一时期叙利亚地区的小国乌加里特（Ugarit）的政治婚姻，尤其是与埃及之间的外交婚姻进行了专题研究。④ 扬·范戴克（Jan van Dijk）探讨了这一时期加喜特巴比伦与埃兰之间的外交婚姻。⑤ 以上学者们在不同的领域，通过亚述学、埃及学、伊朗学、赫梯学等专业知识，分别对这一时期的中东大国之间、大国与小国之间的外交婚姻进行了专题研究。

在新亚述－新巴比伦时期，由于中东大国只剩下了亚述帝国（后被新巴比伦王国取代）一强独霸，原先的国际关系变为亚述或巴比伦的国内事务，所以这一时期的政治婚姻似乎被不是很频繁，目前文献资料对于这一时期的政治婚姻的记

---

① Grigorios I. Kontopoulos, *Diplomatic Marriage in New Kingdom Egypt：The Foreign Wives of the Pharaohs and the Diplomatic Correspondence around them*, MA thesis, University of Liverpool, 2012；Grigorios I. Kontopoulos, "The Egyptian Diplomatic System in the Late Bronze Age Beyond the Terms of 'Brotherhood' and 'Equality'：The Egyptian 'Abandonment' of Power and Aspects of Pharaonic Identity and Kindship", *Journal of Ancient Egyptian Interconnections* 6/4 (2014), pp. 1 – 2；Grigorios I. Kontopoulos, "Tutankhamun's Widow Pledge：True or False? A Different Perspective of Diplomatic Marriage as Recorded in Suppululiuma's Biography", in *Amarna in the 21st century*, Christian Huyeng and Andreas Finger (eds.), Kleine Berliner Schriften zum Alten Ägypten 3, 2015, pp. 1 – 14.

② Philo H. J. Houwink ten Cate, "The Hittite Dynastic Marriages of the Period between ca. 1258 and 1244 B. C. ", *Altorientalische Forschungen* 23/1 (1996), pp. 40 – 75.

③ Stefano de Martino, "The Hittite Queen Hata (n) duhepa", in *Festschrift für Gernot Wilhelm：anläßlich seines 65. Geburtstages am 28. Januar 2010*, Jeanette C. Fincke (ed.), Dresden：ISLET, 2010, pp. 91 – 98；Stefano de Martino, "Hittite Diplomacy：The Royal Messengers", in *Libiamo ne' lieti calici：Ancient Near Eastern Studies Presented to Lucio Milano on the Occasion of his 65th Birthday by Pupils, Colleagues and Friends*, Paola Corò (etc., eds.), Münster：Ugarit-Verlag, 2016, pp. 365 – 376.

④ Jana Mynářová, "Ugarit：'International' or 'Vassal' Correspondence?", in *L' État, le pouvoir, les prestations et leurs formes en Mésopotamie ancienne：Actes du Colloque assyriologique franco-tchèque. Paris, 7 – 8 novembre 2002*, Petr Charvát (etc. eds.), Praha：Univerzita Karlova v Praze, Filozofická fakulta, 2006, pp. 119 – 128；Jana Mynářová, "Tradition or Innovation? The Ugaritic-Egyptian Correspondence", *Ägypten und Levante / Egypt and the Levant* 20 (2010), pp. 363 – 372.

⑤ Jan van Dijk, "Die dynastischen Heiraten zwischen Kassiten und Elamern：eine verhängnisvolle Politik", *Orientalia*, *NOVA SERIES* 55/2 (1986), pp. 159 – 170.

载寥寥无几。亚述帝国和新巴比伦王国分别作为这一时期两河流域的强大国家，结束了前一时期五大强国（埃及、赫梯、巴比伦、亚述、米坦尼）并立的局面，开启了"一强多弱"的帝国模式，所以在平等国家之间的外交婚姻这一时期已经不复存在，而更多的政治婚姻形式主要是集中于统一王朝内部或帝国与周边附属小国甚至治下的地方政府权贵之间的政治联姻。在国际学术界，学者们将研究的重心也集中于亚述王室的妇女及其世系的研究。① 此外，柴田大辅（Daisuke Shibata）就亚述帝国前期的王朝内部婚姻，帕尔萨·丹斯曼德（Parsa Daneshmand）就亚述帝国的外交婚姻分别进行了专题式、个案式的研究。②

　　相比于国外学者们对古代两河流域乃至整个中东地区政治婚姻的"多点开花"式的研究特点与历史传统，国内学者们则主要集中于中亚述 – 中巴比伦时期，对应于古埃及新王国时期第十八、十九王朝的外交婚姻的研究。其依据的研究资料基本上来源于阿马尔那书信。国内学者在这一方面的研究以郭丹彤为代表，在埃及新王国时期外交关系研究领域取得了丰硕而有影响力的研究成果。在埃及新王国时期与中东小国关系方面，她就埃及新王国时期（尤其是第十八王朝）与叙利亚巴勒斯坦之间的外交关系进行了探索，比如《第十八王朝时期埃及在叙利亚和巴勒斯坦地区的统治》和《论新王国时期埃及和巴勒斯坦地区的关系》两篇论文对于埃及新王国时期与叙利亚巴勒斯坦地区的外交婚姻进行了梳理与研究。在埃及新王国时期与中东大国关系方面，她论述了新王国时期埃及与中东强国米坦尼之间的国际关系，其中外交联姻作为两国之间一项主要的外交手段。郭丹彤还将东地中海世界作为一个整体，从埃及与东地中海世界的国际关系这一新角度来探索这一时期的外交联姻。2005 年，她出版了有影响力的《古代

---

　　① P. Garelli, "Les Dames de l'empire assyrien", in *Intellectual Life in the Ancient Near East: Papers Presented at the 43rd Rencontre assyriologique internationale Prague, July 1 – 5, 1996*, J. Proseckyý (ed.), Prague: Academy of Sciences of the Czech Republic Oriental Institute, 1998, pp. 175 – 81; T. Ornan, "The Queen in Public: Royal Women in Neo-Assyrian Art," in *Sex and Gender in the Ancient Near East: Proceedings of the 47th Rencontre Assyriologique Internationale, Helsinki, July 2 – 6, 2001*, 2 volumes, S. Parpola and R. M. Whiting (eds.), Helsinki: The Neo-Assyrian Text Corpus Project, 2002, pp. 461 –477.

　　② Daisuke Shibata, "Dynastic Marriage in Assyria during the Late Second Millennium BC", in *Understanding Hegemonic Practices of the Early Assyrian Empire: Essays Dedicated to Frans Wiggermann*, Bleda S. Düring (ed.), Leiden: Nederlands Instituut voor het Nabije Oosten, 2015, pp. 235 – 242; Parsa Daneshmand, "Neo-Assyrian Diplomatic Marriage and Divination: A Case Study", *DABIR: Digital Archive of Brief notes & Iran Review 1/3* (2017), pp. 15 – 25.

埃及对外关系研究》一书，系统全面地对古代埃及的外交关系进行了研究，并且就政治婚姻进行了深入探索。此外，她还探索了史前埃及与巴勒斯坦的关系，以及中王国时期埃及与迦南的关系。① 在中亚述－中巴比伦时期的中东外交婚姻方面另一位做了大量研究的学者是袁指挥，他主要依据阿马尔那书信资料来研究这一时期中东大国的外交关系，尤其是王后外交和外交联姻在外交政策中的作用。② 此外，王海利、芦会影和葛会鹏也从不同角度就古埃及新王国时期的政治外交婚姻进行了研究。③ 国内学者的研究成果除了集中于中亚述－中巴比伦时期（埃及新王国时期）的政治婚姻外，也有少数研究成果涉及乌尔第三王朝、古巴比伦时期和加喜特巴比伦的政治婚姻，属于比较零散的研究。④

上述国内外学者们对古代两河流域乃至古代中东政治婚姻的研究颇具

---

① 郭丹彤：《第十八王朝时期埃及在叙利亚和巴勒斯坦地区的统治》，《东北师大学报》（哲学社会科学版）2002 年第 2 期；《论新王国时期埃及和巴勒斯坦地区的关系》，《东北师大学报》（哲学社会科学版）2004 年第 2 期；《论第第十八王朝时期埃及和米坦尼王国的关系》，《东北师大学报》（哲学社会科学版）2006 年第 6 期；《公元前 1600 年—前 1200 年古代东地中海世界的联盟和联姻》，《东北师大学报》（哲学社会科学版）2009 年第 6 期；《论公元前 1600 年至前 1100 年东地中海世界的战争》，《历史教学》2011 年第 4 期；《埃及与东地中海世界的交往》，社会科学文献出版社 2011 年版；《古代埃及对外关系研究》，黑龙江人民出版社 2005 年版；《史前时期埃及与巴勒斯坦的关系》，《史学集刊》2002 年第 4 期；《论中王国时期埃及与迦南的关系》，《外国问题研究》2016 年第 2 期。

② 袁指挥、刘凤华：《阿玛尔纳时代埃及与巴比伦的关系》，《内蒙古民族大学学报》（社会科学版）2004 年第 3 期；袁指挥：《论阿玛尔纳时代埃及与米坦尼的关系》，《安徽史学》2005 年第 5 期；袁指挥：《阿马尔那泥板中所见的近东大国外交》，东北师范大学博士学位论文 2006 年；袁指挥：《阿马尔那泥板书信中所见的古代近东大国外交方式》，《古代文明》2008 年第 3 期；袁指挥：《阿马尔那时代的近东大国关系》，《历史教学》2010 年第 20 期；袁指挥：《阿马尔那时代近东大国外交研究述评》，《西南大学学报》（社会科学版）2011 年第 3 期；袁指挥、成淑君：《古代近东的王后外交》，《中国社会科学报》2014 年 9 月 3 日；袁指挥：《阿马尔那时代埃及在叙巴的统治》，《东北师大学报》（哲学社会科学版）2015 年第 2 期；袁指挥：《阿马尔那时代近东外交体系的特征》，《东北师大学报》（哲学社会科学版）2018 年第 1 期。

③ 王海利：《古埃及"只娶不嫁"的外交婚姻》，《历史研究》2002 年第 6 期；芦会影：《古埃及新王国时期的婚姻生活》，吉林大学硕士学位论文 2006 年；葛会鹏：《论古代埃及十八王朝法老阿蒙霍特普三世的统治》，东北师范大学硕士学位论文 2009 年。

④ 王俊娜、吴宇虹：《阿比新提太后和舒尔吉新提身份同一研究》，《东北师大学报》（哲学社会科学版）2011 年第 2 期；陈艳丽、张宝利：《古巴比伦时期马瑞国王金瑞林与延哈德公主西卜图的政治联姻》，《西南大学学报》（社会学科版）2016 年第 1 期；元佩成：《加喜特巴比伦王朝的外交》，《鲁东大学学报》（哲学社会科学版）2016 年第 1 期；袁指挥：《论阿马尔那时代埃及与西亚大国的外交联姻》，《社会科学战线》2023 年第 3 期。

启发性，是本书研究的前提和基础。他们的研究主要是从某个特定时代或王朝入手进行的微观研究，而将古代两河流域三千年的历史发展作为一个整体，来研究其政治婚姻的历史发展及时代特征，目前学术界还没有一部这样的专著，这为本书的写作提供了很好的契机。

三　研究方法

文献考据的方法。本书从出土的原始楔形文字文献入手，通过对文献的整理与研究，梳理出与政治婚姻有关的资料并且列出表格框架，编撰古代两河流域政治婚姻数据库以及相关前期研究成果资料数据库，为进一步展开深入研究做好准备。

定量分析与定性分析相结合的方法。对于每一时期的政治婚姻情况，首先列出该时期所有已知的政治婚姻，然后对这些政治婚姻进行分类，对相同种类的婚姻进行比较研究，包括政治婚姻的背景、经过、结果与后期作用，依据文献资料的记载，辅之以对文献资料的推论，最终得出适当的结论。

史论结合的方法。本书坚持以马克思主义的基本观点和方法作指导，把政治婚姻的研究置于古代两河流域自身历史发展的逻辑中，从而探讨古代两河流域政治婚姻的特征与历史意义。

四　难点问题

释读楔形文字泥板过程中，往往涉及一些晦涩难懂的苏美尔语和阿卡德语术语，准确地把握相关术语的内涵与外延是本书遇到的一个问题。

考证政治婚姻原始文献中涉及的相关人员的身份及其职能，理清同一职务人员之间的继承关系，是本书遇到的第二个问题。

古代两河流域政治婚姻的研究涉及历史学、地缘政治学、国际关系学和社会学等多个领域，准确地综合运用多个学科的知识是本书遇到的第三个问题。

五　研究内容

古代两河流域文明的政治婚姻起源于早王朝时期，发展于乌尔第三王朝和古巴比伦时期，在中亚述－中巴比伦时期达到鼎盛，新亚述和新巴比伦时期陷入衰微。对于某一时期的政治婚姻情况，国内外学者们已经做了大量的专题研究，其研究成果也成为本书写作的基础和重要参考资料。本书从宏观角度来梳理研究整个古代两河流域的政治婚姻的历史发展进程与特征，力图探寻古代两河流域政治婚姻发展的历史规律，从中得出政治婚姻影响下的古代两河流域政治史与国际关系史的发展轨迹。

本书的写作思路是从出土的原始楔形文字文献入手，通过对文献的整理与研究，梳理出与政治婚姻有关的资料并且列出表格框架，编撰古代两河流域政治婚姻数据库以及相关前期研究成果资料数据库，为进一步展开深入细致的研究做好准备。对于每一个时期的政治婚姻情况，首先列出该时期所有已知的政治婚姻，然后对这些政治婚姻进行分类，对相同种类的婚姻进行比较研究，包括政治婚姻的背景、经过、结果与后期作用，依据文献资料的记载，辅之以对文献资料的推论，最终得出适当的结论。

在内容和框架上，本书共分为六章内容以及最后一个结论部分，依据时间先后的顺序，将古代两河流域文明史划分为古苏美尔时期、阿卡德时期、新苏美尔时期、古亚述－古巴比伦时期、中亚述－中巴比伦时期和新亚述－新巴比伦时期共六个大的时间段，每一个时间段即是一章，其内容涵盖了古代两河流域文明的苏美尔－阿卡德文明和巴比伦－亚述文明两个文明组成部分。

第一章"古苏美尔时期的政治婚姻"主要依据埃卜拉文献资料，论述了早王朝时期（约公元前2900—前2350年）叙利亚地区的城邦埃卜拉的政治婚姻情况，包括埃卜拉与周边国家和两河流域城邦之间的外交婚姻以及埃卜拉王朝的内部联姻。除此之外，还记录了早王朝时期两河流域的温马城邦的王朝内部特殊的近亲联姻。

第二章"阿卡德王朝的政治婚姻"主要依据乌尔凯什出土的文献资料，论述了阿卡德帝国（公元前2334—前2154年）与叙利亚地区的乌尔凯什城邦之间的外交婚姻。除此，还有阿卡德帝国与伊朗地区的埃兰和马尔哈西等城邦的外交婚姻。

　　第三章"新苏美尔时期的政治婚姻"主要包括两个分期，前期是拉伽什第二王朝（即古地亚王朝，公元前2153—前2113年），大致与库提人统治两河流域时期同时，后期是指乌尔第三王朝（公元前2112—前2004年）。拉伽什第二王朝的政治婚姻主要是男方娶了当政者的女儿，而在当政者去世后由其女婿继位，这种传位给女婿（或驸马）的方式是古地亚王朝的特色，但是也不是这一时期唯一的传位方式，还有传统的父传子方式。乌尔第三王朝的政治婚姻大致分为王朝外部婚姻（或外交婚姻）和王朝内部婚姻两种类型，外交婚姻包括乌尔第三王朝与西方叙利亚地区的政治婚姻，以及在东方与埃兰地区诸邦的政治婚姻，表现为国王将其女儿（即乌尔的公主）嫁给了这些国家的君主或王子，以及另一种形式是国王娶了外国的公主或贵族女子为妻，作为乌尔第三王朝的王后。王朝内部婚姻是指国王将其女儿嫁给了朝廷中的大臣或妻子，或者嫁给了地方的权贵或其子，并且在政治婚姻之后任命驸马们以重要职位。

　　第四章"古亚述－古巴比伦时期的政治婚姻"主要论述了古巴比伦时期（公元前2003—前1595年）的政治婚姻，古亚述时期（大约公元前1900—前1300年）由于文献资料中没有政治婚姻的相关记载，所以我们对于它们的政治婚姻情况无法得知。古巴比伦时期主要包括伊新－拉尔萨时期（或古巴比伦前期）以及古巴比伦王国，以巴比伦国王汉谟拉比统一两河流域为中线。古巴比伦时期的政治婚姻主要发生在前期，包括伊新、巴比伦、亚述、马里、埃什努那等大国以及阿拉拉赫、阿皮沙尔、埃卜拉、舒沙拉和哈那等小国的政治婚姻，其中最重要的依据资料是马里王室档案或称马里书信资料。

　　第五章"中亚述－中巴比伦时期的政治婚姻"在时间上大致对应于公元前2千纪后半叶的半个世纪的历史（公元前1595—前911年），是古代两河流域政治婚姻发展的黄金时期，也是中东大国关系发展的活跃期。这一时期的政治婚姻范畴已经跨越了两河流域的界限，到达了包括埃及在内的整个中东地区，涵盖了埃及、赫梯、米坦尼、巴比伦和亚述五个大国，以及周边的诸多小国，其政治婚姻也即外交婚姻可以分为大国与大国之间、大国与小国之间、小国与小国之间的外交联姻。这一时期有关政治婚姻的文献资料主要是阿马尔那书信资料。

第六章"新亚述－新巴比伦时期的政治婚姻"主要论述了新亚述时期与巴比伦、塔巴勒和斯基泰的外交婚姻以及新巴比伦王国与米底的外交婚姻。这一时期是统一王朝或帝国建立的时期，中东许多地区已经被纳入了亚述帝国和新巴比伦王国的版图，原先的国际关系变成了亚述或巴比伦的国内关系，所以外交婚姻明显没有前期的活跃，作为国家政治手段或策略的作用也不如前期那么明显。公元前 539 年，随着新巴比伦王国被波斯帝国所灭亡，古老的两河流域文明走到了终点，而两河流域文明的政治婚姻也随之结束。

第一章　古苏美尔时期的政治婚姻

古代两河流域历史上的古苏美尔时期，区别于阿卡德帝国之后的乌尔第三王朝（新苏美尔时期或苏美尔帝国），又称苏美尔城邦时期或早王朝时期（Early Dynastic period，简称 ED，约公元前 2900—前 2350 年），是两河流域南部苏美尔诸城邦争霸时期。[①] "早王朝"是一个考古文化分期概念，这一概念最初是在 20 世纪 30 年代由德国考古学家亨利·法兰克福（Henri Frankfort）提出，主要适应于两河流域南部地区。在年代学上，早王朝时期又可以划分为早王朝 I 期（ED I，公元前 2900—前 2700 年）、早王朝 II 期（ED II，公元前 2700—前 2600 年）、早王朝 III 期（ED III，公元前 2600—前 2350 年），而早王朝 III 期还可以细分为早王朝 III a 期（ED III a，公元前 2600—前 2500 年）和早王朝 III b 期（ED III b，公元前 2500—前 2350 年）。[②] 早王朝时期上承捷姆迭特那色时期（公元前 3100—前 2900 年），下启阿卡德王朝，是两河流域南部城邦争霸的大分裂时期。

---

① 古苏美尔时期，是相对于新苏美尔时期而言的。以阿卡德帝国为界，之前的称为古苏美尔时期，其主要特点是诸多城邦并立、争霸的过程，由于它位于萨尔贡建立的阿卡德帝国之前，所以在学界又被称为"前萨尔贡时期"（Presargonic Period），参见 Douglas R. Frayne, *Presargonic Period*（*2700 – 2350 BC*）, The Royal Inscriptions of Mesopotamia Early Periods, Volume 1, Toronto：University of Toronto Press, 2008；之后的称为新苏美尔时期，其历史特点是大一统的帝国统治，即乌尔第三王朝（或乌尔帝国），广义上的新苏美尔时期还包括拉伽什第二王朝（或古地亚王朝）和乌鲁克第五王朝。

② Henri Franfort, *The Art and Architecture of the Ancient Orient*, Harmondsworth：Penguin Books, 1954.

第一节　早王朝时期历史概况

根据《苏美尔王表》记录，[1] 早王朝时期由若干相继王朝组成，但是现代学者研究证明其中许多王朝并不是前后相继的关系，而是同时并存的关系，即城邦并立的情况。早王朝时期的主要城邦包括：两河流域南部的乌鲁克、乌尔、温马、阿达卜、拉伽什/吉尔苏；两河流域北部的基什、阿克沙克（Akshak）；叙利亚的马里、埃卜拉；伊朗高原的阿万、哈马兹等城邦。主要历史事件有：大约公元前 2600 年，在基什第一王朝国王恩美巴拉格西（En-me-barage-si）和其子阿加（Agga）统治时期，基什是霸主，"基什王"成为"天下霸主"的代名词，超出了本身意义"基什的国王"。在阿加统治时期，他和乌鲁克第一王朝的国王吉尔伽美什（Gilgamesh）发生争霸战争，最终吉尔伽美什战胜阿加，霸权从基什转到乌鲁克，这一历史事件被记录在了苏美尔－阿卡德文学作品《吉尔伽美什史诗》（*Epic of Gilgamesh*）系列中。[2] 吉尔伽美什去世后，霸权由乌鲁克转到乌尔，乌尔第一王朝的许多精美文物在乌尔王陵出土。早王朝 I 期和 II 期由于文献资料匮乏，相关历史事件也不是特别清楚。但是到了早王朝 III 时期，尤其是早王朝 IIIb 时期，即早王朝晚期，由于出土了大量泥板资料，尤其是拉伽什遗址出土的王室铭文和经济文献资料，为我们还原这段历史提供了基本的保证。早王朝晚期最著名的两个城邦争霸发生在拉伽什城邦和温马城邦之间，令人匪夷所思的是，拉伽什第一王朝（以及新苏美尔时期的拉伽什第二王朝）并没有被记录在《苏美尔王表》中。拉伽什和温马为争夺水源和领土的战争，从拉伽什王乌尔南塞（Ur-Nan she）开始，至埃安那吞（Eannatum）统治时期，拉伽什占据上风，但是到了乌鲁卡基那（Urukagina）统治时期，拉伽什国内矛盾重重，虽然乌鲁卡基那进行了著名的改革，但是最终没有

---

[1]　Thorkild Jacobsen, *The Sumerian King List*, Assyriological Studies 11, Chicago：The University of Chicago Press, 1939. 亦可参见 Thorkild Jacobsen 编，郑殿华译：《苏美尔王表》，生活·读书·新知三联书店 1989 年版；王光胜：《浅析〈苏美尔王表〉中的不可信数字》，《外国问题研究》2019 年第 4 期。

[2]　Andrew George, *The Epic of Gilgamesh*：*The Babylonian Epic Poem and Other Texts in Akkadian and Sumerian*, London：Penguin Books, 1999；Stefan M. Maul, *Das Gilgamesh-Epos*：*Neu übersetzt und kommentiert*, München：C. H. Beck, 2005；拱玉书译注：《吉尔伽美什史诗》，商务印书馆 2021 年版。

摆脱灭亡的命运，拉伽什最终被温马统治者卢伽尔扎格西征服，后者完成初步统一两河流域的伟业。^① 但是好景不长，来自北方阿卡德邦的威胁已悄然来临，阿卡德国王萨尔贡在与卢伽尔扎格西的争霸中取得了最终的胜利，一举统一了两河流域南北地区，建立了塞姆人的阿卡德王朝（或阿卡德帝国），结束了古苏美尔时期（如图1.1所示）。

图1.1　两河流域早王朝时期

资料来源：M. Liverani, *The Ancient Near East：History, Society and Economy*, London and New York：Routledge, 2014, p. 94.

---

① 参见吴宇虹《记述争夺文明命脉——水利资源的远古篇章——对苏美尔史诗〈吉勒旮美什和阿旮〉的最新解释》，《东北师大学报》2003年第5期；吴宇虹《"乌如卡吉那改革"真实性质疑——拉旮什城邦行政档案研究札记》，《东北师大学报》2005年第6期；王献华《两河流域早王朝时期作为地理概念的"苏美尔"》，《四川大学学报》（哲学社会科学版）2015年第4期；王献华《卢伽尔扎吉西数字标记计时法与早王朝末期南部两河流域年代学》，《历史研究》2016年第3期。

早王朝时期近东地区的政治婚姻主要见于叙利亚遗址埃卜拉出土的楔形文字文献，以埃卜拉王国为中心，围绕埃卜拉邻近若干的小王国与两河流域北部的马里和基什等国，主要是埃卜拉的公主远嫁给这些国家的国王或王子，埃卜拉通过政治联姻这种方式以达到和这些国家结盟的目的，从而对抗共同的敌人。此外，由于文献资料记录的缺乏，我们对于早王朝时期的两河流域南部苏美尔城邦的政治婚姻情况知之甚少，目前只有关于温马城邦政治婚姻的零星记载，不足以窥探整个苏美尔城邦时期的政治联姻概貌。

第二节　苏美尔城邦的政治婚姻

据目前已知文献记载，早王朝时期苏美尔城邦的政治婚姻仅有温马的吉沙基杜（Gishshakidu）与巴拉伊尔努（Barairnum）之间的王室近亲联姻这一例。温马（Umma）位于今伊拉克济加尔省的约卡（Tell Jokha）遗址，在古代有运河与底格里斯河、幼发拉底河相通。温马是早王朝时期的主要城邦之一，吉尔苏出土的泥板文献详细记载了拉伽什－吉尔苏城邦和温马城邦之间旷日持久的争夺水源的战争和边界冲突，最后以温马统治者卢伽尔扎格西的胜利告终。温马遗址从未被考古队系统发掘过，自20世纪初开始当地人在此非法盗挖泥板文献数万片，流入到文物市场，后来这些泥板陆续被世界各大博物馆、图书馆和私人收藏。温马的历史大致分为：早王朝时期的温马城邦，乌尔第三王朝时期温马行省（隶属于乌尔第三王朝），大约在古巴比伦时期，温马被废弃。

早王朝晚期，温马陷入与拉伽什争夺水源和领土，进而争夺霸权的战争之中，为了保持温马城邦的统治阶层的纯洁性，温马城邦在埃纳卡莱（Enakalle）统治时期采取了"王室成员近亲联姻"的特殊政治婚姻形式。首先，埃纳卡莱与其妻埃安达姆亚（Eandamua）生了乌尔鲁玛（Ur-Lumma）和伊拉（Ila）两兄弟，乌尔鲁玛继承了埃纳卡莱的王位（恩西），乌尔鲁玛逝后，其兄弟伊拉继承王位。乌尔鲁玛生有一女巴拉伊尔努（Barairnun），伊拉生有一男吉沙基杜（Gishakidu），而吉沙基杜正是娶了他的堂姐（或堂妹）巴拉伊尔努，并且吉沙基杜继承了王位，延续了温马城邦的统治血脉。① 文献记载如下：

RIME 1. 12. 06. 01 ex. 01（ED Ⅲb, Gishakidu, Umma）

1）^{d}Šara$_2$ lugal E$_2$-mah-ra

2）Bara$_2$-ir-nun dam Gi$_x$（GIŠ）-ša$_3$-ki-du$_{10}$ lugal Umma-ka-ke$_4$

3）dumu Ur-^{d}LUM-ma lugal Umma-ka-ke$_4$

4）dumu-KA En-a$_2$-kal-le lugal Umma-ka-ke$_4$

5）e$_2$-gi$_4$-a Il$_2$ lugal Umma-ka-ke$_4$

6）u$_4$ ^{d}Šara$_2$ pa mu-e$_3$-a

7）bara$_2$-ku$_3$ mu-na-du$_3$-a

8）nam-ti-la-ni-da

9）^{d}Šara$_2$ E$_2$-mah-še$_3$ sag-še$_3$ mu-ni-rig$_9$

译文：为了沙拉（神），埃马赫（神庙）的主人，巴拉伊尔努——温马国王吉沙基杜之妻，温马国王乌尔鲁玛之女，温马国王埃纳卡莱之孙女，温马国王伊拉之侄女——当她使沙拉（神）散发光辉以及给他建造一个闪亮的祭台时，她将（这个饰板）赠给了位于埃马赫（神庙）的沙拉（神）。

由于缺乏相关文献资料，有关早王朝时期两河流域南部苏美尔城邦的政治婚姻，我们知道的寥寥无几，并且都是发生在早王朝Ⅲ时期。从有限的文献资料中，我们知道早王朝的政治婚姻主要是城邦间的联姻，或者城邦内部的联姻，各城邦之间不存在依附关系，这种性质的政治婚姻对于各城邦的政治权力本身影响不是很大。

第三节 埃卜拉与附近小国的政治婚姻

埃卜拉位于现在叙利亚的伊德利卜省（Idlib）的马尔迪克（Tell Mardikh）遗址，是叙利亚历史上最早的王国之一，从大约公元前3500年

---

① 有关温马城邦的统治者（恩西）排序，参见 Salvatore F. Monaco, "Some New Light on Pre-Sargonic Umma", in *Time and History in the Ancient Near East: Proceedings of the 56th Rencontre Assyriologique Internationale at Barcelona 26 – 30 July 2010*. L. Feliu, etc. (eds.), Winona Lake: Eisenbrauns, 2013, pp. 745 – 750; Salvatore F. Monaco, "More on Pre-Sargonic Umma", in *Tradition and Innovation in the Ancient Near East: Proceedings of the 57th Rencontre Assyriologique Internationale at Rome 4 – 8 July 2011*, A. Archi (ed.), Winona Lake: Eisenbrauns, 2015, pp. 161 – 166.

一直存在到公元前 7 世纪（如图 1.2 所示）。自从 1964 年开始，意大利考古队长期在这里进行考古发掘工作，出土楔形文字泥板文书 2 万多块以及其他无数的精品文物。埃卜拉人的语言是埃卜拉语，他们借用了苏美尔人发明的楔形文字来书写自己的语言，埃卜拉语属于闪米特语族（塞姆语族）中的东闪米特语支，是仅次于阿卡德语的最古老的闪米特语，研究埃卜拉语楔形文字文献和埃卜拉历史的学科被称为埃卜拉学（Eblaitology），是亚述学的一个分支。[①]

埃卜拉的历史可以分为三个时期：埃卜拉第一王国（约公元前 3000—前 2300 年，对应于两河流域历史上的早王朝时期）、埃卜拉第二王国（约公元前 2300—前 2000 年，对应于两河流域的新苏美尔时期）和埃卜拉第三王国（约公元前 2000—前 1600 年，对应于两河流域的古巴比伦时期）。埃卜拉在青铜时代早期（约公元前 3500 年）从一个小居民点为起点，逐渐发展成为一个商业帝国，后来施行扩张主义道路，对叙利亚北部和东部地区的小国施以霸权统治，直到公元前 23 世纪被灭亡。第二王国由一个新的王朝家族统治，是第一王国的继续，在乌尔第三朝档案中有不少埃卜拉的记载。公元前三千纪末，随着阿摩利部落席卷两河流域大潮，埃卜拉再次被毁。重建的埃卜拉第三王国难以恢复昔日风采，作为一个商业中心而繁荣，在政治上受制于叙利亚大国延哈德（Yamhad），直到约公元前 1600 年最终被赫梯国王穆尔西里一世所灭，在历史舞台上消失。

第一王国在倒数第三位国王伊格利什哈兰（Igrish-Halam，约公元前 2360 年）统治以前，长期受制于马里，埃卜拉要向马里纳贡。从倒数第二位国王伊尔卡卜达穆（约公元前 2340 年）开始，埃卜拉逐渐摆脱马里的控制并取得独立，开创历史上最繁荣的时期，埃卜拉控制着相当于今天叙利亚一半的领土，成为近东的大国之一，还包括若干附属小国，如阿尔米（Armi）、哈朱万（Hazuwan）、布尔曼（Burman）、埃马尔（Emar）、哈拉

---

① 关于埃卜拉遗址的考古发掘，参见 Paolo Matthiae, *Ebla. Un impero ritrovato*, Einaudi, 1977; Paolo Matthiae, Nicolo Marchetti, eds., *Ebla and Its Landscape: Early State Formation in the Ancient Near East*, Walnut Creek: Left Coast Press, 2013; Paolo Matthiae, *Ebla: Archaeology and History*, Routledge, 2020. 关于埃卜拉学的综合研究目录，参见 Erica Scarpa, *The City of Ebla: A Complete Bibliography of Its Archaeological and Textual Remains*, Venezia: Edizioni Ca' Foscari, 2017.

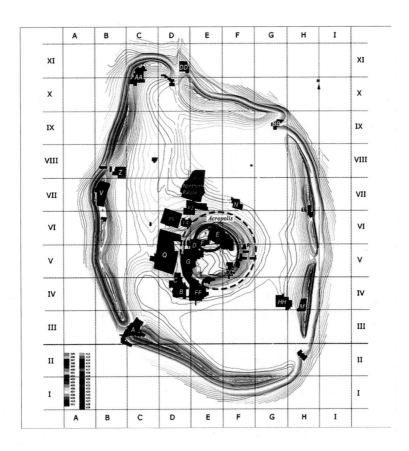

图1.2 埃卜拉遗址平面图

资料来源：Sara Pizzimenti, "The Iron Age Ⅱ – Ⅲ Pottery Sequence at Tell Mardikh-Ebla", *Les Annales Archéologiques Arabes Syriennes* 57 – 58（2014 – 2015），p. 237.

比图（Halabitu）和萨勒巴图（Salbatu）。① 第一王国在中央施行国王（马

① Giovanni Pettinato, *Ebla*, *A New Look at History*, Baltimore: Johns Hopkins University Press, 1991, p. 135; Michael C. Astour, "A Reconstruction of the History of Ebla（Part 2）", in *Eblaitica: Essays on the Ebla Archives and Eblaite Language*, Volume 4, Cyrus H. Gordon and Gary A. Rendsburg（eds.），Winona Lake: Eisenbrauns, 2002, p. 83. 有关埃卜拉应该算作帝国、王国还是城邦，参见 Michael C. Astour, "The Geographical and Political Structure of the Ebla Empire", in *Wirtschaft und Gesellschaft von Ebla: Akten der Internationalen Tagung Heidelberg 4. – 7. November 1986*, Hartmut Waetzoldt and Harald Hauptmann（eds.），Heidelberger Studien zum Alten Orient 2, Heidelberg: Heidelberger Orientverlag, 1988, pp. 139 – 158.

里库姆，*Malikum*）与维齐尔（宰相）"二元治理"政策，维齐尔是长老会（*Abbu*）和行政事务的首脑（相当于今天的"首相"），拥有很大的自主权利。伊尔卡卜达穆（Irkab-damu）首创维齐尔制度，他任命阿如坤（Arrukum）为首任维齐尔，他的继任者是著名的伊卜利温。末代国王伊萨尔达穆（Isar-Damu，Ishar-damu）的维齐尔是伊比斯皮什（Ibbi-Sipish）。除了维齐尔分享国王权力之外，王后也分享一些国家事务管理，另外，王储参与内政，其他王子参与外交。

伊尔卡卜达穆统治 7 年，继位第 3 年任命阿如坤为首任维齐尔，伊尔卡卜达穆去世后，阿如坤也任期结束（或被免职？），在任 5 年，伊尔卡卜达穆在死前几个月，任命了新的维齐尔伊卜利温，并且委以加强埃卜拉力量的重任。继承伊尔卡卜达穆的是末王伊萨尔达穆，共在位 35 年，他继位时维齐尔伊卜利温刚任职不久并在维齐尔任上 18 年，是伊萨尔达穆统治前期强壮国力的功臣；在伊萨尔达穆统治第 19 年，不知道什么原因（可能伊卜利温去世或被免），国王任命伊比孜吉尔（Ibbi-zikir）担任维齐尔，任期 17 年，直到王国灭亡。[①]

相比于早王朝时期的两河流域南部城邦出土文献极少涉及政治联姻的记录，埃卜拉出土文献中却有数量可观的王朝政治联姻的记载，并且涉及埃卜拉邻近若干小国，这对我们重新认识早王朝时期叙利亚和地中海沿岸的历史提供了重要的资料，使得我们可以重建这些地区的历史。从文献中得知，埃卜拉国王们善于利用王朝政治联姻形式，通过嫁埃卜拉公主到许多小王国来加强政治联盟。[②] 在战争时期，政治联姻有助于埃卜拉的盟友提供兵源和粮饷援助，或者有利于埃卜拉向盟友借道去远方征战。和埃卜拉有政治联姻的城邦包括：布尔曼、鲁姆南（Lumnan）、阿舒（'Ashu）、尼拉尔（Nirar）、哈兰、杜鲁或比

---

① Alfonso Archi, Maria Giovanna Biga, "A Victory over Mari and the Fall of Ebla", *Journal of Cuneiform Studies* 55 (2003), p. 6.

② Biga, Maria Giovanna, "The Marriage of an Eblaite Princess with the King of Dulu", in *From Source to History Studies on Ancient Near Eastern Worlds and Beyond: Dedicated to Giovanni Battista Lanfranchi on the Occasion of His 65th Birthday on June 23, 2014*, Salvatore Gaspa (etc. eds.), Alter Orient und Altes Testament 412, Münster: Ugarit-Verlag, 2014, pp. 73–79.

布罗斯（Bylos）、那加尔，以及两河流域北方大邦基什。[①]

一 埃卜拉与布尔曼的政治婚姻

布尔曼[②]是约公元前 2400 年左右位于叙利亚北部的一个小王国（今叙利亚的蒙巴卡特［Mumbaqat］和苏维哈特［Suweyhat］遗址），距离埃卜拉并不远。布尔曼作为埃卜拉的盟国或附属国，和埃卜拉之间在经贸与政治有密切的联系和合作。据文献记载，埃卜拉国王的女儿孜米尼巴尔库（Zimini-barku）嫁给了布尔曼的国王恩尔哈拉玛（En'ar-Halama）。[③] 在婚礼当日，布尔曼王带来丰厚的聘礼。埃卜拉公主接收了纺织品等结婚礼物，成为布尔曼的王后，并且随身携带布料和金银首饰。后来她生了一个女儿，埃卜拉国王向女儿赠送了衣物和金银首饰作为贺礼。[④] 这表明了埃卜拉和布尔曼之间和平友好的邦交关系，进一步证明了两个政治联姻的积极影响。

二 埃卜拉与鲁姆南的政治婚姻

鲁姆南是大约公元前 2400 年叙利亚地区的一个小城邦或小王国，距离埃卜拉不是很远[⑤]。据文献记载，埃卜拉的公主达提图（Datitu，苏美尔

① 关于埃卜拉文献中的地名，参见 Marco Bonechi, *Répertoire Géographique des Textes Cunéiformes XII /1：I nomi geografici dei testi di Ebla*, Wiesbaden：Dr. Ludwig Reichert Verlag, 1993.

② Astour, Michael C., "An Outline of the History of Ebla（Part 1）", in *Eblaitica：Essays on the Ebla Archives and Eblaite Language*, Volume 3, Cyrus H. Gordon（ed.）, Winona Lake：Eisenbrauns, 1992, p. 35；J. -W. Meyer, "Offene und geschlossene Siedlungen：Ein Beitrag zur Siedlungsgeschichte und historischen Topographie in Nordsyrien während des 3. und 2. Jts. v. Chr.", *Altorientalische Forschungen* 23（1996）, pp. 132 – 170；Michael D. Danti, *Early Bronze Age Settlement and Land Use in the Tell es Sweyhat Region, Syria*, PhD dissertation, University of Pennsylvania, 2000, p. 83.

③ 布尔曼国王的名字见：Eva Katarina Glazer, "Urbanizacijski procesi na prostoru Sirije u rano brončano doba", *Povijesni prilozi* 45（2013）, pp. 7 – 44.

④ 见文献 TM. 75. G. 5317 V 12 10。Maria Giovanna Biga, "Femmes de la Famille Royale d'Ebla", in *La Femme dans le Proche-Orient Antique：Compte Rendu de la XXXIII e Rencontre Assyriologique Internationale（Paris, 7 – 10 Juillet 1986）*, Jean-Marie Durand（ed.）, Paris：Editions Recherche sur les Civilisations, 1987, p. 46.

⑤ Maria Giovanna Biga, "More on Relations between Ebla and Harran at the Time of the Eblaite Royal Archives（24th Century BC）", in *Veysel Donbaz' a Sunulan Yazılar DUB. SAR É. DUB. BA. A：Studies Presented in Honour of Veysel Donbaz*, Şevket Dönmez（ed.）, Istanbul：Ege Publications, 2010, p. 161.

文：Dati-^{d}TU）和塔格穆尔达穆（Tagmul-Damu）嫁给了鲁姆南的国王，[①]
标志着鲁姆南与埃卜拉结成了稳固的联盟，两国在贸易上交流密切。

三　埃卜拉与阿舒的政治婚姻

埃卜拉国王的女儿扎奈西马瑞（Zanehimari，原文：Za-ne-hi$_2$-Ma-ri$_2$^{ki}）
嫁给了阿舒国王伊巴拉（Ibara，原文：Ib-a$_3$-ra）的儿子。埃卜拉文献记载
了埃卜拉国王的女儿即是伊巴拉的儿媳妇（e$_2$-gi）。[②] 另据文献记载，若干
纺织品被储存起来赠送给埃卜拉公主扎奈西马瑞，许多纺织品被带回到阿
舒国王伊巴拉的王宫。[③]

四　埃卜拉与尼拉尔的政治婚姻

尼拉尔是位于幼发拉底河与地中海之间的一个小王国，靠近埃卜拉的
北部不远。[④] 尼拉尔王国的国王娶了埃卜拉的一个公主，这个公主的名字
没有出现在文献中。据埃卜拉"带来"（mu-DU，记载物品被引入埃卜拉）
类经济文献记载，在这场婚礼中，尼拉尔国王为埃卜拉公主提供了丰厚的
聘礼，包括衣物和黄金饰品等。[⑤] 在联姻之后，埃卜拉公主也肯定成为尼

---

① 见文献 TM. 75. G. 1904 r. Ⅸ。亦可参见 Maria Giovanna Biga, "Prosopographie et datation rela-tive des textes d'Ebla", in *Amurru I, Mari, Ebla et les Hourrites. Dix ans de travail. Première Partie. Actes du colloque international (Paris, mai 1993)*, Jean-Marie Durand (ed.), Paris, 1996, p. 65; Alfonso Ar-chi, "Les comptes rendus annuels de métaux", in *Amurru I, Mari, Ebla et les Hourrites. Dix ans de travail. Première Partie. Actes du colloque international (Paris, mai 1993)*, Jean-Marie Durand (ed.), Paris, 1996, p. 75; Joan Oliva, *Textos para un Historia política de Siria-Palestina*, El Bronce Antiguo y Medio 11, Madrid: Trotta, 2008; Maria Vittoria Tonietti, "Le terme ama-gal dans les textes administratifs d'Ebla: non pas indication de rang mais variante diachronique", *Nouvelles Assyriologiques Brèves et Utilitaires* 2009/63, pp. 80 – 83 (TM. 75. G. 1904 r. Ⅸ).

② 见文献 ARET Ⅳ 13 v Ⅱ 1 – 5。关于阿舒，参见 Marco Bonechi, *Répertoire Géographique des Textes Cunéiformes XII /1: I nomi geografici dei testi di Ebla*, Wiesbaden: Dr. Ludwig Reichert Verlag, 1993, p. 62.

③ 见文献 TM. 75. G. 1776。参见 Maria Giovanna Biga, "Femmes de la Famille Royale d'Ebla", in *La Femme dans le Proche-Orient Antique: Compte Rendu de la XXXIIIe Rencontre Assyriologique Interna-tionale (Paris, 7 – 10 Juillet 1986)*, Jean-Marie Durand (ed.), Paris: Editions Recherche sur les Civilisa-tions, 1987, p. 45.

④ Marco Bonechi, "Remarks on the 'Road to Zamua'", *Nouvelles Assyriologiques Brèves et Utilitaires* 1996/92, pp. 80 – 81.

⑤ 见文献 TM. 75. G. 1680 r. Ⅰ 1 – 14。

拉尔王后。尼拉尔王后在不同时段收到了大量来自母国埃卜拉的礼物，比如各种纺织品衣物和贵金属饰品等。[1]

五　埃卜拉与哈兰的政治婚姻

哈兰是一个十分重要的王国，位于埃卜拉的北部（今土耳其境内），是埃卜拉最密切的盟友之一，积极参与到同北叙利亚和两河流域北部诸城邦和王国在政治、外交和商贸等方面的联系与合作。[2] 同其他所有的与埃卜拉有政治婚姻的邦国一样，哈兰也一直忠于埃卜拉。两国之间没有发生过战争，甚至小的争议也没有发生。[3]哈兰还和其他的埃卜拉盟友一样，与埃卜拉组成联军，由埃卜拉维齐尔伊比孜吉尔统领，共同对抗马里。

在埃卜拉倒数第二位国王伊尔卡卜达穆和维齐尔阿如衮统治时期，埃卜拉文献很少有关于哈兰的记载。虽然两国的关系不错，但是并没有之后那么密切。[4] 直到埃卜拉末王伊沙尔达穆和维齐尔伊卜利温（Ibrium）统治时期，哈兰加强了与埃卜拉的盟友关系，两国关系密切。在维齐尔伊卜利温统治第 13 年，埃卜拉发动了对哈勒荪（Halsum）的战役，哈兰加入埃卜拉联军，战争胜利后埃卜拉赐给哈兰大量战利品作为回报。[5]

在埃卜拉维齐尔伊卜利温统治末期，埃卜拉和哈兰进行了一场重要的政治联姻。在这次联姻以前，哈兰的国王（巴达卢姆，badalum = *ba-da-lum*）已经有了两个妻子、至少一个儿子和若干孩子，这个儿子很可能在

---

[1]　Maria Giovanna Biga, "Femmes de la Famille Royale d' Ebla", in *La Femme dans le Proche-Orient Antique*: *Compte Rendu de la XXXIIIᵉ Rencontre Assyriologique Internationale* (Paris, 7 – 10 Juillet 1986), Jean-Marie Durand (ed.), Paris: Editions Recherche sur les Civilisations, 1987, p. 46.

[2]　Maria Giovanna Biga, "More on Relations between Ebla and Harran at the Time of the Eblaite Royal Archives (24th Century BC)", in *Veysel Donbaz' a Sunulan Yazilar DUB. SAR É. DUB. BA. A*: *Studies Presented in Honour of Veysel Donbaz*, Şevket Dönmez (ed.), Istanbul: Ege Publications, 2010, pp. 159 – 165; Alfonso Archi, "Harran in the III Millennium B. C.", *Ugarit Forschungen* 20 (1988), pp. 1 – 8.

[3]　而 Kakmium 就不一样，它时常反叛埃卜拉，还被埃卜拉维齐尔 Ibrium 镇压，参见 Maria Giovanna Biga, "Au-delà des frontières: guerre et diplomatie à Ébla", *Orientalia* 77/4 (2008), pp. 314 – 315.

[4]　参见 Francesco Pomponio, *Testi Amministrativi*: *Assegnazioni Mensili di Tessuti Periodo di Arrugum*, Roma: Missione Archeologica Italiana in Siria, 2008, pp. 404.

[5]　见文献 TM. 75. G. 2365 + 和 TM. 75. G. 1888 + TM. 75. G. 11723。

后来继承了他的王位。① 埃卜拉公主朱加卢姆（Zugalum）嫁到哈兰后立即被封为王后，由于文献记载不清楚，我们不知道朱加卢姆到底是嫁给了哈兰的老国王，还是他的儿子新国王。

在维齐尔伊卜利温去世后，他的儿子伊比孜吉尔继承父位，成为埃卜拉新的维齐尔。埃卜拉和哈兰的这次政治联姻很可能发生在伊比孜吉尔担任维齐尔的第一年。大约在伊比孜吉尔统治第三年，哈兰王后朱加卢姆生了一个孩子。据文献记载，哈兰的使者前往埃卜拉，通报王后产子喜讯，埃卜拉国王赐给了使者们大量纺织品作为礼物。② 几年后，哈兰国王和王后朱加卢姆携带随从到埃卜拉省亲或访问，埃卜拉为他们提供了珍贵礼物。在维齐尔统治第十年，哈兰发动了对阿什达尔鲁姆（Ashdarlum）的战役，在第十年之后，朱加卢姆和哈兰"巴达卢姆"（国王）的一个儿子（即埃卜拉国王的外甥）死了，埃卜拉给哈兰赠送了许多祭祀物品，哈兰国内举行了盛大的葬礼。

哈兰同埃卜拉的其他盟国，如杜卜（Dub）、胡提穆（Hutimu）、尼腊尔（Nilar）、伊尼布（Inibu）、乌提古（Utigu）、萨那普朱古姆（Sanapzugum）一样，一直以来都是忠于埃卜拉，两国之间从未发生过战争甚至摩擦也没有。在维齐尔伊比孜吉尔统治末期，哈兰加入埃卜拉联军同马里作战，战后哈兰接收了大量纺织品和贵金属作为回报。③

在埃卜拉亡国之后，哈兰国祚绵延至公元 1 世纪左右，它的月神祭祀长期成为最著名的月神崇拜之一。

六　埃卜拉与杜鲁的政治婚姻

杜鲁是一个重要王国的首都，埃卜拉在整个早王朝时期和这个王国在政治和经贸上有密切的关系，两国通过这次政治联姻使得盟友合作关

---

① Maria G. Biga, "More on Relations between Ebla and Harran at the Time of the Eblaite Royal Archives (24th Century BC)", in Sevket Dönmez（ed.）, *Veysel Donbaz' a Sunulan Yazilar DUB. SAR É. DUB. BA. A：Studies Presented in Honour of Veysel Donbaz*, Istanbul：Ege Publications, 2010, p. 162.

② 见文献 TM. 75. G. 2356。

③ Alfonso Archi, Maria Giovanna Biga, "A Victory over Mari and the Fall of Ebla", *Journal of Cuneiform Studies* 55（2003）, pp. 14 – 44；Maria Giovanna Biga, "Au-delà des frontières：guerre et diplomatie à Ébla", *Orientalia* 77/4（2008）, pp. 322 – 331.

系进一步加强。杜鲁的位置相当于今天的哪里，目前还无法确定。乔瓦尼·佩蒂纳托（Giovanni Pettinato）认为杜鲁就是比布罗斯的别称，[①] 马可·博内基（Marco Bonechi）根据对杜鲁的许多非塞姆语人名的研究认为杜鲁位于地中海沿岸的叙利亚－西里西亚地区（Syrian-Cilician）。[②] 在所谓的"带来"（mu-DU）文献中，亚麻纺织品和彩色宝石制成的小物件经由杜鲁和杜古拉苏（Dugurasu）被运送到埃卜拉，考古和文献证据也表明至少从公元前4千纪开始的叙利亚和埃及之间的贸易往来。由此可知，杜鲁也是埃卜拉的一个重要商贸伙伴，杜鲁与埃卜拉的政治联姻与其他两类著名政治联姻（埃卜拉与那加尔、埃卜拉与基什）几乎同时发生，这也证明了杜鲁的战略重要性。

在埃卜拉王国的晚期，埃卜拉维齐尔伊卜利温的侄女、下一任维齐尔伊比孜吉尔的堂妹塔穆尔达西努（Tamurdasinu 或 Damurdasinu）嫁给了杜鲁国的国王。[③] 塔穆尔达西努是因马利克（Inmalik）的女儿，因马利克是维齐尔伊卜利温的兄弟。[④] 塔穆尔达西努是名字写作：Da-mur-da-šè-in / Dam-mur-da-šè-in / Da-mur-da-si-nu。由于她不是埃卜拉国王的女儿，因此她的名字没有被记录在王室女人的列表中。她作为杜鲁王后出现在许多文献记载中，这些文献全都来自埃卜拉的最后几年。据一篇文献记载，[⑤] 当伊比孜吉尔成为维齐尔许多年之后，他的儿子杜布胡阿达（Dubuhu-'Ada）和他一起工作，许多纺织品（羊毛、亚麻）被赠给因马利克的女儿塔穆尔达西努，当她去杜鲁作王后时。这次政治婚姻是在埃卜拉公主到达杜鲁之后的第一个月末第二个月初举办的婚礼。文献中记

---

① Giovanni Pettinato, "Le città fenicie e Byblos in particolare nella documentazione epigrafica di Ebla", in *Atti del primo Congresso di Studi Fenici e Punici*, S. F. Bondì (ed.), Roma, 1983, pp. 107 – 118; Giovanni Pettinato, *Ebla. Nuovi orizzonti della storia*, Milano: Rusconi, 1986, pp. 245 – 250.

② Marco Bonechi, *I nomi geografici dei testi di Ebla*, Répertoire Géographique des Textes Cunéiformes 12/1, Wiesbaden: Dr. Ludwig Reichert Verlag, 1993, pp. 111 – 112.

③ Maria Giovanna Biga, "The Marriage of an Eblaite Princess with the King of Dulu", in *From Source to History Studies on Ancient Near Eastern Worlds and Beyond: Dedicated to Giovanni Battista Lanfranchi on the Occasion of His 65th Birthday on June 23, 2014*, Salvatore Gaspa (etc. eds.), Alter Orient und Altes Testament 412, Münster: Ugarit-Verlag, 2014, pp. 73 – 79.

④ 见文献 ARES I, 244。

⑤ 见文献 TM. 75. G. 2329。

载了许多布尔卡克容器（bur-kak）①，可能是用于盛放油，在新娘头上涂油是埃卜拉最重要的婚礼仪式。②许多文献记载了埃卜拉发送纺织品和贵金属饰品给公主塔穆尔达西努（杜鲁王后）作为嫁妆，少数文献记载了珍贵木材制成的小箱子也作为嫁妆的一部分，可能是用来盛放王后的个人饰品等小物件。

七　埃卜拉与那加尔的政治婚姻

那加尔（读作那瓦尔 Nawar）是一个叙利亚古城，位于哈布尔河上游地区，今叙利亚哈塞克省东北部的布拉克遗址（Tell Brak）。③ 自从公元前 7 千纪开始，受哈拉夫文化影响，那加尔（或布拉克）已经形成了小的定居点，至公元前 4 千纪前期那加尔城市形成，著名的"眼神庙"（Eye Temple）遗址就是处于这个时期（约公元前 3800—前 3600 年），公元前 4 千纪中期受乌鲁克文化"入侵"而衰微，直到早王朝时期重新复苏，建立了那加尔王国（约公元前 2600—前 2300 年），王国的统治者称为"恩"（En，或译为国王），目前已知的只有一位国王的名字——马拉伊勒（Mara-il，原文：ma-ra-AN，在马里文献中可能等同于 Amar-An）。④ 这位国王可能就是埃卜拉文献中出现多次的那加尔匿名国王。那加尔王国十分重视与埃卜拉的外交关系，两国关系由对抗转为联盟。据文献记载，在埃卜拉国王伊尔卡卜达穆统治时期，埃卜拉与那加尔国王马拉伊勒进行了一场战争，最后埃卜拉战胜那加尔。⑤ 可能是出于害怕埃卜拉强权的缘故，那加尔在这次战争之后改变了对埃卜拉的敌对关系，通过一次政治婚姻将两国转为盟

① Maria Giovanna Biga, "Femmes de la Famille Royale d'Ebla", in *La Femme dans le Proche-Orient Antique：Compte Rendu de la XXXIIIe Rencontre Assyriologique Internationale*（Paris，7 – 10 Juillet 1986），Jean-Marie Durand（ed.），Paris：Editions Recherche sur les Civilisations，1987，p. 45（n. 21）.

② 这一仪式不仅见于中亚述婚礼中，还见于乌加里特的婚礼，但是没有见于公元前 18 世纪的马里王室档案。

③ Alfonso Archi, Maria Giovanna Biga, "A Victory over Mari and the Fall of Ebla", *Journal of Cuneiform Studies* 55（2003），pp. 26 – 29.

④ David Oates, Joan Oates, *Helen McDonald, Excavations at Tell Brak, Volume 2：Nagar in the third millennium BC*，Cambridge：McDonald Institute for Archaeological Research，2001，p. 99.

⑤ David Oates, Joan Oates, *Helen McDonald, Excavations at Tell Brak, Volume 2：Nagar in the third millennium BC*，Cambridge：McDonald Institute for Archaeological Research，2001，p. 100.

友关系，后来那加尔帮助埃卜拉战胜了马里等其他国家，成为埃卜拉最忠诚的盟友之一。

据埃卜拉文献记载，[①] 在末代国王伊沙尔达穆统治初期，伊沙尔达穆的女儿、埃卜拉公主塔格利什达穆（Tagrish-damu）嫁给了那加尔国王（可能是马拉伊勒？）的儿子乌勒吞胡胡（Ultum-Huhu，原始拼法：Ul-tum-HU. HU）。在埃卜拉，这一政治联姻被当作重大事件记录在当年的年名中"这一年公主塔格利什达穆作为那加尔王后动身前往那加尔"[②]。许多埃卜拉文献提供了有关此次婚姻的详细记载。在这一年的第三月，埃卜拉、基什和那加尔的代表（包括那加尔国王和他的儿子）在位于叙利亚西部的阿尔米会面。[③] 当基什使者去尼阿卜（Niab，楔形文字：NI-ab^{ki}，神卡米什Kamish 的祭祀地）时，那加尔国王和其子去了埃卜拉，在那里商谈政治联姻的细节，埃卜拉赠送贵重的衣物给那加尔国王及其随从。数月之后，婚礼仪式正式举行，在仪式上，那加尔国王马拉伊勒的儿子、王子乌勒吞胡胡给他的新娘、埃卜拉国王的女儿塔格利什达穆的头上涂油。埃卜拉公主的嫁妆包括昂贵的衣物和纺织品、珠宝，以及其他个人用品和贴身侍从若干。同时，42 罐酒在婚礼举办时被一条船送到了那加尔。[④] 在政治联姻之后，两国在经济商贸上的联系更加密切，文献中不仅记载那加尔人到埃卜拉，而且还有埃卜拉人去那加尔的记载，比如埃卜拉维齐尔伊比孜吉尔去那加尔，埃卜拉人去那加尔主要是用自己产的橄榄油交换那加尔的驴和羊毛等商品。

埃卜拉公主携带她的全体侍从到达那加尔之后，不久就成为那加尔王国的王后，并且也为那加尔带来了她的母国埃卜拉的习俗、文化和宗教信仰。

---

① 见文献 TM. 75. G. 1249 和 TM. 75. G. 1250。

② Alfonso Archi，"The Regional State of Nagar according to the Texts of Ebla"，*Subartu* 4/2 (1998)，pp. 1 – 15；Maria Giovanna Biga，"The Marriage of Eblaite Princess Tagriš-Damu with a Son of Nagar's King"，*Subartu* 4/2 (1998)，pp. 17 – 22.

③ Marco Bonechi，*I nomi geografici dei testi di Ebla*，Répertoire Géographique des Textes Cunéiformes 12/1，Wiesbaden：Dr. Ludwig Reichert Verlag，1993，p. 508.

④ Alfonso Archi，"Five Tablets from the Southern Wing of Palace G-Ebla"，*Syro-Mesopotamian Studies* 5/2 (1993)，pp. 23 – 26.

八　埃卜拉与基什的政治婚姻

公元前三千纪埃卜拉的政治联姻也可能被当作重大事件，记录在当年的年名中。[①] 据一个埃卜拉年名记载，埃卜拉国王的女儿（或义女）希尔杜特（Hirdut）嫁给了基什的国王（原文：DIŠ mu nig$_2$-mu-sa$_2$ bur-KAK Hir-du-ut）。据文献记载，[②] 大量礼物运送来为王室女子希尔杜特，她实际上是维齐尔伊卜利温的女儿，可能地位相当于公主。这里的基什应该是指基什第一王朝（约公元前 2600—前 2500 年）。[③]

希尔杜特或凯什杜特（Keshdut）是唯一一位公主，她的称号不仅是"国王的女儿"（dumu-mi$_2$，这里的"国王"指的是伊萨尔达穆），[④] 还是"王后的女儿"（dumu-mi$_2$ ma-lik-tum，这里的"王后"指的是塔布尔达穆 Tabur-damu）。[⑤] 我们不知道她何时出生。国王伊萨尔达穆和王后塔布尔达穆的婚礼在伊卜利温第 14 年举行（与埃卜拉和那加尔的政治联姻同年举行）。[⑥] 希尔杜特是王后塔布尔达穆的第一个女儿。希尔杜特大约在埃卜拉城陷之前一年离开埃卜拉动身前往夫国基什。

九　埃卜拉与埃马尔的政治婚姻

埃马尔[⑦]是幼发拉底河中游的一个小城邦（位于今叙利亚阿勒颇省的

---

①　Alfonso Archi, Maria Giovanna Biga, "A Victory over Mari and the Fall of Ebla", *Journal of Cuneiform Studies* 55（2003），pp. 1 – 44；Alfonso Archi, "Gifts for a Princess", in *Eblaitica*：*Essays on the Ebla Archives and Eblaite Language*, *Volume* I, Cyrus H. Gordon, Gary A. Rendsburg and Nathan H. Winter（eds.），Winona Lake：Eisenbrauns, 1987, pp. 115 – 124；Alfonso Archi, "More on Ebla and Kish", in *Eblaitica*：*Essays on the Ebla Archives and Eblaite Language*, *Volume* I, Cyrus H. Gordon, Gary A. Rendsburg and Nathan H. Winter（eds.），Winona Lake：Eisenbrauns, 1987, pp. 125 – 140；Alfonso Archi, "Kis nei testi di Ebla", *Studi Eblaiti* 4（1981），pp. 77 – 87.

②　见文献 TM. 75. G. 2283。

③　Giovanni Pettinato, "Gli archivi reali di Tell Mardikh-Ebla. Riflessioni prospettive", *Rivista Biblica* 25（1977），p. 233. 希尔杜特的婚礼也在文献 TM. 75. G. 2593 中提到。

④　见文献 TM. 75. G. 2283。

⑤　见文献 TM. 75. G. 1917。

⑥　见文献 TM. 75. G. 1730。

⑦　有关埃马尔城及其文献，参见 Stephanie Dalley, Beatrice Teissier, "Tablets from the Vicinity of Emar and Elsewhere", *Iraq* 54（1992），pp. 83 – 111；Mark William Chavalas, *Emar*：*the history, religion, and culture of a Syrian town in the late Bronze Age*, Bethesda：CDL Press, 1996；Yoram Cohen, *The Scribes and Scholars of the City of Emar in the Late Bronze Age*, Winona Lake：Eisenbrauns, 2009.

美斯凯奈〔Tell Meskene〕遗址），在早王朝时期处于埃卜拉的影响之下，古巴比伦时期处于延哈德的影响范围之内，中巴比伦时期处于赫梯帝国的势力范围内，约公元前 1187 年，埃马尔城被废弃。① 20 世纪 70 年代，法国考古队首先在这里发掘，出土了大量楔形文字泥板。20 世纪 90 年代，德国图宾根大学组织的考古队再次对该遗址进行发掘，共出土 1000 多块泥板，其中大多数泥板的年代为中巴比伦时期。

埃卜拉的公主提莎琳（Tisha-Lim）嫁给了埃马尔的国王。埃卜拉文献记载了"国王的女儿"。她很可能是伊尔卡卜达穆的女儿，文献中记载伊尔卡卜达穆赠送礼物给提莎琳作为嫁妆。② 还有文献记载提莎琳是"埃马尔的国王的母亲"③，应该这里的国王是埃马尔老国王和提莎琳所生的儿子，他继承了老国王的王位，所以提莎琳这时由埃马尔王后的身份变成为埃马尔的王太后。

十　埃卜拉与马里的政治婚姻

帕巴（Paba，楔形文字：Ba-ba₄）是马里国王伊卜鲁勒伊勒（Iblul-Il）的配偶，如果帕巴是那加尔的公主的话，④ 那么这种说法是正确的。不过，据文献记载，⑤ 帕巴是马里国王希达尔（HI-da'ar，继承伊昆伊沙尔〔Ikun-ishar〕，后者又继承恩那达干〔Enna-Dagan〕）的配偶，帕巴来自埃卜拉。马里国王希达尔的统治相当于埃卜拉末王伊萨尔达穆统治末期。⑥

马里国王伊卜鲁勒伊勒统治时期与埃卜拉国王伊格利什哈拉卜（Igrish-Halab）同期，他的继承人是尼孜（Nizi）。马里在尼孜和恩那达干两

---

① Jean-Claude Margueron, Veronica Boutte, "Emar, Capital of Aštata in the Fourteenth Century BCE", *The Biblical Archaeologist* 58/3 (1995), pp. 126 – 138.

② Maria G. Biga, Francesco Pomponio, "Elements for a Chronological Division of the Administrative Documentation of Ebla", *Journal of Cuneiform Studies* 42 (1990), p. 199 (n. 42); Alfonso Archi, "Imâr au Ⅲème Millénaire d'après les archives d'Ebla", *MARI* 6 (1990), p. 27; Alfonso Archi, "The Regional State of Nagar", *Subartu* 4/2 (1998), p. 2.

③ Alfonso Archi, "Imâr au Ⅲème Millénaire d'après les archives d'Ebla", *MARI* 6 (1990), p. 28.

④ L. Viganó, "Mari and Ebla: Of Time and Rulers", *Liber Annuus* 44 (1994), pp. 351 – 373.

⑤ 见文献 ARET Ⅷ 533 ⅷ 13 – 21。

⑥ Alfonso Archi, Maria Giovanna Biga, "A Victory over Mari and the Fall of Ebla", *Journal of Cuneiform Studies* 55 (2003), p. 3 (n. 15).

代国王统治时期，标志着公元前三千纪马里的缓慢衰落，它们首次被埃卜拉联军打败。在伊比孜吉尔担任维齐尔之后，马里和埃卜拉的外交联系增多，两国结成同盟关系，但是好景不长，在末王伊萨尔达穆统治末年，即维齐尔伊比孜吉尔第 13 年，埃卜拉又联合其他盟友发到对马里的战役并且取得了胜利，战场在台尔喀（Terqa），为了巩固胜利成果，埃卜拉又通过政治联姻手段同那加尔与基什结盟（将两位公主分别嫁给了那加尔和基什的王子们，参见上文）。埃卜拉、那加尔、基什一起反抗马里的三方同盟缔结形成，由埃卜拉维齐尔伊比孜吉尔领导。可是另一方面，战争胜利之后，埃卜拉似乎对这样的结果感到不自信，很快他们就和马里缔结了和平条约。

第四节　埃卜拉王朝的内部联姻

埃卜拉国王除了与它的附属国和邻近友好邦交小国通过政治联姻加强联盟关系之外，还通过赐婚的政治婚姻形式将公主赐婚给朝中重臣（尤其是维齐尔）或其儿子，从而达到牢笼人心，维护自己统治的目的。在埃卜拉国王伊尔卡卜达穆统治时期，他首创了"维齐尔"制度（或宰相制度），形成国王与维齐尔"共同"执政的局面。

一　维齐尔之子与国王之女

埃卜拉国王伊尔卡卜达穆任命阿如坤为埃卜拉的首任维齐尔，任职 5 年。阿如坤的儿子卢孜马利克（Ruzi-Malik）娶了国王伊尔卡卜达穆的女儿、公主伊提穆特（Iti-Mut）。[①]维齐尔与王室之间的联姻对两家来说是互赢的结果。

二　维齐尔之女与国王之子

在埃卜拉发动对马里的战役前夕，维齐尔伊比孜吉尔的女儿扎雅舍（Za'ashe）嫁给了国王伊萨尔达穆的儿子、王储伊拉格达穆（Ir'ag-damu）。

---

① 见文献 ARET Ⅱ 31。Alfonso Archi, "Jewels for the Ladies of Ebla", *Zeitschrift für Assyriologie und Vorderasiatische Archäologie* 92 (2002), p. 162.

这种与王室统治者的血缘联系也提升了维齐尔家族的社会地位与神圣性。这场政治婚礼在维齐尔伊比孜吉尔执政第 12 年举行。

三　国王之舅或舅之子与国王之女

在维齐尔伊比孜吉尔第 12 年（埃卜拉灭亡前 5—6 年），埃卜拉公主提阿伊沙尔（Ti'a-ishar）在嫁给伊尔奈（IrNE）或他的儿子之后，接收了嫁妆。[①] 提阿伊沙尔是埃卜拉末王伊拉格达穆置于第二住处阿扎恩（'Azan，'À-za-an[ki]）的一个女人（妃子，非王后）的女儿。伊尔奈是伊卜马利克（I'ib-malik）的儿子，即末王的母亲杜西古（Dusigu）的兄弟（即国王的舅舅）。这是王朝内部与外戚政权的政治联姻，国王的女儿嫁给国王的舅舅，从理论上讲这是不合乎常理的情况。抑或是，国王的女儿嫁给国王的表兄弟（国王舅舅的儿子），这样也属于"不同辈"婚姻。

四　公主莱伊图与大臣之子

公主莱伊图（Re'itu，可能是埃卜拉末王的女儿）嫁给了伊卜杜阿什塔尔（Ibdu-Ashtar）的儿子卢孜马利克（Ruzi-Malik，与维齐尔阿鲁坤的儿子同名）。[②] 伊卜杜阿什塔尔的身份目前不太清楚，所以这次联姻的具体情况有待进一步考证。

五　国王之女与国王之子的王室近亲联姻

在维齐尔伊卜利温第 13 年，恩那乌图（Enna-Utu）的女儿、可能是国王的私生女阿尔扎图（Arzatu）嫁给了国王的儿子朱杜（Zudu）。[③] 恩那乌图可能是国王的一个女人（妃子）。

古苏美尔时期或早王朝时期作为古代中东最早有证明的政治联姻，开启了古代两河流域乃至整个中东地区政治联姻的序幕，尤其是以叙利亚地

---

① 见文献 TM. 75. G. 2507。Alfonso Archi，"Jewels for the Ladies of Ebla"，*Zeitschrift für Assyriologie und Vorderasiatische Archäologie* 92（2002），p. 163.

② 见文献 TM. 75. G. 2507。

③ 见文献 TM. 75. G. 1464 和 TM. 75. G. 2332。

区的埃卜拉为最著名，埃卜拉王室档案的发现，① 为我们还原这一时期叙利亚地区与两河流域之间的政治外交历史提供了重要的文献支撑，但是由于两河流域出土的楔形文字文献有关这一时期政治婚姻的记载相对来说十分稀少，我们对其了解还不够深入，期待更多新文献证据的出现，从而弥补政治婚姻史研究中的这一遗憾。在早王朝时期之后，接下来的中东历史发展中，政治联姻作为一种重要的政治工具，突破了城邦之间的界限，向更广阔范围的国家或帝国外交关系发展，在古代中东各国、各种政治实体中发挥着越来越重要的作用，成为影响和左右古代中东政治发展走向的主要因素之一。

---

① 其他相关论著，参见 Maria G. Biga, "The Reconstruction of a Relative Chronology for the Ebla Texts", *Orientalia* 72 (2003), pp. 345 – 367; Alfonso Archi, "The Role of Women in the Society of Ebla," in *Sex and Gender in the Ancient Near East. Proceedings of the XLVIIᵉ Rencontre Assyriologique Internationale*, Simo Parpola and Robert M. Whiting (eds.), Helsinki. Helsinki: Neo-Assyrian Text Corpus, 2002, pp. 1 – 9; Amanda H. Podany, *Brotherhood of Kings: How International Relations Shaped the Ancient Near East*, Oxford: Oxford University Press, 2012, p. 58; Lauren Ristvet, *Ritual, Performance, and Politics in the Ancient Near East*, Cambridge: Cambridge University Press, 2014, p. 217.

第二章　阿卡德王朝的政治婚姻

阿卡德王朝（公元前2334—前2154年），又称阿卡德王国或阿卡德帝国，因该王朝第一位国王（即王朝的建立者）名叫萨尔贡，所以阿卡德王朝也被称为萨尔贡王朝或萨尔贡时期。它是古代两河流域文明第一个统一的王朝和第一个帝国，其统治范围大致相当于今天伊拉克全境，以及叙利亚东部、土耳其南部和伊朗西部等地区。

第一节　阿卡德王朝概况

阿卡德王朝前承古苏美尔时期（即早王朝时期），后启新苏美尔时期（拉伽什第二王朝、乌尔第三王朝），属于苏美尔 - 阿卡德文明的一部分，也是连接古苏美尔文明和新苏美尔文明的过渡期。阿卡德王朝总共有8位国王，其名字与统治时间如下所示：[①]

1. 萨尔贡（Sargon，公元前2334—前2279年在位）
2. 瑞穆什（Rimush，公元前2278—前2270年在位）
3. 玛尼什吐苏（Manishtushu，公元前2269—前2255年在位）
4. 纳拉姆辛（Naram-Sin，公元前2254—前2218年在位）

---

① 关于阿卡德王朝的国王铭文，参见 Douglas Frayne, *Sargonic and Gutian Periods* (*2334 – 2113 BC*), The Royal Inscriptions of Mesopotamia Early Periods, Volume 2, Toronto：University of Toronto Press, 1993, pp. 1 – 218. 关于阿卡德王朝的历史概况，参见 Mario Liverani, ed., *Akkad The First World Empire*：*Structure*, *Ideology*, *Traditions*, Padova：Sargon srl, 1993；Age Westenholz, "The Old Akkadian Period：History and Culture", in Walther Sallaberger and Age Westenholz, eds., *Mesopotamien*：*Akkade-Zeit und Ur Ⅲ -Zeit*, Orbis Biblicus et Orientalis 160/3, Freiburg：Universitätsverlag, Göttingen：Vandenhoeck & Reprecht, 1999, pp. 17 – 117.

5. 沙尔卡里沙利（Shar-Kali-Sharri，公元前 2217—前 2293 年在位）

6. 英特莱格努（Interregnum，公元前 2192—前 2190 年在位）

7. 杜杜（Dudu，公元前 2189—前 2169 年在位）

8. 舒图如勒（Shu-turul，公元前 2168—前 2154 年在位）

阿卡德王朝的建立者萨尔贡原是一个椰枣园园丁的儿子，后来在两河流域北方的基什城邦担任基什国王乌尔扎巴巴（Ur-Zababa）的"持杯者"或"司仪"（阿卡德语：Rabshaqe），并且废黜基什王自立为王，定都阿卡德城，史称为阿卡德王朝。萨尔贡即位之时，正是两河流域南方温马城邦的恩西卢伽尔扎格西统一两河流域南部，建立霸权的时期。与此情况相似的是，当 500 多年之后的两河流域南部城邦拉尔萨国王瑞姆辛建立霸权时，北部的巴比伦国王汉谟拉比也刚刚继承王位。萨尔贡在与卢伽尔扎格西的战争中取得了胜利，并将后者俘虏至尼普尔神庙，向天下宣告了自己的霸业。在征服两河南方的温马、乌尔和拉伽什之后，萨尔贡又顺势攻下两河流域西北方的马里、埃卜拉和图图勒等城邦，东征伊朗地区，连克埃兰、阿万、马尔哈西等国，建立了两河流域历史上第一个大帝国。[1] 但在他去世后，他的两个儿子瑞穆什和玛尼什吐苏统治时期，两河流域南方城邦相继独立，直到玛尼什吐苏之子纳拉姆辛统治时期，才逐渐平定叛乱，并在两河流域历史上首次自称为神，开创了"国王神化"的惯例（直至伊新王朝后终止），[2] 使帝国达到了前所未有的版图（如图 2.1 所示）。纳拉姆辛去世后，阿卡德王国国力逐渐衰微，再加之土地盐碱化等自然灾害和国内不断涌起的反叛风潮，终于在公元前 2154 年被从伊朗扎格罗斯山脉袭来的游牧民族古提人所灭。

---

① J. N. Postgate, *Early Mesopotamia: Society and economy at the dawn of history*, London and New York: Routledge, 1992, pp. 40 - 41; Marc Van De Mieroop, *A History of the Ancient Near East, ca. 3000 - 323 BC*, Second Edition, Malden: Blackwell, 2007, pp. 64 - 73.

② Walter Farber, "Die Vergöttlichung Narām-Sins", *Orientalia* 52 (1983), pp. 67 - 72; Piotr Michalowski, "The Mortal Kings of Ur: A Short Century of Divine Rule in Ancient Mesopotamia", in Nicole Brisch, ed., Religion and Power: Divine Kingship in the Ancient World and Beyond, *Oriental Institute Seminars* 4, Chicago: The Oriental Institute of the University of Chicago, 2008, pp. 33 - 45; Anne Porter, "When the Subject is the Object: Relational Ontologies, the Partible Person and Images of Naram-Sin", in Brian A. Brown and Marian H. Feldman, eds., Critical Approaches to Ancient Near Eastern Art, Berlin: De Gruyter, 2014, pp. 597 - 617.

由于目前阿卡德王国的都城阿卡德城的具体位置还存在争议，更没有阿卡德城的考古发掘，因此缺少有关阿卡德王国政治、经济和外交等方面的直接证据。如果将来阿卡德城被发现并发掘，相信会有意想不到的对于阿卡德王国历史和文化的重写。就目前而言，我们仅有的关于阿卡德王国的文献资料主要是来自同时代其他遗址（如尼普尔、乌尔凯什等）的考古发掘的泥板文献，以及后期（古巴比伦、亚述时期）的文献资料。

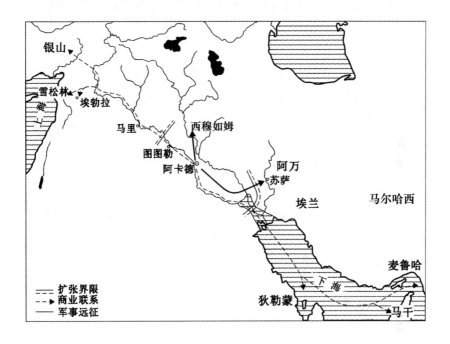

图 2.1　阿卡德帝国

资料来源：M. Liverani, *The Ancient Near East：History, Society and Economy*, London and New York：Routledge, 2014, p. 134.

在阿卡德王朝的文献中极少有关于政治婚姻的记载，反而在阿卡德王朝的周边地区，如乌尔凯什的遗址发掘出一些王后的滚筒印章，显示她们的名字是阿卡德国王的女儿。此外，从经济文献中有关赠给阿卡德公主的礼物的只言片语的记载中，也可以多少窥见阿卡德王国的政治婚姻传统。阿卡德王国主要的政治联姻对象是位于叙利亚地区的乌尔凯什和位于伊朗的埃兰等国，一个在西边，一个在东边，简单构成了阿卡德王国的政治联姻方向。① 当然需要指出的是，这些数据和结论都是暂时的，想必随着将来有一天阿卡德城遗址的发现和发掘，以及更加阿卡德王国时期文献的释读，我们会对这一时期的政治婚姻情况有重新的认识，甚至的颠覆性的重写。不过，就目前而言，我们还是把注意力放在现有的文献资料上来。

第二节　阿卡德王朝与乌尔凯什的政治联姻

乌尔凯什（苏美尔语：Ur-kiš^{ki} "基什的仆人"）位于陶鲁斯山脚下、哈布尔河上游盆地（今天叙利亚东北部哈塞克省）的莫赞（Tell Mozan）遗址，靠近土耳其和伊拉克的边境。它可能早在公元前 4 千纪由胡里人建立，是古代胡里文明的主要政治和宗教中心，也是古代安纳托利亚与叙利亚、两河流域城市之间的北 – 南商路的重要停靠站，以及古代连接地中海和伊朗西部扎格罗斯山之间的东 – 西商路的停靠站，乌尔凯什王国曾经控制了北方高原铜的产地，促进了国内经济繁荣。② 在阿卡德王朝时期，乌尔凯什是叙利亚地区主要的城邦之一，当时它们的统治者的头衔是"恩丹"（endan，意译为"国王"），如图普里什（Tuplish，公元前 2250 年左右）和提什阿塔勒（Tish-atal）。

BA 60/2 p. 81 k1 (Old Akkadian, Urkesh)

1）Tup-ki-iš 　　　　　　　　图普里什

---

① 值得注意的是，还有一种近似政治婚姻的形式，即阿卡德国王的女儿与神的"联姻"，比如恩黑杜安娜（Enheduanna，约公元前 2285—前 2250 年）是萨尔贡的女儿，萨尔贡把她"嫁给"月神南那，即让她担任乌尔城月神南那（^{d}Nanna）或辛（^{d}EN. ZU = ^{d}Sîn）神庙的最高女祭司。萨尔贡为了控制两河流域南部地区，学习苏美尔文化，与苏美尔融合。这种国王女儿担任神庙最高女祭司的做法，即名义上将国王女儿（公主）嫁给神，从而组成"人神共婚"的另类政治婚姻形式，这种婚姻形式最早可以出现在早王朝Ⅲ期，尤其是埃卜拉文献中。后来，在乌尔第三王朝、古巴比伦时期都继续沿用。由于它不是真正意义上的政治婚姻，只是形式上或者名义上的"婚姻"，所以本书不做详细介绍。

② 关于乌尔凯什的历史概况，参见 Giorgio Buccellati and Marilyn Kelly-Buccellati, eds., *Urkesh and the Hurrians: Studies in Honor of Lloyd Cotsen*, Bibliotheca Mesopotamia 26, Malibu: Undena Publications, 1998. 关于乌尔凯什研究的原始文献及研究成果，参见"乌尔凯什在线资源数据库"（网址：www. urkesh. org）。

2) en-da-an　　　　　　恩丹

3) Iri-keš₃^{ki}　　　　　乌尔凯什

大约在纳拉姆辛统治时期，乌尔凯什王国和阿卡德王国之间通过政治婚姻建立同盟关系，成为纳拉姆辛唯一没有征服的叙利亚城邦。公元前 2 千纪早期，乌尔凯什成为兴起的马里王国的附属国；公元前 2 千纪中期，乌尔凯什又臣服于米坦尼王国，直至公元前 1 千纪左右它不知何原因被遗弃，成为废墟。1984 年，由加利福尼亚大学洛杉矶分校的乔治·布切拉蒂带领的考古队开始对莫赞遗址进行发掘工作，至今已经进行了 17 季，出土了大量的印章和印文以及楔形文字泥板文书，为我们还原古代叙利亚的历史，尤其是阿卡德王国时期的叙利亚历史有重要的价值。

一　阿卡德国王那拉姆辛之女与乌尔凯什国王图普里什

乌尔凯什遗址发掘出土了大量的印章和印文，其他有许多王室妇女的印章，以及她们仆人的印章。其中一块印章的铭文如下：

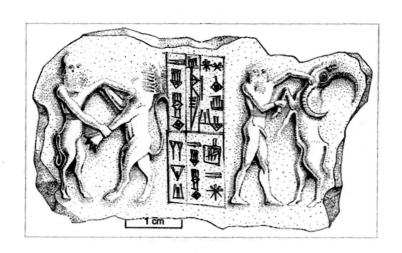

图 2.2　塔兰阿卡德的印章铭文

资料来源：G. Buccellati, M. Kelly-Buccellati, "Tar'am-Agade, Daughter of Naram-Sin, at Urkesh", in L. A. Werr, J. Curtis, H. Martin, eds., *Of Pots and Plans: Papers on the Archaeology and History of Mesopotamia and Syria Presented to David Oates in Honour of his 75th Birthday*, London: Nabu Publications, 2002, p. 14.

Fs D. Oates 14（Old Akkadian, Naramsin, Urkesh）

左栏

1）^{d}Na-ra-am-^{d}EN. ZU   纳拉姆辛

2）lugal   国王

3）A-ga-de$_3$^{ki} 阿卡德：

右栏

1）Tar$_2$-am$_3$-A-ga-de$_3$^{ki} 塔兰阿卡德

2）dumu-munus-zu   （是）你的女儿。

译文："纳拉姆辛，阿卡德的国王：塔兰阿卡德，（是）你的女儿。"

　　通过对这些印章主人的身份的确认，以及她们与阿卡德王国有着千丝万缕的联系，我们能够复原一段发生在 4000 多年前的政治婚姻。塔兰阿卡德（Tar'am-Agade）是阿卡德王纳拉姆辛的一个女儿，她的名字的本意是"她爱阿卡德"，这可能不是她出生时的原名，而是后来为了政治目的改的名字。① 她的父亲纳拉姆辛为了政治利益服务，将他的女儿塔兰阿卡德嫁给了乌尔凯什的君主（endan，音译为"恩丹"）图普里什或提什阿塔勒。②

　　关于这场政治婚姻的详细情况和婚礼仪式的描述，由于文献资料的匮乏，我们目前无从得知具体细节，只能通过从乌尔凯什出土的有关塔兰阿卡德的印章印文来窥探一二。但是，对于这次政治婚姻的历史背景，通过阿卡德王朝的王铭与其他材料，我们大致了解比较详细。阿卡德王国在纳拉姆辛统治时期，出现了各地"大叛乱"的情况，英勇有魄力的纳拉姆辛王继承了其祖父、王朝的开创者萨尔贡的雄才伟略，不仅扫除了全国的叛乱，而且还对叙利亚和伊朗西部等地区进行征服扩张的战争，当时叙利亚

① Marilyn Kelly-Buccellati, "Uqnitum and Tar' am-Agade Patronage and Portraiture at Urkesh", in *Festschrift für Gernot Wilhelm: anläßlich seines 65. Geburtstages am 28. Januar 2010*, Jeanette C. Fincke (ed.), Dresden: ISLET, 2010, pp. 15 – 16; M. Civil, "Un nouveau synchronisme Mari-Ⅲeme dynastie d'Ur", *Revue d'Assyriologie et d'Archéologie Orientale* 56 (1962), p. 213.

② Giorgio Buccellati, Marilyn Kelly-Buccellati, "Tar'am-Agade, Daughter of Naram-Sin, at Urkesh", in *Of Pots and Plans: Papers on the Archaeology and History of Mesopotamia and Syria Presented to David Oates in Honour of his 75th Birthday*, Lamia Al-Gailani Werr, John Curtis, Harriet Martin (eds.), London: Nabu Publications, 2002, pp. 11 – 31.

地区的主要强邦是埃卜拉和马里，由于埃卜拉和那加尔等小邦结盟，纳拉姆辛可能出于瓦解埃卜拉联盟的目的，也在叙利亚地区扶持自己的代言人，而乌尔凯什就被他们选中了。简言之，纳拉姆辛意图通过与乌尔凯什结盟，从而达到共同对抗埃卜拉联盟，为了加强与乌尔凯什的联盟，纳拉姆辛将自己的女儿嫁于外邦以达到合作共赢的目的。

二　阿卡德公主乌科尼图姆与乌尔凯什国王图普里什

除了上述已经确定的阿卡德国王纳拉姆辛的女儿、即阿卡德公主塔兰阿卡德嫁于乌尔凯什的国王之外，从乌尔凯什考古发掘出土的大量印章印文中，我们还发现了可能是来自阿卡德王国的公主乌科尼图姆（Uqni-tum），她的印章的身份也是乌尔凯什王国的王后。

BA 60/2 p. 81 q2（Old Akkadian, Urkesh）

1）za：gin$_3$-ni-tum　　　　　乌科尼图姆

2）dam　　　　　　　　　妻子

3）Tup-ki-iš　　　　　　　图普基什

译文："乌科尼图姆，（是）图普基什的妻子。"

从印章证据考证，乌科尼图姆被认为是乌尔凯什王宫中最重要的女人。[1] 虽然由于证据不足，我们暂时无法确认这位阿卡德公主具体是哪位国王的女儿，但是由于发掘出土的印章大多记载的是乌尔凯什与阿卡德王国的纳拉姆辛统治时期的关系，所以这位不知名的阿卡德公主很有可能也是纳拉姆辛的女儿，而她所嫁给的乌尔凯什国王也很可能是图普基什（或提什阿塔勒）。[2] 在确凿证据发现之前，我们这些推断都只是暂时的。

---

[1]　Marilyn Kelly-Buccellati, "Uqnitum and Tar'am-Agade Patronage and Portraiture at Urkesh", in *Festschrift für Gernot Wilhelm：anläßlich seines 65. Geburtstages am 28. Januar 2010*, Jeanette C. Fincke (ed.), Dresden：ISLET, 2010, p. 189.

[2]　Marilyn Kelly-Buccellati, "Uqnitum and Tar'am-Agade Patronage and Portraiture at Urkesh", in *Festschrift für Gernot Wilhelm：anläßlich seines 65. Geburtstages am 28. Januar 2010*, Jeanette C. Fincke (ed.), Dresden：ISLET, 2010, pp. 185 – 186.

三　阿卡德公主图塔沙尔里比什与乌尔凯什国王

从乌尔凯什考古发掘出土的印章和印文中，我们还发现了另一位可能是公主的信息，她的名字叫图塔沙尔里比什（Tuta-shar-libbish，本义为"她已经找到她心仪的国王"），其身份是乌尔凯什的王后。[①]

ENES 429 = RIME 2.01.05.2001, ex 01 (Old Akkadian, Shar-kali-sharri, unknown)

第一栏

1）^{d}Šar-ka$_3$-li-šar$_3$-ri　　　　　　沙尔卡里沙里

2）lugal　　　　　　　　　　　　国王

3）ba$_{11}$-u-la-ti　　　　　　　　　臣民的

4）^{d}En-lil$_2$　　　　　　　　　　恩利尔的；

5）Tu-ta$_2$-šar-li-bi-iš　　　　　　图塔沙尔里比什

第二栏

1）nin　　　　　　　　　　　　王后：

2）Iš-ku-un-^{d}Da-gan　　　　　　伊什昆达干

3）dub-sar　　　　　　　　　　书吏

4）šabra E$_2$-ti-sa$_2$　　　　　　　神庙主管

5）arad-zu　　　　　　　　　　（是）您的仆人。

译文："沙尔卡里沙里，恩利尔的臣民的国王；王后图塔沙尔里比什：书吏兼埃提萨神庙主管伊什昆达干（是）您的仆人。"

关于这位王后的来源或母国，由于证据缺乏，我们不得而知，不排除她也是阿卡德王国公主的可能性。所以，有关这场政治婚姻的具体情况还有待资料的佐证。

第三节　阿卡德王朝与伊朗地区的政治婚姻

伊朗地区与两河流域地区很早以前就有密切的联系，包括战争和贸易

---

①　Marilyn Kelly-Buccellati, "Uqnitum and Tar'am-Agade Patronage and Portraiture at Urkesh", in *Festschrift für Gernot Wilhelm: anläßlich seines 65. Geburtstages am 28. Januar 2010*, Jeanette C. Fincke (ed.), Dresden: ISLET, 2010, p. 193.

往来。根据苏美尔文学作品《恩美卡尔与阿拉塔之主》（Enmerkar and the Lord of Aratta）记载，[①] 在早王朝时期的乌鲁克第一王朝时期，乌鲁克国王就和伊朗东部的国家阿拉塔之间有贸易和人员往来。另据《苏美尔王表》记载，伊朗地区的阿万曾在两河流域建立过阿万王朝。[②] 从早王朝中晚期开始，生活在伊朗西部扎格罗斯山脉附近的埃兰人对两河流域的威胁加重，不断骚扰边境，成为两河流域统治者的一大难题之一。[③] 围绕着与伊朗地区的关系，在之后的两千多年的历史发展中，一直是两河流域君王们最为棘手的难题之一。两河流域和伊朗地区之间，时而和平相处，甚至互相通婚，上层统治阶级通过政治联姻建立暂时的同盟；时常又发生战争，甚至互相征服，有伊朗地区国家征服两河流域的，比如古提人征服了阿卡德王国，埃兰人灭亡了乌尔第三王朝，米底人（联合新巴比伦）灭亡了新亚述帝国、最后波斯人灭亡了新巴比伦王国，终结了两河流域文明的历史。

同时，历史上也有两河流域征服伊朗的情况，如乌尔第三王朝置苏萨为一行省，巴比伦和亚述诸王征服埃兰等。阿卡德王朝与伊朗地区的关系，也是在战争与和平的两重标准下维持的，而作为维持和平的一种有效的手段，政治联姻是他们比较喜欢的方式。

一　纳拉姆辛与埃兰国王之女

纳拉姆辛是阿卡德王朝除了萨尔贡之外的另一位伟大的国王，他在位时期继续不断对外征服战争，扩大帝国的版图，更加有影响的是，他还自称为神（即在其名字前加上"神"dingir 的符号），与众神平级，这在两河流域历史上还是第一次，他首创的国王称神的举动一直被后来的君王所

---

① Herman Vanstiphout, *Epics of Sumerian Kings: The Matter of Aratta*, Atlanta: Society of Biblical Literature, 2003; Catherine Mittermayer, *Enmerkara und der Herr von Arata: Ein ungleicher Wettstreit*, Orbis Biblicus et Orientalis 239, Fribourg: Academic Press, Göttingen: Vandenhoeck & Ruprecht, 2009; 拱玉书：《升起来吧！像太阳一样——解析苏美尔史诗〈恩美卡与阿拉塔之王〉》，昆仑出版社 2006 年版。

② Thorkild Jacobsen, *The Sumerian King List*, Assyriological Studies 11, Chicago: The University of Chicago Press, 1939, pp. 94 – 95.

③ 关于早王朝时期巴比伦尼亚与埃兰的关系，参见 Gebhard J. Selz, "'Elam' und 'Sumer' - Skizze einer Nachbarschaft nach inschriftlichen Quellen der vorsargonischen Zeit", in *Mesopotamie et Elam: Actes de la XXXVIème Rencontre Assyriologique Internationale, Gand, 10 – 14 juillet 1989*, L. de Mayer and H. Gasche (eds.), Ghent: University of Ghent, 1991, pp. 27 – 44.

承袭，直到伊新王朝为止，从古巴比伦王国开始，国王不再自称为神，两河流域的神权从此一直大于王权。

纳拉姆辛与埃兰地区的关系是双重的，一方面不断用兵埃兰，试图一举征服该地，另一方面鉴于埃兰很难攻克，便签署合约，试图保持与埃兰的友好关系。其中，纳拉姆辛娶了埃兰地区的阿万王朝国王希塔（Hita）的女儿，[①] 这一次的政治联姻可以看作纳拉姆辛想与埃兰达成和平协议的重要环节，并且为未来保持两国的政治友好关系打下了基础。文献中对于这次政治联姻没有过多的描述，甚至连埃兰国王的女儿的名字我们也不得而知，只是从纳拉姆辛与埃兰的这份合约中我们可以窥探出这次联姻的一丝信息。

二 沙尔卡里沙里与马尔哈西国王之女

马尔哈西（Marhashi，原文：Mar-ha-ši[ki]，或称为 Parhasi，Warahshe）对两河流域而言是一个遥远的地方，大概位于伊朗高原的东南部，它不属于埃兰的势力范围。[②] 马尔哈西与阿卡德王朝维持着常年的友好关系，阿卡德从马尔哈西进口许多奇珍异宝，表明两国之间的贸易往来十分兴旺发达。除了跨区域贸易之外，阿卡德与马尔哈西的政治联姻也为两国的和平交往提供了政治上的保障。

阿卡德国王沙尔卡里沙利（一说其子）为了维持与马尔哈西的友好关系，迎娶了马尔哈西的公主。[③] 有关这位公主的身份，目前无法考证。

---

① Walther Hinz, "Elams Vertrag mit Narām-Sîn von Akkade", *Zeitschrift für Assyriologie und Vorderasiatische Archäologie* 58 (1967), pp. 66 – 103.

② 关于马尔哈西，参见 Piotr Steinkeller, "The Question of Marhaši: A contribution to the historical geography of Iran in the third millennium B. C. ", *Zeitschrift für Assyriologie und Vorderasiatische Archäologie* 72 (1982), pp. 237 – 265; D. T. Potts, "Total Prestation in Marhashi-Ur Relations", *Iranica Antiqua* 37 (2002), pp. 343 – 357; Piotr Steinkeller, "New Lights on Marhasi and its Contacts with Makkan and Babylonia", *Journal of Magan Studies* 1 (2006), pp. 1 – 17; Henri-Paul Francfort and Xavier Tremblay, "Marhaši et la Civilisation de l' Oxus", *Iranica Antiqua* 45 (2010), pp. 51 – 224.

③ Sallaberger, Walther, "Ur Ⅲ -Zeit", in *Mesopotamien: Akkade-Zeit und Ur Ⅲ -Zeit*, OBO 160/3, Pascal Attinger, Markus Wäfler (eds.), Freiburg, Schweiz: Universitätsverlag / Göttingen: Vandenhoeck und Ruprecht, 1999, p. 91.

第三章　新苏美尔时期的政治婚姻

新苏美尔时期（Neo-Sumerian Period）是相当于旧苏美尔时期（或早王朝时期）而言的，指的是阿卡德王国灭亡之后直到古巴比伦王国之前的这一段时期，是苏美尔文明最后也是最辉煌的时期。在时间上大致包括库提人统治、拉伽什第二王朝、乌鲁克第五王朝和乌尔第三王朝等，其中乌尔第三王朝是这一时期最主要的一个阶段，又被称为新苏美尔帝国（Neo-Sumerian Empire）或苏美尔"文艺复兴"（Sumerian Renaissance）。[①]

第一节　新苏美尔时期概况

阿卡德王朝灭亡之后，库提人在两河流域的统治不是很清楚，因为他们没有留下多少文献资料，很可能他们的统治范围只局限于两河流域的北部，而且其统治可能是比较松散的，并没有建立中央集权的稳固统治基础。[②] 在库提人统治两河流域期间，两河流域的南部有不少独立的城邦，首领被称为"恩西"（ensi$_2$，可以意译为"公侯"或"总督"），似乎又恢复到了早王朝时期的苏美尔城邦并存的状况，在这些城邦中，以拉伽什城邦最为著名。

一　拉伽什第二王朝概况

由于在早王朝时期拉伽什城邦已经存在，被称为拉伽什第一王朝，所

---

① A. Becker, "Neusumerische Renaissance?" *Baghdader Mitteilungen* 16 (1985), pp. 229–316.

② 有关库提人的统治，参见 Douglas Frayne, *Sargonic and Gutian Periods (2334–2113 BC)*, The Royal Inscriptions of Mesopotamia Early Periods Volume 2 (RIME 2), Toronto: University of Toronto Press, 1993.

以在库提人统治时期的拉伽什城邦被称为拉伽什第二王朝（由于其中最著名的统治者是古地亚，故又称为古地亚王朝）。

拉伽什城邦是由 3 个城市构成：吉尔苏（Girsu）、拉伽什（Lagash）和尼那（Nina）。根据考古发现和楔形文字文献资料记载，① 拉伽什第二王朝共有 12 位统治者（"恩西"），但是对于他们的统治年代及准确时间，我们不是很清楚，② 这 12 位恩西列举如下：

1. 乌尔宁吉尔苏一世（Ur-Ningirsu Ⅰ）
2. 皮里格美（Pirig-me）——乌尔宁吉尔苏一世之子
3. 卢巴乌（Lu-Bau）无王铭，身份不详
4. 卢古拉（Lugula）无王铭，身份不详
5. 卡库（Kaku）无王铭，身份不详
6. 乌尔巴乌（Ur-Bau，或乌尔巴巴 Ur-Baba）身份不详
7. 古地亚（Gudea）——乌尔巴乌之女婿
8. 乌尔宁吉尔苏二世（Ur-Ningirsu Ⅱ）——古地亚之子
9. 乌尔伽尔（Ur-GAR）——乌尔巴乌之女婿
10. 乌尔阿亚巴（Ur-ayabba）
11. 乌尔马马（Ur-Mama）
12. 纳姆哈尼（Nammahani）③——乌尔巴乌之女婿

乌尔宁吉尔苏一世的身份是"长老"（gu-la），一说他是乌尔宁马尔

---

① Dietz Otto Edzard, *Gudea and His Dynasty*, The Royal Inscriptions of Mesopotamia Early Periods Volume 3/1（RIME 3/1），Toronto：University of Toronto Press, 1997, p. 3.

② 有关拉伽什第二王朝年代推算的相关研究成果，参见 A. Falkenstein, *Die Inschriften Gudeas von lagaš*, Analecta Orientalia 30, Roma：Pontificium Institutum Biblicum, 1966；Tohru Maeda, "Two Rulers by the Name Ur-Ningirsu in Pre-Ur Ⅲ Lagash", *Acta Sumerologica* 10（1988），pp. 19 – 35；Salvatore F. Monaco, "Two Notes on ASJ 10, 1988：1 Nam-mah-ni / Nam-ha-ni ensi lagaš^{ki}", *Acta Sumerologica* 12（1990），pp. 89 – 105；Piotr Steinkeller, "The Date of Gudea and His Dynasty", *Journal of Cuneiform Studies* 40（1988），pp. 47 – 53；Jacob Klein, "From Gudea to Šulgi：Continuity and Change in Sumerian Literary Tradition", in *DUMU-E₂-DUB-BA-A：Studies in Honor of Åke W. Sjöberg*, Hermann Behrens, Darlene Loding and Martha T. Roth（eds.），Occasional Publications of the Samuel Noah Kramer Fund 11, Philadelphia, 1989, p. 289（n. 3）.

③ 关于不同的排列顺序，参见 Tohru Maeda, "Two Rulers by the Name Ur-Ningirsu in Pre-Ur Ⅲ Lagash", *Acta Sumerologica* 10（1988），pp. 19 – 35；A. Falkenstein, *Die Inschriften Gudeas von lagaš*, I *Einleitung*, Analecta Orientalia 30, Roma：Pontificium Institutum Biblicum, 1966, p. 6.

（Ur-Ninmar）之子，[①] 他可能是延续早王朝时期的拉伽什第一王朝的血脉，也可能是阿卡德王朝时期拉伽什行省统治者的后裔，阿卡德王朝灭亡后，乌尔宁吉尔苏一世在库提人的统治下独立。根据他的年名记载，在他统治时期出现过多次神庙祭司的更替与任职，包括"希塔阿巴"祭司（šita-ab-ba）、巴乌神庙的"卢马赫"祭司（lu$_2$-mah ^{d}Ba-u$_2$）以及宁吉尔苏神庙的"伊希卜"祭司（išib ^{d}Nin-gir$_2$-su），这种传统可以一直追溯到早王朝时期的拉伽什第一王朝统治者乌尔南舍时期。此外，乌尔宁吉尔苏一世有一个妻子名叫宁尼加尔埃西（Nin-nigar-e-si），她为乌尔宁吉尔苏一世生了个儿子名叫皮里格美，后来这个儿子继承了乌尔宁吉尔苏一世的恩西之位，此外拉伽什第二王朝的第二位恩西。拉伽什第二王朝的第三、四、五位恩西分别是卢巴乌、卢古拉和卡库，他们没有留下王铭等文献材料，所以对于他们的身份事迹以及之间的关系我们还不是很清楚。值得注意的一点是，后来的恩西纳姆哈尼娶了卡库的女儿宁卡吉娜，我们不清楚这两个卡库是不是指一个人。

第六位恩西乌尔巴乌（意为"巴乌女神的奴仆"）自称是女神宁阿加拉（Nin-agala，^{d}Nin-a$_2$-gal）所生的。乌尔巴乌还有一个女儿恩安奈帕达（En-anne-padda）成为月神南那的女祭司，即名义上月神南那的妻子（En-an-ne$_2$-pa$_3$-da，en ^{d}Nanna，dumu Ur-^{d}Ba-u$_2$ "恩安奈帕达，南那神的女祭司，乌尔巴乌的女儿"）。[②] 乌尔巴乌的主要事迹是为宁吉尔苏神修建了"埃宁努"神庙区（Eninnu），此外还有为巴乌、恩基等神也修建了神庙。

在这12位统治者中，第7位"恩西"古地亚无疑是最有名的，他不仅是拉伽什第二王朝所有恩西中最出名的，而且也是整个古代两河流域历史上最著名的君主之一。他自称是拉伽什母神加图姆杜（Gatumdu）所生的儿子。他在位期间很少对外战争（只有对安山和埃兰），把大部分时间用于大兴土木，修建神庙（他至少为21位神灵修建了神庙）并为自己建

---

① Edmond Sollberger, "The Rulers of Lagaš", *Journal of Cuneiform Studies* 21 (1967), p. 282.

② Dietz Otto Edzard, *Gudea and His Dynasty*, The Royal Inscriptions of Mesopotamia Early Periods Volume 3/1 (RIME 3/1), Toronto: University of Toronto Press, 1997, pp. 24 - 25.

造了数十座闪长岩雕像。① 他留下了丰富的楔形文字铭文文献，使得他成为古代两河流域留下文献资料最多的君主之一，比如记录古地亚为拉伽什的保护神宁吉尔苏神修建"埃宁努"神庙的著名的《古地亚滚筒铭文 A 和 B》（Gudea Cylinder A & B）是古代两河流域最长的记述铭文。② 在古地亚去世之后，他被尊奉为神，即在他的名字前面加上了神（dingir）的标志，尤其到了乌尔第三王朝时期，古地亚和其他神一样，接受人们的祭祀和奉献。

古地亚去世之后，他的儿子乌尔宁吉尔苏二世继承了拉伽什的恩西之位，成了拉伽什的第 8 位恩西，他在位期间基本上还是执行了其父的政策，大力发展国内建设。可能在他统治时期，受到了乌尔巴乌的另一个女婿乌尔伽尔（也即是乌尔宁吉尔苏二世的"姨夫"）的夺位之争。第 9 位恩西乌尔伽尔（Ur-GAR，具体名字涵义不详）也娶了乌尔巴乌的一个女儿，成为乌尔巴乌的女婿，他的身份也不清楚。第 10 位和第 11 位恩西分别是乌尔阿亚巴和乌尔马马，由于文献资料的缺乏，关于他们的事迹，我们只知道他们是拉伽什的恩西，其他的一概不知。拉伽什第二王朝的第 12 位、最后一位恩西是纳姆哈尼（苏美尔语有两种拼写形式：Nam-mah-ni 或 Nam-ha-ni，意为"他的伟大是……"），有关他的身份，目前还不是很清楚，一说他是卢基利扎勒（Lugirizal）之子，③ 一说他可能是来自温马。④ 纳姆哈尼大概是与乌尔第三王朝的建立者乌尔纳姆（Ur-Nammu）同时期的人，据著名的《乌尔纳姆法典》（Code of Ur-Nammu）记载，最后乌尔纳姆打败了纳姆哈尼，拉伽什城邦也成为乌尔第三王朝的一个行省。

---

① 关于古地亚统治纪年的讨论，参见 François Carroué, "La Situation Chronologique de Lagaš Ⅱ - Un Elément du Dossier", *Acta Sumerologica* 16 (1994), pp. 47 – 75; François Carroué, "La Chronologie Interne du Règne de Gudea, Partie I", *Acta Sumerologica* 19 (1997), pp. 19 – 52.

② 参见 Willem H. Ph. Römer, *Die Zylinderinschriften von Gudea*, AOAT 376, Münster: Ugarit-Verlag, 2010; 刘健：《苏美尔神庙建筑仪式探析——以古迪亚滚筒铭文 A 和 B 为例》，《古代文明》2014 年第 4 期。

③ A. Falkenstein, *Die Inschriften Gudeas von Lagaš*, *I Einleitung*, Analecta Orientalia 30, Roma: Pontificium Institutum Biblicum, 1966, pp. 1 – 6.

④ Salvatore F. Monaco, "Two notes on ASJ 10, 1988", *Acta Sumerologica* 12 (1990), pp. 97 – 98.

二　乌尔第三王朝概况

在库提人灭亡了阿卡德王朝之后，他们对两河流域进行的统治情况不是特别清楚，因为没有留下多少资料证据。但是很可能，库提人对两河流域的统治主要维持在两河流域北部地区，而南部地区的许多苏美尔城邦趁机独立，恢复到了早王朝时期的城邦分立状态。同时，库提人对两河流域的统治也激起了两河流域人们的激烈反抗，其中以乌鲁克的乌图赫伽尔（Utu-hegal）为首的起义军最终击败了库提王国，打败库提末王提里干（Tirigan），把库提人赶出了两河流域。乌图赫伽尔以乌鲁克为都，建立了乌鲁克第五王朝（因乌鲁克城第五次作为王朝首都，故名）。他任命乌尔纳姆（可能是乌图赫伽尔的兄弟）为乌尔城的总督。但是，乌图赫伽尔的统治只有短短 7 年，王位就被乌尔纳姆取得，乌尔纳姆将首都从乌鲁克迁到乌尔（今伊拉克穆凯吉尔 Tell el-Muqejjir 遗址），建立了乌尔第三王朝。根据《苏美尔王表》的记载，[①] 这是乌尔城第三次作为首都，所以被称为乌尔第三王朝，其中的乌尔第一王朝和乌尔第二王朝都是处于早王朝时期的城邦政治，而乌尔第三王朝属于大一统的中央集权制国家。

乌尔第三王朝一共历时 109 年（公元前 2112—前 2004 年），共历有 5 位国王（lugal），根据《苏美尔王表》的记载，5 位国王均为父子相递。[②] 这 5 位国王分别是：乌尔纳姆（Ur-Nammu，公元前 2112—前 2095 年在位，共 18 年）、舒尔吉（Shulgi，公元前 2094—前 2047 年在位，共 48 年）、阿马尔辛（Amar-Suen，公元前 2046—前 2038 年在位，共 9 年）、舒辛（Shu-Suen，公元前 2037—前 2029 年在位，共 9 年）和伊比辛（Ibbi-

---

①　Thorkild Jacobsen, *The Sumerian King List*, Assyriological Studies 11, Chicago: The University of Chicago Press, 1939.

②　对这 5 位国王父子关系的争议，参见 Piotr Michalowski, "Of Bears and Men: Thoughts on the End of Šulgi's Reign and on the Ensuing Succession", in *Literature as Politics*, *Politics as Literature: Essays on the Ancient Near East in Honor of Peter Machinist*, D. S. Vanderhooft and A. Winitzer (eds.), Winona Lake: Eisenbrauns, 2013, pp. 285–320. 在该文中，作者认为乌尔纳姆与瓦塔尔图姆生了舒尔吉，舒尔吉与舒尔吉西姆提了舒辛，舒尔吉与阿比西姆提了伊比辛，而乌尔第三王朝第 3 位国王阿马尔辛则是乌尔纳姆与瓦塔尔图姆所生的另一个儿子（名字不详）与塔兰乌兰（Taram-Uram，她是阿皮尔金与一不知名女子所生）所生。

Suen，公元前 2028—前 2004 年在位，共 25 年）。

乌尔第三王朝的起源问题还没有彻底解决，王朝的建立者乌尔纳姆很可能起源于一个叫做埃舒（eš：šu^{ki}）或阿舒（aš-šu^{ki}）的地区，可能位于乌尔的附近。① 乌尔纳姆的母亲据说是达米克图姆（Damiqtum）。② 在第一王乌尔纳姆和第二王舒尔吉统治前期，他们的主要任务是征服其他苏美尔城邦（包括拉伽什）和两河流域北部地区，完成两河流域的统一，同时在国内修建了许多水渠，还制定了迄今已知世界上最早的法典《乌尔纳姆法典》（比著名的《汉谟拉比法典》［Code of Hammurabi］还要早三四百年）；③ 舒尔吉统治后期，他吞并了邻近许多地区，通过政治联盟与军事征服相结合的手段将王国的领土不断扩张，同时在国内推行一系列改革，比如统一度量衡、统一历法、建立全国再分配中心（普兹瑞什达干）等；④ 到第三王阿马尔辛和第四王舒辛统治时期，乌尔第三王朝达到了历史上的极盛时期，表现为较少的对外战争以及大量的国内建设与经济发展，数以万计的经济泥板和行政泥板文献出自这一时期；可是到了舒辛统治后期，随着西方阿摩利人的大量涌入，逐渐对乌尔王朝的统治产生了威胁，使得舒辛不得不在其统治的第四年建造了"阿摩利长城"（bad₃ mar-tu mu-ri-iq-ti-id-ni-im）以防止阿摩利人的入侵，此外还有东方的埃兰人一直是乌尔第三王朝最大的敌对势力，以至于在最后一位国王伊比辛统治前期，埃兰人的入侵与王朝内若干地方行省的独立

---

① Douglas Frayne, *Ur Ⅲ Period*（*2112 – 2004 BC*）, The Royal Inscriptions of Mesopotamia Early Periods Volume 3/2（RIME 3/2）, Toronto：University of Toronto Press, 1997, p. 9.

② Johannes Boese, Walther Sallaberger, "Apil-kīn von Mari und die Könige der Ⅲ. Dynastie von Ur", *Altorientalische Forschungen* 23（1996）, pp. 24 – 39.

③ 关于《乌尔纳姆法典》，参见 S. N. Kramer, "Ur-Nammu Law Code", *Orientalia NOVA SERIES* 23/1（1954）, pp. 40 – 51；Émile Szlechter, "Le Code d'Ur-Nammu", *Revue d'Assyriologie et d'archéologie orientale* 49/4（1955）, pp. 169 – 177；J. J. Finkelstein, "The Law of Ur-Nammu", *Journal of Cuneiform Studies* 22（1968）, pp. 66 – 82；Martha T. Roth, *Law Collections from Mesopotamia and Asia Minor*, Atlanta：Scholars Press, 1997, pp. 13 – 22.

④ 关于舒尔吉改革，参见 Walther Sallaberger, "Ur Ⅲ -Zeit", in *Mesopotamien：Akkade-Zeit und Ur Ⅲ -Zeit*, OBO 160/3, Pascal Attinger, Markus Wäfler（eds.）, Freiburg, Schweiz：Universitätsverlag / Göttingen：Vandenhoeck und Ruprecht, 1999, p. 148；Jacob Klein, "Shulgi of Ur：King of a Neo-Sumerian Empire", in Jack M. Sasson（ed.）, *Civilizations of the Ancient Near East*, Volume 2, New York：Charles Scribner's Sons, 1994, pp. 843 – 857；欧阳晓莉：《何谓"中央集权"——两河流域乌尔第三王朝国王舒勒吉改革辨析》，《江海学刊》2019 年第 4 期。

（埃什努那、伊新、拉尔萨）最终导致了乌尔第三王朝的灭亡（如图3.1所示）。

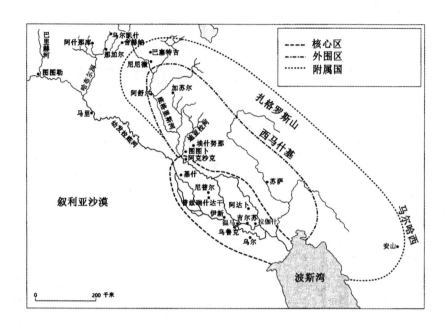

图3.1　乌尔第三王朝

资料来源：M. Van De Mieroop，*A History of the Ancient Near East ca. 3000–323 BC*，Second Edition，Oxford：Blackwell，2007，p. 75.

乌尔第三王朝是高度的中央集权制国家，国王拥有最高权力主导一切，国王之下设立两名最高权力长官，分别负责宗教事务与世俗（行政）事务，负责宗教事务的最高长官称为"扎巴尔达卜"（zabar-dab$_5$），负责世俗事务的最高长官称为"大苏卡尔"（sukkal-mah，或意译为首相）。

乌尔第三王朝的领土东抵伊朗高原的西部及扎格罗斯山脉，西达幼发拉底河中游，北临底格里斯河上游的亚述地区，南至波斯湾，全区一共可以分为三部分：核心区、边远区和附属国，其中核心区或核心行省向中央缴纳巴拉税（bala），边远区或边远行省向中央缴纳古恩税（gun$_2$，或古恩马达 gun₂ ma-da)。① 乌尔第三王朝也是存在泥板文献最丰富的时期之一，大约有数十万块楔形文字经济泥板主要是从 3 个遗址出土：吉尔苏、温马和普兹瑞什达干，这些文献是我们研究乌尔第三王朝乃至整个古代两河流域的社会经济史的宝贵第一手资料。②

第二节 拉伽什第二王朝的内部联姻

拉伽什第二王朝的王位继承方式比较独特，父死子继与父死婿承相结合的方式，其中后一种方式即老统治者去世之后，"恩西"位由统治者的女婿继承，所以娶了"恩西"的女儿的人意味着有可能继承未来的"恩西"之位。这种"父死婿承"的继承方式对拉伽什第二王朝的发展产生了重要的影响。拉伽什第二王朝的政治婚姻基本上只有"父死婿承"这一种形式。

目前所发现的文献资料中，还没有拉伽什第二王朝与其他地区、国家之间的外交政治联姻的相关记载，我们尚不清楚拉伽什第二王朝与两河流域其他城邦或者与两河流域周边政权（如库提人）是否发生过政治联姻，更不清楚他们与两河流域之外的政治实体是否有过政治联姻。不过，从拉伽什第二王朝与周边区域的对外贸易交往频繁来看，这种王朝之间的政治联姻也不是没有可能，只是目前还没有相关的文献记载被发现，姑且不谈。

---

① Piotr Steinkeller, "The Administrative and Economic Organization of the Ur Ⅲ State: the Core and the Periphery", in *The Organization of Power Aspects of Bureaucracy in the Ancient Near East*, McG. Gibson, R. Biggs (eds.), Chicago: The Oriental Institute of the University of Chicago, 1987, pp. 19 – 41; Tonia Sharlach, *Provincial Taxation and the Ur Ⅲ State*, Cuneiform Monographs 26, Leiden: Brill, 2004; Tohru Maeda, "The Defense Zone during the Rule of the Ur Ⅲ Dynasty", *Acta Sumerologica* 14 (1992), pp. 135 – 172; 刘昌玉：《税制与乌尔第三王朝的国家治理》，《古代文明》2021 年第 1 期。

② 关于乌尔第三王朝原始文献概况，参见 Manuel Molina, "The corpus of Neo-Sumerian tablets: an overview", in Steven J. Garfinkle and J. Cale Johnson (eds.), *The Growth of an Early State in Mesopotamia: Studies in Ur Ⅲ Administration. Proceedings of the First and Second Ur Ⅲ Workshops at the 49th and 51st Rencontre Assyriologique Internationale, London July 10, 2003 and Chicago July 19, 2005*, BPOA 5, Madrid: Consejo Superior de Investigaciones Científicas, 2008, pp. 19 – 54; Manuel Molina, "Archives and Bookkeeping in Southern Mesopotamia during the Ur Ⅲ period", *Comptabilités. Revue d'histoire des comptabilités* 8 (2016), pp. 1 – 19.

一　古地亚与乌尔巴乌之女宁阿拉

古地亚（苏美尔语为 Gu_3-de_2-a，原意为"说、读"）是拉伽什第二王朝最著名的一位统治者（恩西）。关于他的身份和来源，由于缺乏相关文献资料，目前我们对其尚不清楚。他可能不是来自拉伽什城邦，而是来自其他的城邦。据文献记载，拉伽什第二王朝的第六位恩西乌尔巴乌（苏美尔语 $Ur-{}^dBa-u_2$，意为"巴乌女神的［忠实］仆人"）共有三个女儿：一个女儿是宁阿拉嫁给了古地亚，另一个女儿宁海杜（Nin-hedu）嫁给了纳姆哈尼（拉伽什第二王朝的第十二位也是最后一个统治者，即古地亚之后的第五位继承者），还有一个女儿名字不详，嫁给了乌尔伽尔（第9位恩西）。[1] 三个女儿的年龄大小排序尚不清楚。

古地亚的身份很可能是一位贵族成员，或者是拉伽什第二王朝的一名官员，他肯定是与当时的拉伽什统治者乌尔巴乌认识，也可能是乌尔巴乌看中了古地亚，或者乌尔巴乌为了某种政治目的，故而把自己的女儿宁阿拉（Nin-alla）许配给了古地亚。根据一篇刻在碗上的铭文记载，宁阿拉的身份是古地亚的妻子。这篇铭文如下：[2]

RIME 3/1. 01. 07. 090 composite（Lagash Ⅱ，Gudea. 00. 00. 00，Girsu）

${}^dBa-u_2$	给巴乌（女神）
munus sa_6-ga	美丽的女人
nin-a-ni	他（古地亚）的女主人
nam-ti	生命
Gu_3-de_2-a	古地亚
$ensi_2$	恩西
$Lagaš^{ki}$-ka-$še_3$	拉伽什
u_3 nam-ti-la-ni-$še_3$	以及她（宁阿拉）的生命

① Dietz Otto Edzard, *Gudea and His Dynasty*, The Royal Inscriptions of Mesopotamia Early Periods Volume 3/1（RIME 3/1），Toronto：University of Toronto Press，1997，p. 15. 对此不同的排序见 Tohru Maeda, "Two Rulers by the Name Ur-Ningirsu in Pre-Ur Ⅲ Lagash", *Acta Sumerologica* 10（1988），pp. 19 - 36.

② V. Scheil, "Nin Alla, Femme de Gudêa", *Revue d'Assyriologie et d'archéologie orientale* 24（1927），p. 109.

Nin-al-la	宁阿拉
dam-ni	他（古地亚）的妻子
a mu-na-ru	将这个（物件）奉献。

译文："宁阿拉，他（古地亚）的妻子，为了拉伽什的恩西古地亚的生命，以及她（宁阿拉）的生命，将这个（物件）奉献给美丽的女人、他（古地亚）的女主人巴乌（女神）。"

通过这次政治联姻，古地亚一跃成为拉伽什统治阶级的重要一员，很可能十分受到其岳父、拉伽什现任恩西乌尔巴乌的赏识。在乌尔巴乌去世后，古地亚继承了拉伽什的恩西之位，成为拉伽什第二王朝的第七位恩西。我们不知道古地亚到底是采取和平的继承手段还是采取暴力非法手段获得的恩西之位，但是从各种迹象来看，古地亚很可能是合法地继承其岳父的恩西之位，因为在后来乌尔巴乌的其他女婿也采取了相同的手段在古地亚之后登上了拉伽什的恩西之位，从而使得这种特殊的首领继承方式得到延续。

二　乌尔伽尔与乌尔巴乌之女

乌尔伽尔的身世也是一个谜，他娶了乌尔巴乌的另一个女儿，不过这个女儿的名字没有记载（或者在未发现的文献中可能会有记载）。①

RIME 3/1. 1. 9. 2（Lagash Ⅱ，Ur-GAR. 00. 00. 00，Girsu）

第一栏

| ［…］ | 【给某某神，……】 |

第二栏

1）nam-ti	生命
2）Ur-GAR	乌尔伽尔
3）ensi$_2$	恩西
4）Lagaš^{ki}-ka-še$_3$	拉伽什
5）［…］	

---

① François Thureau-Dangin, *Die sumerischen und akkadischen Königsinschriften*, Vorderasiatische Bibliothek 1, Leipzig: Hinrichs, 1907, p. 62（no. 13）.

第三栏

1）dumu Ur-^{d}Ba-u$_2$ 乌尔巴乌的女儿

2）ensi$_2$ 恩西

3）Lagaš^{ki}-ka-ke$_4$ 拉伽什

4）u$_3$ nam-ti-la-ni-še$_3$ 以及她的生命

5）a mu-na-ru 献给

译文："拉伽什的恩西乌尔巴乌的女儿，为了拉伽什的恩西乌尔伽尔的生命，以及她（乌尔巴乌的女儿）的生命，将（这个物件）奉献给【某某神】。"

据此，乌尔伽尔就成为了古地亚的妹夫，同样凭借着这一身份进入了拉伽什的实际统治阶级。在古地亚去世之后，乌尔伽尔继承了他的恩西之位，成为拉伽什第二王朝的第八位恩西。

三 乌尔伽尔与卡库之女宁卡吉娜

乌尔伽尔除了娶了乌尔巴乌的女儿外，还娶了拉伽什王朝第五位恩西卡库的女儿宁卡吉娜（Nin-KA-gina）作为另一位妻子。[①]

RIME 3/1.1.9.1（Lagash Ⅱ，Ur-GAR.00.00.00，Girsu）

1）^{d}Šul-ša$_3$-ga-na 给舒尔沙伽纳

2）dumu ki-ag$_2$ 喜爱的儿子

3）^{d}Nin-gir$_2$-su-ka 宁吉尔苏

4）lugal-a-ni 她的主人，

5）nam-ti 生命

6）Ur-GAR 乌尔伽尔

7）ensi$_2$ 恩西

8）Lagaš^{ki}-ka-še$_3$ 拉伽什

---

① Edmond Sollberger, "Notes sur Gudea et Son Temps（En guise de Compte rendu du dernier ouvrage d'Adam Falkenstein）", *Revue d'Assyriologie et d'archéologie orientale* 62（1968）, p. 140；A. Falkenstein, *Die Inschriften Gudeas von Lagaš, I Einleitung*, Analecta Orientalia 30, Roma：Pontificium Institutum Biblicum, 1966, p. 4. 对于这里的卡库（宁卡吉娜之父）和拉伽什第二王朝的第五位恩西卡库是否是同一个人，学术界还存在争议，参见 Dietz Otto Edzard, *Gudea and His Dynasty*, The Royal Inscriptions of Mesopotamia Early Periods Volume 3/1（RIME 3/1）, Toronto：University of Toronto Press, 1997, p. 14.

9）Nin-ka-gi-na　　　　　　　　宁卡基娜

10）dumu Ka-［ku₃］　　　　　　卡库的女儿

11）dam-［ni］　　　　　　　　　他（乌尔伽尔）的妻子

12）［u₃ nam-ti-la-ni-se₃］　　　　以及她（自己）的生命

13）［a mu-na-ru］　　　　　　　将（这个物件）奉献

译文："宁卡基娜，卡库的女儿，他（乌尔伽尔）的妻子，为了拉伽什的恩西乌尔伽尔的生命，以及【以及她（自己）的生命，将（这个物件）奉献】给她（宁卡基娜）的主人宁吉尔苏（神）所喜爱的儿子舒尔沙伽纳（神）。"

我们不清楚乌尔伽尔是先娶了乌尔巴乌之女还是先娶了卡库之女宁卡吉娜的，但是从恩西的顺序来看，由于卡库是乌尔巴乌的前一任恩西，所以很可能乌尔伽尔先娶了当时的恩西卡库之女宁卡吉娜，然后等卡库去世之后，本该由乌尔伽尔继承恩西之位，但是不知道什么原因恩西之位被乌尔巴乌继承。而在乌尔巴乌继任恩西之后，乌尔伽尔又娶了乌尔巴乌之女（可能也是为了继承恩西之位的目的）。很可能，由于乌尔巴乌的女儿宁阿拉是大女儿，她嫁给了古地亚，所以先由古地亚继承乌尔巴乌的恩西之位。而乌尔伽尔所娶的乌尔巴乌的女儿可能是他的二女儿（或较小的女儿），等乌尔伽尔的姐夫（连襟）古地亚去世之后，恩西之位先是被乌尔宁吉尔苏二世所继承，然后乌尔宁吉尔苏二世去世之后，恩西之位则被乌尔伽尔所继承。

四　纳姆哈尼与乌尔巴乌之女宁海杜

纳姆哈尼是拉伽什第二王朝的第 12 位，也是最后一位恩西。纳姆哈尼娶了（古地亚的女婿）乌尔巴乌的女儿宁海杜（可能是小女儿），并且通过外戚的身份，在前任恩西乌尔马马去世之后，继任了恩西之位。[①]

RIME 3/1.1.12.5 (Lagash Ⅱ, Nammahani. 00. 00. 00, Girsu)

1）ᵈNin-gir₂-su　　　　　　　　给宁吉尔苏

2）ur-sag-kal-ga　　　　　　　　强大的勇士

3）ᵈEn-lil₂-la₂　　　　　　　　　恩利尔

---

① François Thureau-Dangin, *Die sumerischen und akkadischen Königsinschriften*, Vorderasiatische Bibliothek 1, Leipzig: Hinrichs, 1907, p. 64.

4）lugal-a-ni　　　　　　　　　她的主人

5）nam-ti　　　　　　　　　　　生命

6）Nam-mah-ni　　　　　　　　纳姆哈尼

7）ensi$_2$　　　　　　　　　　　恩西

8）Lagaš^{ki}-ka-še$_3$　　　　　　　拉伽什

9）Nin-he$_2$-du$_7$　　　　　　　宁海杜

10）dumu Ur-^{d}Ba-u$_2$　　　　　乌尔巴乌的女儿

11）ensi$_2$　　　　　　　　　　　恩西

12）Lagaš^{ki}-ka　　　　　　　　拉伽什

13）dam-ni　　　　　　　　　　他（纳姆哈尼）的妻子

14）u$_3$ nam-ti-la-ni-še$_3$　　　　以及她（宁海杜）的生命

15）a mu-na-ru　　　　　　　　将（这个物件）奉献。

译文："拉伽什的恩西乌尔巴乌的女儿宁海杜，为了拉伽什的恩西纳姆哈尼的生命，以及她（宁海杜自己）的生命，将（这个物件）奉献给恩利尔（神）的强大的勇士、她（宁海杜）的主人宁吉尔苏（神）。"

据文献记载，纳姆哈尼生活的时间大致与乌尔第三王朝初期（乌尔纳姆统治时期）同时，最后他被乌尔纳姆打败。[1] 注意，在纳姆哈尼的王铭中，记载了宁卡吉娜代表纳姆哈尼来奉献神像或修建神庙等事宜，而宁卡吉娜是乌尔伽尔的妻子，乌尔伽尔的另一位妻子是乌尔巴乌之女（名字不详），她与纳姆哈尼的妻子宁海杜以及古地亚的妻子宁阿拉都是乌尔巴乌的女儿，我们不清楚宁卡吉娜与纳姆哈尼到底是什么关系，只能说是她丈夫的连襟。

第三节　拉伽什第二王朝的外交联姻

拉伽什第二王朝的统治者们由于主要关注于国内事务，很少有对外战争和外交关系的记载。所以很可能在这一时期，拉伽什与其他城邦或库提人之间没有发生过政治联姻，至少目前的文献中还没有发现有相关的记载。据有的学者研究表明，拉伽什第二王朝的恩西们很可能具有乌

---

① Piotr Steinkeller, "The Date of Gudea and His Dynasty", *Journal of Cuneiform Studies* 40/1 (1988), pp. 47 – 53.

鲁克王室的血统，或者是与乌鲁克王室（可能指处于阿卡德王国统治的乌鲁克地方政权或者独立的乌鲁克第五王朝即乌图赫伽尔的统治）有着密切的纽带联系。并且认为，拉伽什第二王朝文献中的国王（lugal）、王后（nin）和王子（dumu lugal）很可能指的是乌鲁克的王室家族，因为拉伽什的统治者没有被称为"卢伽尔"（lugal，国王），而是被称为"恩西"（ensi$_2$）的。①

此外，在拉伽什第二王朝与支出有关的经济文献中，还记载有物品被支出给拉伽什的王子乌尔宁吉尔苏（可能指古地亚之子乌尔宁吉尔苏二世，在他当恩西之前即古地亚在位时期），作为他和乌鲁克国王（可能指乌图赫伽尔）的女儿之间的政治联姻。② 这次联姻的具体情况我们不得而知，对于他的历史影响也不清楚，姑且算是一次王朝外交联姻。

第四节　乌尔与乌鲁克的政治婚姻

由于缺乏确切的史料文献，关于乌鲁克第五王朝的建立者也是唯一的国王乌图赫伽尔与乌尔第三王朝的建立者乌尔纳姆之间的关系有不同的观点。一说乌尔纳姆是乌图赫伽尔的兄弟（可能是弟弟），③ 这种观点得到了大多数学者的同意，属于传统学术界的观点。④ 但是，也有学者质疑。

---

① François Carroué, "La Situation Chronologique de Lagaš Ⅱ: Un Élément du Dossier", *Acta Sumerologica* 16（1994）, pp. 47 – 75.

② Douglas Frayne, *Ur Ⅲ Period（2112 – 2004 BC）*, The Royal Inscriptions of Mesopotamia Early Periods Volume 3/2（RIME 3/2）, Toronto：University of Toronto Press, 1997, p. 6.

③ Claus Wilcke, "Zum Königtum in der Ur Ⅲ-Zeit", in *Le palais et la royauté（Archéologie et Civilisation）：XIXe Rencontre Assyriologique Internationale organisée par le groupe François Thureau-Dangin, Paris, 29 juin-2 juillet 1971*, Paul Garelli（ed.）, Paris：Librairie Orientaliste Paul Geuthner S. A., 1974, pp. 192 – 193（note 67）UET 1 30; Claus Wilcke, "Die Inschriftenfunde der 7. und 8. Kampagnen（1983 und 1984）", in *Isin-Ishan Bahriyat Ⅲ：Die Ergebnisse der Ausgrabungen 1983 – 1984*, Philosophisch-historische Klasse, Abhandlungen. Neue Folge 84, Barthel Hrouda（ed.）, München：Bayerische Akademie der Wissenschaften, 1987, pp. 108 – 111.

④ 比如 Walther Sallaberger, "Ur Ⅲ-Zeit", in *Mesopotamien：Akkade-Zeit und Ur Ⅲ-Zeit*, OBO 160/3, Pascal Attinger, Markus Wäfler（eds.）, Freiburg, Schweiz：Universitätsverlag / Göttingen：Vandenhoeck und Ruprecht, 1999, p. 132; Horst Steible, *Die Neusumerischen Bau-und Weihinschriften：Teil 2 Kommentar zu den Gudea-Statuen Inschriften der Ⅲ. Dynastie von Ur Inschriften der Ⅳ. und "V." Dynastie von Uruk Varia*, Freiburger Altorientalische Studien 9/2, Stuttgart：Franz Steiner Verlag, 1991, p. 329（Utuhegal 6）.

根据一篇文献记载：

ᵈŠul-gi dumu dumu-munus ᵈUtu-he₂-gal₂ lugal Unug^{ki}
译文："舒尔吉（是）乌鲁克国王乌图赫伽尔的女儿的儿子。"①

我们可以进行反向推断，由于舒尔吉是乌尔纳姆的儿子这一关系已经十分确定，所以舒尔吉的母亲必然也是乌尔纳姆的妻子，这位女子的名字不详（注意与前文所述拉伽什第二王朝的乌尔宁吉尔苏二世娶了乌鲁克国王的女儿相区分），她的父亲就是乌鲁克国王乌图赫伽尔。

因此，我们可以得出这样的结论：乌尔纳姆是乌图赫伽尔的女婿（son-in-law），即乌图赫伽尔将自己的一个女儿（名字不详）嫁给了乌尔纳姆。不过，我们对于这次的政治联姻的具体情况尚不清楚，政治联姻的时间、过程与结果，都是目前我们无法解决的问题。不过，从乌图赫伽尔任命乌尔纳姆为乌尔城的将军（šagina，或军事总督）这一举动，可能是由于他俩之间的这一层亲属关系的缘故。

第五节　乌尔第三王朝的外交婚姻

乌尔第三王朝时期主要有两种政治婚姻：王朝外部婚姻（外交婚姻）和王朝内部联姻。我们对于乌尔第三王朝的外交婚姻的认识，主要来源于乌尔第三王朝的年名中。年名是古代两河流域的一种纪年方式，适用于从阿卡德王朝直到古巴比伦时期，后来被亚述帝国的名年官纪年方式所取代。

乌尔第三王朝的年名记录了当年乌尔国家内所发生的最主要的事件，每年一个年名，如果该年没有重大事件发生，就再用一次上一年的事件，记录为"某某（上一年的）事件（发生的）下一年"，这也可以是为了突出上一年的事件之重要程度，需要在下一年继续强调或纪念。有时在下一年的下一年，还用前面的年名，称为"某某（上一年再上一年的）事件（发生的）的下一年之次年"，比如舒尔吉统治的第 39 年的年名为"普兹

---

① Jean-Jacques Glassner, *Mesopotamian Chronicles*, Atlanta: Society of Biblical Literature, 2004, pp. 288 - 292.

瑞什达干司建立之年"，而其第 40 年为"普兹瑞什达干司建立之次年"，其第 41 年则为"普兹瑞什达干司建立之次年的下一年"①。

乌尔第三王朝的外交婚姻在类型上大概有两种：一种是外邦的公主嫁于乌尔王朝的国王或王子，另一种是外邦的君主娶了乌尔王朝的公主，这种在形式上与我国古代的"和亲"类似，都是带有明确的政治目的。

乌尔第三王朝的周边地区存在多股政治势力，主要包括西北部的阿摩利人（如马里）和东部的埃兰人。② 乌尔第三王朝对这两个地区所采取的政策也不尽相同，③ 对于阿摩利人，乌尔第三王朝采取了一味友好和平的外交态度，对阿摩利人大量移民两河流域的乌尔第三王朝境内不仅不反对禁止，反而一味纵容，同时，乌尔还和马里保持着友好的外交关系，马里也从未被乌尔征服过，始终保持着独立的状态。相反，乌尔第三王朝把对外征服的重心转到了东方的埃兰地区，在历代的乌尔第三王朝国王的年名中，都有对埃兰地区大肆用兵的记录，虽然偶尔乌尔也和埃兰有过和平的外交关系，但是战争是这两个战争实体之间更加常见的关系状态，甚至直到乌尔第三王朝末年，也是东部的埃兰人最终攻克乌尔，成了乌尔第三王朝的掘墓人。乌尔第三王朝外交婚姻的重要特点是：在西部（马里、埃卜拉）和北部（埃什努那、尼尼微）地区，主要是乌尔国王娶外国的公主或权贵的女儿为妻（为王后）；而在东部（埃兰）地区，主要是乌尔的公主外嫁给外国的统治者或其子。

具体讲来，涉及乌尔第三王朝的外部政治婚姻的国家或城邦，在空间方位角度可以划分为以下几个类别，我们也将按照这个顺序来开始下面的描述。

西北部：马里
北部：西马农、尼尼微、乌尔比隆
东北部：扎卜沙里、哈马兹、西格里什

---

① 有关乌尔第三王朝的年名，参见 Marcel Sigrist, Tohru Gomi, *The Comprehensive Catalogue of Published Ur III Tablets*, Bethesda: CDL Press, 1991; Douglas Frayne, *Ur III Period (2112 - 2004 BC)*, The Royal Inscriptions of Mesopotamia Early Periods Volume 3/2 (RIME 3/2), Toronto: University of Toronto Press, 1997.

② 关于乌尔第三王朝的外国人，参见 Henri Limet, "L'étranger dans la société sumérienne", in *Gesellschaftsklassen im Alten Zweistromland und in den angrenzenden Gebieten-XVIII. Rencontre assyriologique internationale, München, 29. Juni bis 3. Juli 1970*, Dietz Otto Edzard (ed.), München: Verlag der Bayerischen Akademie der Wissenschaften, 1972, pp. 123 - 138.

③ 刘昌玉：《乌尔第三王朝行省制度探析》，《社会科学》2017 年第 1 期。

东南部：马尔哈西、安山、帕西美、阿丹顿

迪亚拉河流域：埃什努那

其他（不详）：乌扎利米隆（Uzarimilum）

一　乌尔第三王朝与马里的政治婚姻

马里位于叙利亚地区，早王朝时期马里是一个小的城邦。在阿卡德王朝时期，马里隶属于阿卡德帝国，是阿卡德帝国治下的一个行省，阿卡德灭亡之后，马里独立，一直到乌尔第三王朝时期仍然保持独立，[①] 马里的首领被称为沙基那（šagina）或沙勘那（šakkana），这一称谓一直沿用到乌尔第三王朝时期。在乌尔第三王朝时期，至今还没有在马里遗址发现有任何文献资料，所以我们对乌尔第三王朝时期的马里城邦的重建工作主要依据的是来自乌尔第三王朝普兹瑞什达干的大量经济文献以及少量的后期的苏美尔文学作品。

（一）舒尔吉与塔兰乌兰

塔兰乌兰（Taram-Uram）是马里的统治者阿皮尔金（Apilkin）的女儿。舒尔吉在成为国王之前，即身为王子的时候，遵照其父乌尔纳姆的旨意，迎娶了塔兰乌兰，她很可能是舒尔吉的第一位或首任妻子或王后，也是阿马尔辛的母亲。[②] 而塔兰乌兰即成了乌尔纳姆的儿媳妇（e$_2$-gi$_4$-a），这次政治婚姻主要见于古巴比伦时期尼普尔书吏的手抄本，这里称呼阿皮

[①]　Jean-Robert Kupper, "Roi et šakkanakku", *Journal of Cuneiform Studies* 21 (1967), pp. 123 – 125.

[②]　Walther Sallaberger, "Ur Ⅲ-Zeit", in *Mesopotamien*: *Akkade-Zeit und Ur Ⅲ -Zeit*, OBO 160/3, Pascal Attinger, Markus Wäfler (eds.), Freiburg, Schweiz: Universitätsverlag / Göttingen: Vandenhoeck und Ruprecht, 1999, p. 161; Johannes Boese, Walther Sallaberger, "Apil-kīn von Mari und die Könige der Ⅲ. Dynastie von Ur", *Altorientalische Forschungen* 23 (1996), pp. 24 – 39; Piotr Michalowski, "The Men from Mari", in *Immigration and Emigration within the Ancient Near East*: *Festschrift E. Lipiński*, Orientalia Lovaniensia Analecta 65, K. van Lerberghe and A. Schoors (eds.), Leuven: Peeters Publishers, 1995, pp. 181 – 188; Tonia M. Sharlach, "Beyond Chronology. The šakkanakkus of Mari and the King of Ur", in *Seals and Seal Impressions*: *Proceedings of the XLVᵉ Rencontre Assyriologique Internationale*, *Part Ⅱ*, *Yale University*, William W. Hallo, Irene J. Winter (eds.), Bethesda: CDL Press, 2001, pp. 59 – 70. 另外一说塔兰乌兰很可能不是舒尔吉的妻子，而是乌尔纳姆的妻子，参见 Douglas Frayne, *Ur Ⅲ Period* (*2112 – 2004 BC*), The Royal Inscriptions of Mesopotamia Early Periods Volume 3/2 (RIME 3/2), Toronto: University of Toronto Press, 1997, p. 86 (RIME 3/2.01.01.52), 295 – 300 (RIME 3/2.01.04.01).

尔金不再是马里统治者的统称"沙基那"，而是象征国王的"卢伽尔"（lugal）。

RIME 3/2.1.1.51（Ur Ⅲ，Ur-Nammu，uncertain）

1'）［…］ 　　　　　　　　　　【为某某女神】

2'）nin-a-ni-ir 　　　　　　　她（塔兰乌兰）的女主人

3'）Ta$_2$-ra-am-uri$_5$^{ki}-am 　　塔兰乌兰

4'）dumu-munus A-pil-ki-in 　阿皮尔金的女儿

5'）lugal Ma-ri$_2$^{ki}-ka 　　　马里的国王

6'）e$_2$-gi$_4$-a 　　　　　　　儿媳妇

7'）Ur-^{d}Nammu 　　　　　　乌尔纳姆

8'）lugal Uri$_5$^{ki}-ma 　　　　乌尔的国王

［…］ 　　　　　　　　　　【……】

译文："【为某某女神】，她（塔兰乌兰）的女主人，马里的国王阿皮尔金的女儿、乌尔的国王乌尔纳姆的儿媳妇塔兰乌兰……"

不过略为奇怪的是，在数十万之巨的乌尔第三王朝经济文献（尤其是普兹瑞什达干的文献）中，却没有丝毫有关塔兰乌兰的记载，这只能有以下几种可能的解释，一是塔兰乌兰在舒尔吉统治的前半期已经去世了，而普兹瑞什达干的文献最早的有关舒尔吉的另一位妻子舒尔吉西姆提的记载，或者塔兰乌兰已经不知什么原因离开了乌尔，再或者是她可能改了名字。[①]

这次政治婚姻是有据可查的乌尔第三王朝最早的一次外交婚姻，也是乌尔第三王朝唯一一次接纳外国公主进入乌尔的王室。[②] 通过这次政治婚姻，马里的统治者阿皮尔金，也加入了乌尔第三王朝的王室成员之中，在他死后受到了乌尔第三王朝的祭祀与敬奉。自这场政治婚姻之后，在乌尔第三王朝的经济文献中出现了一系列的马里人名，一直持续到乌尔王朝的末期，其格式是：PN lu$_2$ Mari^{ki} "马里的人某某"，比如阿达吞（Adatum）、

① Piotr Michalowski, "The Men from Mari", in *Immigration and Emigration within the Ancient Near East: Festschrift E. Lipiński*, Orientalia Lovaniensia Analecta 65, K. van Lerberghe, A. Schoors（eds.），Leuven: Peeters Publishers, 1995, p. 188.

② Piotr Michalowski, "News of a Mari Defeat from the Time of King Šulgi", *Nouvelles Assyriologiques Brèves et Utilitaires* 2013/23.

伊特拉克伊里（Itraq-ili）、阿米尔舒尔吉、舒尔吉帕里尔（Shulgi-palil）、阿克巴尼（Akbani）和伊里什提卡尔（Ilish-tikal），他们很可能不是作为马里的统治者（lu₂），① 有的人还作为马里的信使（kaš₄或 lu₂-kin-gi₄-a），这说明了乌尔第三王朝与马里保持着持久的友好联盟关系。

乌尔与马里的政治婚姻还有其他目的。马里位于西北两河流域的核心区域，控制着从幼发拉底河到叙利亚地区的主要商业贸易通道，由于其重要的经济战略位置，可能是乌尔第三王朝与其联盟的主要原因之一。乌尔第三王朝和马里之间保持了和平友好的外交关系，很可能阿摩利人大规模移民到乌尔王朝境内这一事件也与两国友好相关。这种两国间的友好关系主要表现在，乌尔第三王朝的经济文献中记载了对阿皮尔金的宗教仪式与祭酒仪式（ki-a-nag），这种祭祀活动只用于乌尔第三王朝的王室成员（主要是国王与王后），由此可见，阿皮尔金其实已经被作为乌尔王朝的王室成员，这一祭祀活动从阿马尔辛6年一直持续到伊比辛1年。

另一件表明两国友好关系的事实是阿皮尔金的儿子普朱尔埃拉（Pu-zur-Erra）王子担任了拉尔萨的太阳神乌图神庙的高级管理人员（sanga），② 其地位相当于乌尔第三王朝其他行省的总督（恩西），这很可能是由于乌尔与马里两国之间的裙带联姻，乌尔国王任命马里的王子担任乌尔的重要祭祀地拉尔萨神庙的管理人员。而乌尔与马里之间的"和亲"似乎也起到了积极的作用，在乌尔王朝百余年的历史中，我们没有看到马里和乌尔之间有敌对状态，更没有发生过战争，而乌尔在西北局势稳定的前提下，可以抽出全部力量来对付东部的埃兰人，这也可能是乌尔王朝之所以与西北部的马里一直保持友好关系的深刻原因所在。③

---

① 关于乌尔第三王朝经济文献中出现的这种格式，lu₂等同于"统治者"之意，参见 Tohru Maeda, "The Defense Zone during the Rule of the Ur Ⅲ Dynasty", *Acta Sumerologica* 14（1992）, pp. 135 – 172.

② Tonia M. Sharlach, "Beyond Chronology. The šakkanakkus of Mari and the King of Ur", in *Seals and Seal Impressions: Proceedings of the XLVᵉ Rencontre Assyriologique Internationale, Part Ⅱ*, Yale University, William W. Hallo, Irene J. Winter（eds.）, Bethesda: CDL Press, 2001, pp. 62 – 65.

③ Piotr Michalowski, "Love or Death? Observations on the Role of the Gala in Ur Ⅲ Ceremonial Life", *Journal of Cuneiform Studies* 58（2006）, pp. 49 – 61. 文中作者重点强调了乌尔与马里联盟的亲密性："有些人通过和亲进入到乌尔的王室家族，另一些人则象征性地被并入到马里和乌尔这两大家族的亲属中去。"（第60页）

（二）阿马尔辛与阿比西姆提

阿马尔辛与阿比西姆提（Abi-simti）的政治婚姻是乌尔和马里继舒尔吉和塔兰乌兰之后进行的第二次成功的政治外交联姻。阿比西姆提来自马里的伊丁达干家族，她的父亲是伊丁达干（Iddin-Dagan），哥哥是巴巴提（Babati），姐姐是比朱亚（Bizua），当阿比西姆提被嫁给乌尔第三王朝的第三位国王阿马尔辛的时候，他们三个人也随阿比西姆提从马里来到了乌尔。①

TLB 3 24（Ur Ⅲ，Šu-Suen 1 ⅻ d，Puzriš-Dagan）

正面

1）1 udu niga ki-a-nag I-din-^{d}Da-gan　　　1 只食大麦绵羊，为伊丁达干的祭祀活动

2）iti u$_4$ 10 ba-zal　　　　　　　　　　在第 10 日；

3）1 gu$_4$ niga 4 udu niga　　　　　　　1 只食大麦牛、4 只食大麦绵羊

4）5 udu5 只绵羊

5）ki-a-nag I-din-^{d}Da-gan　　　　　　　为伊丁达干的祭祀活动；

6）2 udu niga Bi$_2$-zu-a　　　　　　　　2 只食大麦绵羊，为比朱亚；

7）2 udu niga Ba-ba-ti　　　　　　　　2 只食大麦绵羊，为巴巴提；

8）2 udu niga Lugal-ku$_3$-zu　　　　　　2 只食大麦绵羊，为卢伽尔库祖；

9）1 udu niga［…］　　　　　　　　　1 只食大麦绵羊，【为某某】；

背面

1'）ki Zu-ba-ga-ta ba-zi　　　　　　　　从朱巴伽处，支出；

2'）ša$_3$ Unu^{ki}-ga　　　　　　　　　在乌鲁克。

3'）iti diri še-sag$_{11}$-ku$_5$　　　　　　第 12 月，闰月。

4'）mu^{d}Šu-^{d}Suen lugal　　　　　　　舒辛 1 年。

左边

1）2 gu$_4$ 10 +［n udu］　　　　　　　共计：2 头牛、10 + 只绵羊。

伊丁达干凭借着自己女儿是乌尔王后的这一层身份成了乌尔的王室成

---

① 一说阿比西姆提不仅是阿马尔辛的妻子，还是舒尔吉的妻子，参见 Piotr Michalowski, "Of Bears and Men：Thoughts on the End of Šulgi's Reign and on the Ensuing Succession", in *Literature as Politics, Politics as Literature：Essays on the Ancient Near East in Honor of Peter Machinist*, D. S. Vanderhooft, A. Winitzer（eds.）, Winona Lake：Eisenbrauns, 2013, pp. 285 – 320.

员，他后来被任命为西帕尔（Sippar）的恩西。[1] 伊丁达干去世后的祭祀活动（ki-a-nag）被记录在一篇舒辛 1 年的普兹瑞什达干文献中（TLB 3 24），该文献除了记录伊丁达干的祭祀活动之外，还连着记录了比朱亚、巴巴提和卢伽尔库朱（Lugal-kuzu）等人，前两个人分别是王后阿比西姆提的姐姐和哥哥，第三个人卢伽尔库朱的身份是埃什努那的总督，他也有可能是阿比西姆提的兄弟。

巴巴提作为阿马尔辛的妻子阿比西姆提的兄弟（哥哥），他凭借王室亲属的关系，得到了许多身份或职称，包括马什勘沙润（Mashkan-sharrum）的将军（šagina）、阿巴尔（Abal）的总督（恩西）、档案管理主管（pisan-dub-ba）以及王室账目管理员（sa_3-tam lugal）。[2] 阿比西姆提和阿马尔辛的儿子是舒辛，阿比西姆提与巴巴提、比朱亚最早出现于阿马尔辛统治时期的经济文献，从文献中我们发现了舒辛 9 年 12 月 17 日提到的阿比西姆提的葬礼献祭（ki-a-nag，见文献 ASJ 3 92 3），不知道是巧合还是人为，阿比西姆提和她的儿子舒辛几乎同时去世，这一点目前我们还无法得到明确的解释，另外，舒辛的妻子库巴图姆（Kuba-tum）是死于舒辛 6 年。[3]

二　乌尔第三王朝与西马农的政治婚姻

西马农（Simanum，苏美尔语有 4 种不同表述：Ši-ma-nu-um^ki 或 Ši-ma-num_2^ki 或 Si-ma-nu-um^ki 或 Si-ma-num_2^ki）是一个由胡里人统治的地区，位于两河流域北部，底格里斯河上游西岸地区一直延伸至哈布尔河上游地区，很可能是在尼尼微的更北方的一个独立城邦或国家。

据一篇文献（BCT 1 68）记载，舒尔吉 47 年牲畜被先送到厨房，然后再支出给西马农和尼尼微（Nineveh，苏美尔语：Ni-nu-a）的统治者（lu_2），由此可以推断西马农应该距离尼尼微不远。另一块文献（CST

① Tonia M. Sharlach, "Beyond Chronology. The šakkanakkus of Mari and the King of Ur", in *Proceedings of the 45 RAI, Part Ⅱ, Yale University*, William W. Hallo, Irene J. Winter (eds.), Bethesda: CDL Press, 2001, pp. 67 – 68; Piotr Michalowski, "Iddin-Dagan and his Family", *Zeitschrift für Assyriologie und Vorderasiatische Archäologie* 95 (2005), pp. 65 – 76.

② Robert M. Whiting, "Tiš-Atal of Niniveh and Babati, Uncle of Šu-Sin", *Journal of Cuneiform Studies* 28 (1976), pp. 173 – 182.

③ Grant Frame, "A New Wife for Šu-Sîn", *Annual Review of the RIM Project* 2 (1988), p. 3.

193）记载了也是舒尔吉 47 年牲畜被送到厨房，然后再支出给以下几人：阿舒尔的统治者扎里克（Zariq，原文：Za-ri$_2$-iq lu$_2$ A-shur$_5$^{ki}）、苏舒尔吉（Shu-shulgi）、提沙达黑（Tisha-Dahi）与西马农的统治者（lu$_2$），可见西马农应该也和阿舒尔城距离不算太远，所以西马农应该是位于亚述地区附近的一个独立城邦或国家。西马农的统治者大致包括：① 普沙姆（Pusham，自阿马尔辛 5 年至 8 年）、阿里卜阿塔尔（Arib-atal，自阿马尔辛 9 年至舒辛 1 年）、舒辛乌朱伊沙莱（Shu-Suen-wuzum-ishare，舒辛 2 年）、伊普胡哈（Iphuha，伊比辛 1 年）。他们在乌尔第三王朝的经济文献中的记录如下。

Bu-ša-am lu$_2$ Ši-ma-nu-um^{ki}, AAICAB 1/4 Bod S 327（XX）

Bu-ša-am lu$_2$ Ši-ma-nu-um^{ki}, RA 9 56 SA 241（XX）

Ip-hu-ha dumu Bu-ša-am／lu$_2$ Si-ma-num2-me, SET 297（XX）

A-ri-ip-a-tal lu$_2$ Si-ma-nu-um^{ki}, MVN 13 710（Š 45 xii 24）

[x x] -na lu$_2$ Ši-ma-nu-um^{ki}, AUCT 1 110（AS 1 xi 2）

Bu-ša-am lu$_2$ Ši-ma-nu-um^{ki}, MVN 5 113（AS 5 vii 5）

Bu-ša-am lu$_2$ Ši-ma-num$_2$^{ki}, ZA 80 28（AS 5 viii 3）

Bu$_3$-ša-am lu$_2$ Ši-ma-num$_2$^{ki}, MVN 15 199（AS 5 viii 12）

Bu-ša-am lu$_2$ Ši-ma-nu-um^{ki}, OIP 121 458（AS 7 vii 9）

A-ri-ip-a-tal dumu Bu-ša-am lu$_2$ Ši-ma-nu-um^{ki}, UDT 92（AS 8 xii 29）

Ar-pa$_2$-tal lu$_2$ Ši-ma-num$_2$^{ki}, MVN 13 639（AS 9 ix 11）

Ar-pa$_2$-tal lu$_2$ Si-ma-num$_2$ki, BPOA 7 2927（SS 1 ii 11）

Ku-un-ši-ma-tum e$_2$-gi$_4$-a Ar-pa$_2$-tal lu$_2$ Ši-ma-nu-um^{ki}, P429765（SS 1 ii 19）

Ku-un-ši-ma-tum e$_2$-gi$_4$-a A-ri-pa$_2$-tal lu$_2$ Si-ma-num$_2$^{ki}, PDT 1 572（SS 1 ii 22）

Ku-un-ši-ma-tum e$_2$-gi$_4$-a Ar-pa$_2$-tal$_x$（HU）lu$_2$ Ši-ma-nu-um^{ki}, Syracuse 480（SS 1 iii 9）

Ar-pa$_2$-tal lu$_2$ Ši-ma-num$_2$^{ki}, AUCT 3 294（SS 1 iv 1）②

---

① 注意一块泥板文献记载在舒尔吉 45 年的西马农"之人"（lu$_2$）是阿里卜阿塔尔，但是他是普沙姆的儿子，几乎不可能先于其父普沙姆成为西马农的统治者，所以这里的 lu$_2$ 可能不是指统治者，而是指西马农的人（外国人之义）；或者这里的阿里卜阿塔尔与普沙姆的儿子不是指同一个人（见文献 MVN 13 710）。

② Ku-un-ši-ma-tum e$_2$-gi$_4$-a Ar-pa$_2$-tal lu$_2$ Ši-ma-num$_2$^{ki}，见文献 AUCT 3 294（SS 1 iv 1）。

Ar-pa$_2$-tal lu$_2$ Ši-ma-num$_2$^{ki}，BCT 1 95（SS 1 vi 21）

^{d}Šu-^{d}EN. ZU-wu-zu-um-i-šar-re lu$_2$ Ši-ma-num$_2$^{ki}，OrSP 47－49 36，PDT 2 904（SS 2 ix）

^{d}Šu-^{d}EN. ZU-wu-zu-um-i-šar-re lu$_2$ Ši-ma-num$_2$^{ki}，PDT 2 904（SS 2 ix 17）

Ip-hu-ha lu$_2$ Si-ma-num$_2$^{ki}，JCS 10 28 5（IS 1 iii 25）

据文献记载，乌尔第三王朝的第四位国王舒辛的一个女儿昆西马图姆（Kunshi-matum）嫁给了西马农的统治者之子，成为其儿媳妇，这次政治婚姻很可能是发生在舒辛 1 年之前，但是在舒辛 3 年的年名就记载了该年乌尔毁灭了西马农。[①] 当时，西马农的君主是普沙姆，他有两个儿子：大儿子是阿里卜阿塔尔，小儿子是伊普胡哈。昆西马图姆可能本来是打算嫁给普沙姆的小儿子伊普胡哈的，但是在普沙姆缺席（可能退隐）的情况下，他的大儿子阿里卜阿塔尔监国，作为昆西马图姆的监护人。据一块普兹瑞什达干出土的经济泥板记载，在舒辛统治第 1 年，昆西马图姆作为西马农的统治者（lu$_2$）阿里卜阿塔尔的儿媳妇，和阿里卜阿塔尔一起从朱加巴（Zugaba）处，接收食大麦（育肥）绵羊（udu niga）。

AUCT 3 294（Ur Ⅲ，Šu-Suen 1 iv 1，Puzriš-Dagan）

正面

1）1 gu$_4$ niga 4-［kam-us$_2$］　　　　　　　1 头四级食大麦育肥牛

2）^{d}En-lil$_2$　　　　　　　　　　　　　　为恩利尔

3）1 gu$_4$ niga 4-kam-［us$_2$］　　　　　　　1 头四级食大麦育肥牛

4）^{d}Nin-lil$_2$　　　　　　　　　　　　　　为宁利尔

5）siskur$_2$ Gu-［la］　　　　　　　　　　在古拉祭祀仪式上，

6）lugal ku$_4$-［ra］　　　　　　　　　　国王在场；

7）1 gu$_4$ niga a-tu$_5$-［a］^{d}Nin-ti$_2$-ug$_5$-［ga］　1 头食大麦育肥牛，为宁提乌伽的祭酒仪式，

8）šu-a-gi-na

9）1 udu niga Ar-pa$_2$-tal lu$_2$［Ši-ma-num$_2$^{ki}］　1 只食大麦育肥绵羊，为西马农人阿里卜阿塔尔

① Douglas Frayne，*Ur Ⅲ Period*（*2112 - 2004 BC*），The Royal Inscriptions of Mesopotamia Early Periods Volume 3/2（RIME 3/2），Toronto：University of Toronto Press，1997，pp. 288 - 289；Piotr Michalowski，"The Bride of Simanum"，*Journal of the American Oriental Society* 95（1975），pp. 716 - 719.

10) 1 udu niga gu₄-e-us₂-sa 　　　　　　　　1 只食大麦"次于牛"育肥绵羊

11) Ku-un-ši-ma-tum e₂-gi₄-［a］ 　　　　　为西马农人阿里卜阿塔尔的儿
　　Ar-pa₂-tal lu₂ Ši-ma-num₂ᵏⁱ 　　　　　媳妇昆西马图姆

12) giri₃ Er₃-ra-a sukkal 　　　　　　　　经办人：使者埃拉亚

13) ša₃ Nibruᵏⁱ 　　　　　　　　　　　　　在尼普尔；

14) 1 udu niga ᵈGeštin-an-na 　　　　　　1 只食大麦育肥绵羊，为盖什廷安娜

背面

1) 1 udu Pu-ga-sur-ra 　　　　　　　　　1 只绵羊，为普伽苏拉

2) 1 udu niga ᵈNun-gal 　　　　　　　　1 只食大麦育肥绵羊，为努恩伽尔

3) A-tu sagi maškim 　　　　　　　　　　监管人：持杯者阿图；

4) 1 udu niga 4-kam-us₂ 　　　　　　　　1 只食大麦四级育肥绵羊

5) 2 udu niga gu₄-e-us₂-sa 　　　　　　　2 只食大麦"次于牛"育肥绵羊

6) 3 sila₄ Me-ᵈIštaran 　　　　　　　　　3 只绵羊羔，为美伊什塔兰

7) Nu-ur₂-ᵈUtu ra₂-gaba maškim 　　　　监管人：骑使努尔乌图；

8) 1 udu niga KA-izi-še₃ 　　　　　　　　1 只食大麦育肥绵羊，为"卡伊兹"
　　　　　　　　　　　　　　　　　　　　仪式，

9) ša₃ e₂-duru₅-še₃ 　　　　　　　　　　在农村，

10) giri₃ Ur-šu muhaldim 　　　　　　　经办人：厨师乌尔舒；

11) 1 udu niga A-bu-du₁₀ lu₂ Ma-ri₂ᵏⁱ 　　1 只食大麦育肥绵羊，为马里人阿
　　　　　　　　　　　　　　　　　　　　布杜，

12) giri₃ I₃-li₂-be-li₂ sukkal 　　　　　　经办人：使者伊里贝利，

13) Arad₂-mu maškim 　　　　　　　　　监管人：阿拉德姆。

14) iti u₄ 1 ba-［zal］ 　　　　　　　　　第 1 日。

15) ki Zu-ba-ga-ta ba-［zi］ 　　　　　　从朱巴伽处，支出；

16) giri₃ Ad-da-kal-［la］ 　　　　　　　总经办人：阿达卡拉。

17) iti ki-sikiᵈNin-［a-zu］ 　　　　　　　第 4 月。

18) muᵈŠu-ᵈSuen［lugal］ 　　　　　　　舒辛 1 年。

左边

1) 3 gu₄ 3 udu 　　　　　　　　　　　　共计：3 头牛、3 只羊。

印文

1) Ad-da-kal-la 　　　　　　　　　　　阿达卡拉

2) dub-sar 　　　　　　　　　　　　　书吏

3) dumu Nig₂-erim₂-ga-ru-ga 　　　　　尼格埃里姆伽卢伽之子。

由此可知，在舒辛统治第 2 年，西马农的王权很可能从普沙姆转移到了阿里卜阿塔尔那里。这次西马农最高权力的更替很可能不是和平的继承方式，而是流血与篡位。不过，乌尔国王舒辛对待此次难得的入侵机会，绝不想轻易错过，即使他知道自己的女儿还身在西马农身为王妃。舒辛第 3 年的年名就是"乌尔之王舒辛摧毁西马农之年"（mu ^{d}Šu-^{d}EN. ZU lugal Uri$_5$^{ki}-ma-ke$_4$ Si-ma-num$_2$^{ki} mu-hul）或者其缩略形式"西马农被毁之年"（mu Si-ma-num$_2$^{ki} ba-hul）。此战之后，昆西马图姆和普沙姆又恢复了原来的位置。[①]

所以，普沙姆之前很可能是被他的大儿子阿里卜阿塔尔软禁了，而昆西马图姆被阿里卜阿塔尔据为己有，可能是普沙姆向乌尔求救，舒辛为了女儿的安危，才派兵击败阿里卜阿塔尔。这种推论同样是值得怀疑的。据另一块泥板文献记载，在阿马尔辛 5 年，有鹿被支出给普沙姆，他（普沙姆）的儿子伊普胡哈，以及他（普沙姆）的儿媳妇昆西马图姆。

SA 35（Ur Ⅲ，Amar-Suen 5 ʋi 12，Puzriš-Dagan）

正面

1）8 lulim nita$_2$	8 只公鹿
2）2 lulim munus	2 只母鹿
3）1 amar lulim munus ga	1 只母鹿崽
4）1^{anše} si$_2$-si$_2$ munus	1 匹母马
5）Bu-ša-am	为布沙姆
6）3 lulim nita$_2$ 2 lulim munus	3 只公鹿、2 只母鹿
7）Ip-hu-ha dumu-ni	为他（布沙姆）的儿子伊普胡哈；
8）1 lulim nita$_2$ 3 lulim munus	1 只公鹿、3 只母鹿
9）1 šeg$_9$-bar munus 7 az 1 gukkal	1 只母野鹿、7 只熊、1 只肥尾公绵羊
10）1 gukkal giš-du$_3$ 1 udu a-lum	1 只繁殖肥尾公绵羊、1 只长尾公绵羊
11）1 U$_8$ + HUL$_2$ 16 maš$_2$-gal	1 只肥尾母绵羊、16 只公山羊
12）Ku-un-si-ma-tum e$_2$-gi$_4$-a-ni	为他（布沙姆或伊普胡哈）的儿媳妇昆西马图姆；

---

① Douglas Frayne, *Ur Ⅲ Period*（*2112 - 2004 BC*），The Royal Inscriptions of Mesopotamia Early Periods Volume 3/2（RIME 3/2），Toronto：University of Toronto Press, 1997, p. 288.

背面

1）1 gu$_4$ 5 udu 5 maš$_2$-gal	1 头牛、5 只绵羊、5 只山羊
2）Pu-hi-i$_3$-zi mu$_{10}$-us$_2$-sa$_2$-a-ni	为他的女婿普希伊兹；
3）1 amar maš-da$_3$ Ha-ab-ru-ša	1 只羚羊崽，为哈布卢沙；
4）1 amar maš-da$_3$ Puzur$_4$-Eš$_{18}$-tar$_2$	1 只羚羊崽，为普祖尔埃什塔尔；
5）1 sila$_4$ Iq-bi$_2$-DINGIR	1 只绵羊羔，为伊普比伊鲁姆；
6）1 sila$_4$ Id-da-a	1 只绵羊羔，为伊达亚；
7）1 sila$_4$ ensi$_2$ Mar$_2$-da^{ki}	1 只绵羊羔，为马尔达的恩西；
8）8 dara$_4$ nita$_2$ 2 dara$_4$ nita$_2$ šu-gid$_2$	8 只公野山羊、2 只"舒基德"公野山羊
9）Nir-i$_3$-da-gal$_2$	为尼里达伽尔。
10）u$_4$ 12-kam	在第 12 日。
11）mu-DU	带来
12）Ab-ba-sa$_6$-ga i$_3$-dab$_5$	阿巴萨加接收了。
13）iti a$_2$-ki-ti	第 6 月。
14）mu En-unu$_6$-gal ^{d}Inana ba-hun	阿马尔辛 5 年。

左边

1）75	总计：75（动物）。

由此可见，昆西马图姆不是普沙姆之子阿里卜阿塔尔的儿媳妇，而是普沙姆的儿媳妇。但是不管到底是谁的儿媳妇，从中我们可以窥探，乌尔与西马农的外交关系并不是一帆风顺的，而是在和平与战争之间徘徊，乌尔对待西马农的外交态度，不同于其与马里的关系，这一点更加突出了乌尔第三王朝的多元外交政策。

三　乌尔第三王朝与尼尼微的政治婚姻

尼尼微（Nineveh，位于今伊拉克摩苏尔市郊附近）是古代两河流域最重要的城市之一，是亚述帝国的首都之一，但是在新苏美尔时期，尼尼微还只是一个普通的小城邦，主要居民可能是胡里人，他们处于乌尔第三王朝的影响范围之内。在乌尔第三王朝的经济文献中有不少关于尼尼微与尼尼微人的记录，这些记录为我们更加深入了解尼尼微的早期历史提供了宝贵的资料。

尼尼微在乌尔第三王朝的文献中出现的次数比较少，在目前已出版的经济文献中只有两次出现，一篇记于舒辛 3 年的文献提到了尼尼微的一位统治者（lu$_2$）是提什阿塔尔（原文：Ti-iš-a-tal lu$_2$ Ni-nu-a^{ki}，见文献 JCS 28 179），从这个人名可以推断他是胡里人，而提阿马特巴什提很可能是他的妹妹；另一篇记于舒尔吉 46 年的文献提到了尼尼微的一位神沙乌什卡（Shawushka，原文：^{d}Ša-u$_{18}$-ša Ni-nu-a^{ki}，见文献 AnOr 7 79），其被认为等同于两河流域的伊什塔尔女神。[1]

提阿马特巴什提（Tiamat-bashti，楔形文字为：A. AB. BA-ba-aš-ti 或 A. AB. BA-ba-aš$_2$-ti）的身份是尼尼微城邦的公主，据乌鲁克出土的一块玛瑙珠上的铭文记载，她嫁给了乌尔第三王朝的国王舒辛，成了舒辛的"卢库尔"（lukur，一种祭司妻子）。[2]

RIME 3/2. 1. 4. 29（Ur Ⅲ，Šu-Suen，uncertain）

1）A. AB. BA-ba-aš$_2$-ti　　　　　　　提阿马特巴什提

2）lukur ki-ag$_2$　　　　　　　　　　挚爱的"卢库尔"（祭司妻子）

3）^{d}Šu-^{d}Suen　　　　　　　　　　舒辛

4）lugal Uri$_5$^{ki}-ma-ka　　　　　　乌尔的国王

译文："提阿马特巴什提，（是）乌尔国王舒辛挚爱的'卢库尔'（祭司妻子）。"

此外，提阿马特巴什提在乌尔第三王朝的经济文献中也多次被提及。一篇出自温马的文献记载了芦苇作为定期的贡品，赠给提阿马特巴什提，送到舒尔吉巴尼之地，经办人是伊卜尼辛（原文：60 sa gi sa$_2$-du$_{11}$-ga，A. AB. BA-ba-aš$_2$-ti，ki ^{d}Šul-gi-ba-ni，giri$_3$ Ib-ni-^{d}EN. ZU，文献出处：UTI 5 3495）。另一篇出自温马的文献提到了提阿马特巴什提，同

① Claus Wilcke, "A note on Ti' amat-bašti and the goddess Ša（w）uš（k）a of Nineveh", *Drevnii Vostok* 5（1988）, pp. 21 – 26, 225 – 227; Claus Wilcke, "Ti' āmat-bāštī", *Nouvelles Assyriologiques Brèves et Utilitaires* 1990/36; Dominique Collon, "The life and times of Teheš-atal", *Revue d' Assyriologie et d'archéologie orientale* 84（1990）, p. 129; Donald Matthews, Jesper Eidem, "Tell Brak and Nagar", *Iraq* 55（1993）, p. 203; Robert M. Whiting, "Tiš-atal of Niniveh and Babati, Uncle of Šu-Sin", *Journal of Cuneiform Studies* 28（1976）, pp. 173 – 182.

② Douglas Frayne, *Ur Ⅲ Period（2112 – 2004 BC）*, The Royal Inscriptions of Mesopotamia Early Periods Volume 3/2（RIME 3/2）, Toronto: University of Toronto Press, 1997, p. 338（E3/2. 1. 4. 29）.

时还提到了库巴图姆、医生普朱尔埃什塔尔（Puzur-Eshtar，原文：PU$_3$ ŠA-Eš$_{18}$-tar$_2$ šu-i）以及阿比西姆提等其他几位王室成员（文献出处：UTI 6 3800），注意在两篇温马文献里的提阿马特巴什提名字的楔形文字表述为 A. AB. BA-ba-aš$_2$-ti，而在普兹瑞什达干文献中的提阿马特巴什提名字的楔形文字都表述为 A. AB. BA-ba-aš-ti，她在普兹瑞什达干文献中的记录出处如下：

mu-DU A. AB. BA-ba-aš-ti, ki Ha-ab-ru-ta, ASJ 19 207 23（AS 9 xi 1）

^{d}Ša-u$_{18}$-ša, mu A. AB. BA-ba-aš-ti-še$_3$, Ha-ab-ru ra$_2$-gaba maškim, BIN 3 382 = OIP 121 576（AS 9 xi 17）

mu Ku-ba-tum u$_3$ A. AB. BA-ba-aš-ti-še$_3$, BPOA 7 1672（AS 9 xii 16）

^{d}Ša-u$_{18}$-ša A. AB. BA-ba-aš-ti, ^{d}En-lil$_2$-zi-ša$_3$-gal$_2$ maškim, SACT 1 172（SS 1）

mu-DUA. AB. BA-ba-aš-ti, ki ^{d}Šul-gi-ba-ni-ta, BPOA 6 19（SS 1 viii 6）

sa$_2$-du$_{11}$ A. AB. BA-ba-aš-ti, BIN 3 558（SS 2 x）

la$_2$-ia$_3$ A. AB. BA-ba-aš-ti, AUCT 3 428（SS 6 x）

e$_2$-kurušda A. AB. BA-ba-aš-ti-še$_3$, ki ^{d}Šul-gi-i$_3$-li$_2$-ta, ^{d}Šul-gi-ba-ni i$_3$-dab$_5$, Princeton 1 56（SS 8 iv）

这次乌尔与尼尼微的政治婚姻很可能与乌尔征服尼尼微的政治活动有关联，尼尼微成了乌尔第三王朝的附属国或在乌尔第三王朝的影响范围之内，为了表示对乌尔宗主权的尊重与承认，尼尼微将公主提阿马特巴什提远嫁于乌尔，这种策略使得尼尼微与乌尔可以在以后保持着长久的和平友好关系。

四　乌尔第三王朝与乌尔比隆的政治婚姻

乌尔比隆（Urbilum，苏美尔语：Ur-bi$_2$-lum^{ki}，今伊拉克库尔德地区的埃尔比勒[Erbil]，距离首都巴格达约350公里）位于两河流域北部、底格里斯河上游东岸的大扎布河与小扎布河之间，靠近尼尼微和阿舒尔城邦，是胡里人传统的活动区域。乌尔比隆的历史可以追溯到公元前5000年左右，最早有文献记载是在乌尔第三王朝时期，舒尔吉45年和阿马尔辛 2 年的年名是乌尔比隆城被毁。[①] 乌尔第三王朝灭亡后，乌尔比隆成为亚述的一部分（自公元前 21 世纪至公元前 7 世纪末），后来陆续被米底、阿黑门尼德波斯、马其顿、塞琉古、帕提亚、罗马、萨珊波斯与阿拉伯人统治。除了年名之外，乌尔比隆在乌尔第三王朝的经济文献中的记录还有：

lu_2-kin-gi_4-a Ur-bi_2-lum^{ki}，MVN 13 726（XX）

la_2-ia_3 nam-ra-ak Ur-bi_2-lum^{ki}，Ontario 1 53（Š 48）

$erin_2$ Ur-bi_2-lum^{ki}，MVN 11 180（AS 1 v）

　　在乌尔第三王朝的经济文献中记录了名叫那尼卜阿塔尔（Nanip-atal，苏美尔语：Na-ni-pa_2-tal）的胡里人，他的儿媳妇是米吉尔宁利尔图姆（Migir-Ninliltum），她可能是一位乌尔王室成员，而文献中记载了赠给她的贡品被运送到了乌尔比隆，[②] 由此推断那尼卜阿塔尔很可能来源于乌尔比隆，并且很可能是乌尔比隆的统治者，他娶了乌尔的公主米吉尔宁利尔图姆，作为乌尔与乌尔比隆两国之间的外交婚姻。

Hirose 297（Ur Ⅲ，Amar-Suen 9 xi 16，Puzriš-Dagan）

正面

1）1 udu niga gu_4-e-us_2-sa　　　　　　　1 只食大麦"次于牛"育肥绵羊

2）e_2-muhaldim　　　　　　　　　　　　（到）厨房

---

①　舒尔吉 45 年的年名：mu ^{d}Šul-gi nita kala-ga lugal Uri$_5$^{ki}-ma lugal an ub-da 4-ba-ke_4 Ur-bi_2-lum^{ki} Si-mu-ru-um^{ki} Lu-lu-bu^{ki} u_3 Kar$_2$-har^{ki} 1/aš-še$_3$ sag-du-bi šu-tibir-ra im-mi-ra / bi_2-ra-a "舒尔吉，伟大的男人，乌尔之王，天地四方之王，在一次战役里粉碎了乌尔比隆、西穆如姆、卢卢布和卡尔哈尔之年"或者简称 mu Ur-bi_2-lum^{ki} ba-hul "乌尔比隆被毁灭之年"；阿马尔辛 2 年的年名是：mu ^{d}Amar-^{d}EN. ZU lugal-e Ur-bi_2-lum^{ki} mu-hul "国王阿马尔辛毁乌尔比隆之年"或者简称 mu Ur-bi_2-lum^{ki} ba-hul "乌尔比隆被毁灭之年"，参见 Marcel Sigrist, Tohru Gomi, *The Comprehensive Catalogue of Published Ur Ⅲ Tablets*, Bethesda：CDL Press, 1991；Douglas Frayne, *Ur Ⅲ Period（2112 – 2004 BC）*, The Royal Inscriptions of Mesopotamia Early Periods Volume 3/2（RIME 3/2），Toronto：University of Toronto Press, 1997.

②　e_2-gi_4-a Na-ni-pa_2-tal, Ur-bi_2-lum^{ki}-še$_3$（Nisaba 8 70, AS 7 PD, P453103 AS 7 PD）；Mi-gir-^{d}Nin-lil$_2$-tum e_2-gi_4-a Na-ni-pa_2-tal（Hirose 297, AS 9 PD, SNAT 271 SS 1 PD）.

3）igi-kar$_2$ mu dam Be-li$_2$-a-ri$_2$-ik-še$_3$　　（作为）贝里阿里克的妻子的供给

4）Ri-is-DINGIR ra$_2$-gaba maškim　　监管人：骑使里斯伊鲁姆；

5）1 udu niga　　1 只食大麦育肥绵羊

6）Mi-gir-^{d}Nin-lil$_2$-tum　　为米吉尔宁利尔图姆

背面

1）e$_2$-gi$_4$-a Na-ni-pa$_2$-tal　　那尼卜阿塔尔的儿媳妇

2）giri$_3$ Ba-za-za kuš$_7$　　经办人：动物驯养师巴扎扎，

3）Arad$_2$-mu maškim　　监管人：阿拉德姆。

4）iti u$_4$ 16 ba-zal　　第 16 日。

5）ki Zu-ba-ga-ta ba-zi　　从朱巴伽处，支出。

6）giri$_3$ Ad-da-kal-la dub-sar　　总经办人：书吏阿达卡拉。

7）iti ezem Me-ki-gal$_2$　　第 11 月。

8）［mu en^{d}Nanna Kar-zi］-da ba-hun　　阿马尔辛 9 年。

左边

1）2 udu　　共计：2 只绵羊。

五　乌尔第三王朝与扎卜沙里的政治婚姻

扎卜沙里（Zabshali，楔形文字：Za-ab-ša-li^{ki}）是古代伊朗的一个地区，位于扎格罗斯山中部地区，与埃兰接壤，在公元前 3 千纪晚期的两河流域（尤其是乌尔第三王朝）文献中有所记载。在乌尔第三王朝时期，扎卜沙里是一个强大的独立王国，其北方领土一直延伸至里海沿岸，也有文献将扎卜沙里作为西马什基（Shimashki）王朝的一部分，也有观点认为扎卜沙里是这一地区实力最强大的王国。[1] 扎卜沙里王国的已知统治者包括三位：孜润古（Ziringu，舒辛时期）、[2] 因达苏（Indasu，舒辛时期）[3] 与一位匿名国王（伊比辛时期）。

乌尔第三王朝与扎卜沙里的关系错综复杂。在舒辛统治时期，两国之

---

① Daniel T. Potts, *The Archaeology of Elam：Formation and Transformation of an Ancient Iranian State*, Cambridge University Press, 2004；Hamid Reza Ghashghai, *Chronicle of early Iran history*, Tehran：Avegan press, 2011.

② Zi-ri$_2$-in-gu ensi$_2$ ma-da Za-ab-ša-li^{ki}, RIME 3/2.01.04.03.

③ In-da-su$_2$ ensi$_2$ Za-ab-ša-li^{ki}, RIME 3/2.01.04.03, ex. 01；RIME 3/2.01.04.05, ex. 01；RIME 3/2.01.04.07, ex. 01.

间发生了战争。① 舒辛统治第 7 年的年名是 mu ᵈŠu-ᵈEN. ZU lugal Uri₅ᵏⁱ-ma-ke₄ ma-da Za-ab-ša-liᵏⁱ mu-hul "乌尔国王舒辛毁灭扎卜沙里地区之年"，简称为 mu ma-da Za-ab-ša-liᵏⁱ ba-hul "扎卜沙里地区被毁之年"。这次战役很可能加强了两国间的进一步联系，两国领导人开始渐渐由敌对向友好关系来发展。到了乌尔末王伊比辛统治时期，乌尔与扎卜沙里的关系开始好转，伊比辛统治的第 5 年，他将自己的女儿图金哈提米格丽莎（Tukin-hat-ti-migrisha）公主嫁给了扎卜沙里的统治者（ensi₂），② 这位统治者的名字我们不知道，但是应该不是孜润古或因达苏任一人。这次乌尔与扎卜沙里的政治联姻被记录在了伊比辛在位第 5 年的年名中，原文为：mu Tu-ki-in-PA-mi-ig-ri-ša dumu-munus lugal ensi₂ Za-ab-ša-liᵏⁱ-ke₄ ba-an-tuku "扎卜沙里的恩西迎娶（乌尔）国王的女儿图金哈提米格丽莎之年"，或者其简称形式 mu dumu-（munus）lugal ensi₂ Za-ab-ša-liᵏⁱ-ke₄ ba-（an）-tuku "扎卜沙里的恩西迎娶（乌尔）国王的女儿之年"。

关于这次政治婚姻的背景，大概可以包括以下几个要素：一是舒辛时期乌尔与扎卜沙里的战争在新王伊比辛上台之后被放弃，转而变为和平友好的外交关系；二是乌尔第三王朝在伊比辛统治初期，王朝面临着内忧外患的严重危机，不仅有来自西北阿摩利人的威胁，更有甚者东边的埃兰人早就对乌尔第三王朝虎视眈眈，为了缓解与周边国家的关系，被迫采取政治联姻方式也不失为一个不错的做法。至于这次政治婚姻的影响，我们很难从目前仅有的文献资料中得出确切的答案，只能说这次发生在乌尔第三

① Albrecht Goetze, "An Old Babylonian Itinerary", *Journal of Cuneiform Studies* 7 (1953), p. 37.

② Piotr Steinkeller, "The Question of Marhaši: A Contribution to the Historical Geography of Iran in the Third Millennium B. C. ", *Zeitschrift für Assyriologie und Vorderasiatische Archäologie* 72 (1982), pp. 72, 243; Matthew W. Stolper, "On the Dynasty of Šimaški and the Early Sukkalmahs", *Zeitschrift für Assyriologie und Vorderasiatische Archäologie* 72 (1982), p. 53. 注意：这里的恩西不是指直属中央的地方行省总督，而是指独立的城邦或国家君主，类似于早王朝时期的恩西。注意在乌尔第三王朝时期，存在三种不同的恩西：一种是隶属于乌尔第三王朝的地方行省的最高行政长官，意为"总督"，他们直接由乌尔国王任命，直属于乌尔王朝中央的"大苏卡尔"（sukkal-mah）或意为"首相"，然后"大苏卡尔"直接听命于国王，这些恩西多是当地有名的望族或原来的首领，但是实际上就是地方行政长官；第二种恩西也是地方最高长官，他们是乌尔第三王朝名义上的附属国的首领，虽然也听命于乌尔国王，但是自身权力较之第一种更多更自由；第三种恩西即不隶属于乌尔第三王朝的其他国家或城邦的首领，他们和乌尔国王之间是平等的国与国之间的外交关系，比如马里，他们不用听命于乌尔第三王朝，与乌尔第三王朝保持着时常友好时常敌对的关系。

王朝末期的政治联姻是乌尔第三王朝的最后一次外交婚姻，可能还没来得及发挥它拥有的价值，乌尔第三王朝就草草地被埃兰人灭亡了。

六 乌尔第三王朝与哈马兹的政治婚姻

哈马兹（Hamazi，苏美尔语：Ha-ma-zi^{ki}）是位于乌尔第三王朝东北部的一个城邦，具体位置不详，可能是位于扎格罗斯山西部，迪亚拉河上游地区，靠近加苏尔（Gasur，今称努孜 Nuzi）、卢卢布（Lulubu）、西穆如姆（Simurum）。哈马兹最早出现于早王朝时期的文献《恩美卡与阿拉塔之王》。根据《苏美尔王表》，哈马兹的国王哈达尼什（Hadanish）灭亡了基什第二王朝，统治了两河流域，后被乌鲁克第二王朝所灭。在乌尔第三王朝的经济文献中只出现有两位哈马兹的统治者（ensi$_2$），分别是南哈尼（Namhani，阿马尔辛 1 年至 2 年）和乌尔伊什库尔（Ur-Ishkur，阿马尔辛5 年至舒辛 2 年）。

Lu$_2$-^{d}Nanna dumu Nam-ha-ni ensi$_2$ Ha-ma-zi$_2^{ki}$, MVN 3 217（AS 1 ix）①

Ha-ma-zi$_2^{ki}$-ta, ki Lu$_2$-^{d}Nanna dumu Nam-ha-ni-ta, AUCT 1 798（AS 1 ix）

Lu$_2$-^{d}Nanna dumu Nam-ha-ni ensi$_2$ Ha-ma-zi$_2^{ki}$, JCS 10 31 12（AS 2 ii）

Ha-ma-zi$_2^{ki}$-ta, ki Lu$_2$-^{d}Nanna dumu Nam-ha-ni-ta, PDT 1 171（AS 2 iii）

Ur-^{d}Iškur ensi$_2$ Ha-ma-zi$_2^{ki}$, PDT 2 959（XX）

Ur-^{d}Iškur ensi$_2$ Ha-ma-zi$_2^{ki}$, AUCT 1 93（AS 5 iv 10）

Ur-^{d}Iškur ensi$_2$ Ha-ma-zi$_2^{ki}$, JCS 17 21 YBC 13087（AS 7）

Ur-^{d}Iškur ensi$_2$ Ha-ma-zi$_2^{ki}$, JCS 14 109 9（AS 7 iv）

Ur-^{d}Iškur ensi$_2$ Ha-ma-zi$_2^{ki}$, TAD 53（AS 7 xi）

erin$_2$ Ha-ma-zi$_2^{ki}$, giri$_3$ Ur-^{d}Iškur, JCS 31 166（AS 8 v 8）

u$_4$ Ur-^{d}Iškur ensi$_2$ Ha-ma-zi$_2^{ki}$-ke$_4$ e$_2$-gi$_4$-a-ni ba-an-tum$_2$-ma-a, AUCT 3 84（AS 9 xi 15）

e$_2$-gi$_4$-a Ur-^{d}Iškur ensi$_2$ Ha-ma-zi$_2^{ki}$, BIN 3 382 = OIP 121 576（AS 9 xi 17）

---

① 这个哈马兹的卢南那是南哈尼的儿子，而驸马卢南那是乌尔尼加尔之子，他们是两个不同的人，但是米哈洛夫斯基错误地认为他们是同一个人，参见 Piotr Michalowski, "Networks of Authority and Power in Ur III Times", in *From the 21st Century B. C. to the 21st Century A. D.：Proceedings of the International Conference on Sumerian Studies Held in Madrid 22 – 24 July 2010*, Steven J. Garfinkle, Manuel Molina（eds.）, Winona Lake：Eisenbrauns, 2013, p. 172.

e_2-gi_4-a Ur-^{d}Iškur ensi$_2$ Ha-ma-zi$_2$^{ki}, Ontario 1 160（AS 9 xi 18）

e_2-gi_4-a Ur-^{d}Iškur ensi$_2$ Ha-ma-zi$_2$^{ki}, Aegyptus 17 53 70（AS 9 xi 19）

Ur-^{d}Iškur ensi$_2$ Ha-ma-zi$_2$^{ki}, PDT 1 449（SS 2 ii 11）

Ta$_2$-bur-PA-tum e_2-gi_4-a Ur-^{d}Iškur ensi$_2$, Trouvaille 87（SS2）

Ta$_2$-bur-PA-tum e_2-gi_4-a Ur-^{d}Iškur, u$_4$ Ha-ma-zi$_2$^{ki}-še$_3$ i$_3$-gen-na-a, PDT 1 454（SS 7 xi 29）

　　塔布尔哈图姆很可能是乌尔第三王朝的一位公主。她嫁给了哈马兹恩西乌尔伊什库尔的儿子（名字不详），作为哈马兹恩西的儿媳（e_2-gi_4-a）。[①]

Trouvaille 87（Ur Ⅲ, Šu-Suen 2 xii d, Puzriš-Dagan）

正面

1）1 šen-dili$_2$ šunigin zabar　　　　　　　1 个青铜制平底锅

2）Ta$_2$-bur-PA-tum e_2-gi_4-a Ur-^{d}Iškur ensi$_2$　为（哈马兹的）恩西乌尔伊什库尔的
　　　　　　　　　　　　　　　　　　　　儿媳妇塔布尔哈图姆

3）in-ba　　　　　　　　　　　　　　　　　赠给；

4）Wa-qar-^{d}Šu-^{d}Suen ba-za maškim　　　监管人：跛子瓦卡尔舒辛。

背面

1）ki Lu$_2$-dingir-ra-ta　　　　　　　　　从卢丁吉尔拉处

2）ba-zi　　　　　　　　　　　　　　　　　支出，

3）ša$_3$ Nibru^{ki}　　　　　　　　　　　　在尼普尔。

4）iti diri še-sag$_{11}$-ku$_5$　　　　　　　　第 12 月，闰月。

5）mu^{d}Šu-^{d}Suen lugal-e ma$_2$^{d}En-ki-ka in-dim$_2$　舒辛 2 年。

左边

1）1 共计：1（个）。

　　在阿马尔辛 9 年，哈马兹的恩西乌尔伊什库尔的儿媳妇的名字还没有出现在文献中，而到了舒辛 2 年和 7 年，乌尔伊什库尔的儿媳妇的名字是塔布

---

　　① Piotr Michalowski, "The Bride of Simanum", *Journal of the American Oriental Society* 95（1975），pp. 718 – 719；Albrecht Goetze, "Hulibar of Duddul", *Journal of Near Eastern Studies* 12（1953），p. 121（n. 58）.

尔哈图姆，她一直住在哈马兹。乌尔通过与哈马兹的政治联姻，将哈马兹纳入边远行省的范畴，哈马兹需要向乌尔中央缴纳古恩马达税。[①]

七 乌尔第三王朝与西格里什的政治婚姻

西格里什（苏美尔语：Ši-ig-ri-ši^{ki}或 Si-ig-ri-iš^{ki}或 Ši-ig-ri-šum^{ki}）大概位于扎格罗斯山附近或埃兰附近的区域，其具体位置不详，据文献记载，乌尔第三王朝的国王舒辛毁灭了扎卜沙里、西格里什、尼布尔马特（Nibul-mat）、阿鲁米达吞（Alumidatum）、加尔塔（Garta）和沙提鲁（Shatilu）这6个地区（阿卡德语：ma-at），这6个地区原则上应该是相互毗邻的或者彼此之间相距不是太远。由于第一个地名扎卜沙里我们已经很清楚其位于乌尔第三王朝的东北部的扎格罗斯山脉地区，而尼布尔马特和加尔塔位于乌尔王朝东南部的埃兰地区。

如同扎卜沙里一样，西格拉斯很可能指的不是一个城市，而是一个地区。西格里什的统治者"恩西"目前知道的仅有一位，即布尼尔尼（Bu-nirni，原文：Bu-ni-ir-ni ensi$_2$ Si-ig-ri$_2$-iš^{ki}）。[②]

西格里什这个地名在乌尔第三王朝的文献中极少出现，有三篇文献简单记载了西格里什的匿名统治者（lu$_2$），[③] 从中我们没有得到有用的信息。另外一篇舒尔吉48年来自普兹瑞什达干的经济文献记载国王舒尔吉的女儿舒尔吉尼伊尼卜马马（Shulgi-ninib-Mama）的另一层身份是西格里什统治者的妻子。

Nisaba 8 371 （Ur Ⅲ，Š 48 ⅷ 22，Puzriš-Dagan）

正面

1）13 udu niga　　　　　　　　　13 只食大麦公绵羊

2）6 u$_8$ niga　　　　　　　　　　6 只食大麦母绵羊

3）7 maš$_2$-gal niga　　　　　　　7 只食大麦公山羊

---

① Tohru Maeda, "The Defense Zone during the Rule of the Ur Ⅲ Dynasty", *Acta Sumerologica* 14 (1992), pp. 135 – 172.

② Douglas Frayne, *Ur Ⅲ Period (2112 – 2004 BC)*, The Royal Inscriptions of Mesopotamia Early Periods Volume 3/2 (RIME 3/2), Toronto：University of Toronto Press, 1997, p. 311 (E3/2. 1. 4. 5).

③ nig$_2$-ba lu$_2$ Ši-ig-ri-šum^{ki}, MVN 15 142 (Š), CUSAS 15 30 (XX)；lu$_2$ Si-ig-ri-iš^{ki}, Nisaba 15 618 (IS 1).

4）4 maš₂ KU saga niga　　　　　4 只食大麦"顶级"山羊羔

5）gag-gu-la₂-še₃　　　　　　　为"伽古拉"仪式，

6）Ur-nigar^gar maškim　　　　　监管人：乌尔尼伽尔；

7）2 u₈ niga　　　　　　　　　　2 只食大麦母绵羊

8）1 sila₄ ga niga　　　　　　　1 只食大麦绵羊崽

9）a-ra₂ 1-kam　　　　　　　　第一次，

10）1 gu₄ niga　　　　　　　　　1 只食大麦公牛

11）2 udu niga　　　　　　　　　2 只食大麦公绵羊

12）1 sila₄ niga　　　　　　　　1 只食大麦绵羊羔

13）2 maš₂-gal niga　　　　　　2 只食大麦公山羊

14）a-ra₂ 2-kam　　　　　　　　第二次，

15）［…］-še₃　　　　　　　　　为【某某目的】

［…］

背面

［…］

1'）［x］ud₅ KU saga niga Šimaški^ki　　【某】只食大麦"顶级"西马什基母山羊

2'）［x］ udu niga　　　　　　　　【某】只食大麦公绵羊

3'）6 maš₂-gal niga　　　　　　6 只食大麦公山羊

4'）e₂ ^dŠul-gi-NI-i-ni-ib₂-ma-ma　　为国王的女儿舒尔吉尼伊尼卜马马

　　dumu-munus lugal

5'）dam lu₂ Ši-ig-ri-ši^ki　　　　西格里什人（统治者）的妻子；

6'）giri₃ Lugal-inim-gi-na sukkal　　经办人：使者卢伽尔伊尼姆基纳，

7'）Arad₂-mu maškim　　　　　监管人：阿拉德姆。

8'）iti u₄ 22 ba-zal　　　　　　第 22 日。

9'）ki Lu₂-dingir-ra-ta　　　　从卢丁吉尔拉处

10'）ba-zi　　　　　　　　　　支出。

11'）iti šu-eš₅-ša　　　　　　　第 8 月。

12'）mu Ha-ar-ši^ki Ki-maš^ki u₃　　舒尔吉 48 年。

　　Hur-ti^ki ba-hul

　　这位西格里什统治者的名字不详，我们不清楚他是否就是已知的布尼尔尼还是另有他人。这次乌尔与西格里什的政治婚姻发生在舒尔吉统治的最后一年，在阿马尔辛和舒辛统治时期，西格里什几乎没有出现在乌尔第三王朝的文献中，只有伊比辛时期又出现过一次，所以可见这次政治联姻似乎是两国继续维持的和平局面。

八　乌尔第三王朝与马尔哈西的政治婚姻

马尔哈西是古代伊朗地区的一个独立王国，位于两河流域的东南方（今伊朗科曼省 Kerman 的吉罗夫特 Jiroft 地区），安山的东部，处于两河流域通向麦鲁哈（印度河流域）商路的必经之地，战略位置十分重要。马尔哈西的影响范围北达伊朗科曼省的沙赫达德（Shahdad）地区，其中心地带是哈利勒河（Halil）的河谷，非常适宜农业发展，在南部和马干（Magan，今阿曼）有着长久的贸易与文化往来。[①] 马尔哈西在两河流域的楔形文字文献中从阿卡德王朝一直到古巴比伦时期都有出现，至少存在了 500年的时间。

马尔哈西国王娶了乌尔国王舒尔吉的女儿李维米塔舒（Liwwir-miṭṭašu），这次乌尔与马尔哈西的政治联姻被记录在了舒尔吉统治第 18 年的年名中：mu Li$_2$-wir（GIR$_3$）-mi-ṭa-šu dumu-munus lugal nam-nin Mar-ha-ši^{ki} ba-il$_2$，"（乌尔）国王的女儿李维米塔舒被提升为马尔哈西的王后之年"。乌尔的公主李维米塔舒的名字本意是"他的（国王的）闪亮权杖"，她是舒尔吉的女儿。马尔哈西的这位统治者的名字不清楚。乌尔第三王朝的经济文献间接反映出，这次政治联姻加强了乌尔与马尔哈西两国之间的联盟与和平友好关系，在这次联姻之后，马尔哈西的使者经常到乌尔王朝，两国间的官方交流也十分活跃，此外文献中还记载了马尔哈西带来的外交礼物"麦鲁哈豹"（ur gun$_3$-a Me-luh-ha^{ki}），[②] 麦鲁哈是位于印度河流域的一个地区，可见马尔哈西在连接两河流域与印度河流域商贸与文化交流中发挥着

---

① Piotr Steinkeller, "The Question of Marhaši: A Contribution to the Historical Geography of Iran in the Third Millennium B. C. ", *Zeitschrift für Assyriologie und Vorderasiatische Archäologie* 72 (1982), pp. 237 – 265; Piotr Steinkeller, "New Light on Marhaši and Its Contacts with Makkan and Babylonia", *Journal of Magan Studies* 1 (2006), pp. 1 – 17.

② Piotr Michalowski, "Iddin-Dagan and his Family", *Zeitschrift für Assyriologie und Vorderasiatische Archäologie* 95 (2005), pp. 73 – 74; Piotr Steinkeller, "The Question of Marhaši: A Contribution to the Historical Geography of Iran in the Third Millennium B. C. ", *Zeitschrift für Assyriologie und Vorderasiatische Archäologie* 72 (1982), p. 253; Daniel T. Potts, "Total Presention in Marhashi-Ur Relations", *Iranica Antiqua* 37 (2002), pp. 343 –357.

重要的作用，这一点或许也是乌尔力争与马尔哈西建立长远的友好关系的真实目的之一。

在乌尔第三王朝灭亡之后，两河流域与马尔哈西的联盟暂时中断了，不过在后来的古巴比伦时期马尔哈西又再次出现在了两河流域的楔形文字文献中。

九　乌尔第三王朝与安山的政治婚姻

安山（Anshan，苏美尔语：An-ša-an^{ki}）是古代伊朗西南部的一个地区，位于今伊朗法尔斯省西部的塔里马颜（Tall-i Malyan）遗址，在扎格罗斯山的中部位置。① 在原始埃兰时期（公元前 4 千纪），安山是埃兰地区的主要城市之一，位于重要的商路上。早王朝时期，安山出现在苏美尔史诗《恩美卡与阿拉塔之王》，作为乌鲁克与阿拉塔的沿途之地，到阿卡德王国时期，玛尼什吐苏宣称他征服了安山，后来安山被伊朗的阿万（Awan）王朝所统治，接下来拉伽什第二王朝的古地亚、乌尔第三王朝的舒尔吉和舒辛、拉尔萨王朝的衮古努（Gungunum）都曾征服过安山。公元前 15 世纪，埃兰的统治者开始使用"安山与苏萨之王"的称号，可能在中埃兰时期安山和苏萨已经合并，安山最后被波斯帝国的居鲁士所征服，并入到了波斯帝国的版图。

（一）舒尔吉之女与安山统治者

根据舒尔吉统治第 30 年的年名：mu dumu-munus lugal ensi₂ An-ša-an^{ki}-ke₄ ba-tuku "（乌尔）国王（舒尔吉）的女儿被嫁于安山恩西之年"，舒尔吉将自己的女儿嫁给了安山的统治者（恩西），新郎与新娘的名字没有给出，我们也无从考究。可是，舒尔吉将这个女儿嫁给安山恩西之后的第 4 年，即舒尔吉统治的第 34 年，他就突然不知何缘故出兵安山，发生了与安山的战争，并且最终打败了安山。舒尔吉统治的第 34 年的年名为：mu An-ša-an^{ki} ba-hul "安山被毁之年"。可见这次政治联姻没有能够起到维持两国和平友好的外交关系，反而很快就被战争的硝烟所泯没，其中原因值得后人深究。

但是根据文献记载，舒尔吉与安山的战争其实要远远早于这一年，两

---

① Erica Reiner, "The Location of Anšan", *Revue d'Assyriologie et d'archéologie orientale* 67 (1973), pp. 57 – 62; J. Hansman, "Elamites, Achaemenians and Anshan", *Iran* 10 (1972), pp. 101 – 124.

国的首次战争很可能早于舒尔吉统治第 21 年。[①] 由此可见，舒尔吉对安山
用兵很可能是遇到了困难，或者难以征服安山，所以后来才采取"和亲"
的方式，将自己的女儿嫁于安山，表面上与安山和好，背地里备战。似乎
被"和亲"的公主的处境都是十分危险的，不知道何时就作了政治筹码，
何时就进了政治婚姻安排的坟墓。据文献记载，舒尔吉 44 年，奶油制品
被赠给"国王的女儿"，当她去安山的时候。

BCT 2 166（Ur Ⅲ，Šulgi 44，uncertain）

正面

1）5 sila$_3$ i$_3$-［x］ 　　　　　　　　　　5 希拉植物油

2）0.0.1 ga-ar$_3$ 　　　　　　　　　　　1 班奶酪

3）dumu-munus lugal 　　　　　　　　　为国王的女儿

4）An-ša-an^{ki}-še$_3$ du-ni 　　　　　　　当她去安山时

背面

1）šu ba-ti 　　　　　　　　　　　　　收到了。

2）giri$_3$ Ur-^{d}Nin-［x］-e 　　　　　　经办人：乌尔宁【某】埃

3）mu Si-mu-ru-um［Lu］-lu-bu-um a-ra$_2$［…］ 舒尔吉 44 年。

　　这里的"国王的女儿"很可能就是指舒尔吉 30 年通过外交联姻被嫁
到安山的那位舒尔吉的女儿。后来她很可能在安山安度晚年，也为乌尔与
安山之间的和平关系默默无闻地做着贡献。

（二）舒辛之女与安山统治者

　　在舒辛统治时期，也有一篇 1 来自吉尔苏的文献记载了"国王的女儿，
当她（嫁）去安山的时候"。

TÉL 46a（Ur Ⅲ，Šu-Suen--i，Girsu）

正面

1）［…］

2）0.0.1 i$_3$-nun-na 　　　　　　　　　1 班奶油

---

① Douglas Frayne, *Ur Ⅲ Period（2112 – 2004 BC）*, The Royal Inscriptions of Mesopotamia Early Periods Volume 3/2（RIME 3/2），Toronto：University of Toronto Press, 1997, p. 105.

3) 0.0.1 ga-ar$_3$ 1 班奶酪

4) 0.1.0 4 sila$_3$ i$_3$-giš   1 巴里格、4 希拉植物油

5) 15 dug ga-še$_x$（SIG$_7$）-a   15 罐奶制品

6) 7 gu$_2$ šum$_2$-sikil   7 古"西吉尔"葱蒜类蔬菜

7) 7 gu$_2$ šum$_2$ gaz   7 古"伽孜"葱蒜类蔬菜

背面

1) dumu-munus lugal   为国王的女儿

2) An-ša-an^{ki}-še$_3$ du-ni   当她去安山时；

3) giri$_3$ Da-a-a sal-hu-ba   经办人："萨尔胡巴"达亚亚

4) dumu A-gu-da   阿古达之子。

5) iti gan$_2$-maš   第 1 月。

6) mu us$_2$-sa ^{d}Šu-^{d}Suen lugal Uri$_5$^{ki}-ma-ke$_4$［…］ 舒辛【某】年。

这篇文献的时间是舒辛统治第 2 年以后。[1] 这篇文献的时间是舒辛统治期间，所以这位"国王的女儿"很可能不是指之前嫁到安山的舒尔吉的那位女儿，而是指舒辛的一位女儿。很可能在舒辛时期，舒辛的女儿又被嫁到安山，从舒尔吉到舒辛，乌尔与安山可能保持着友好的和亲关系。

十 乌尔第三王朝与帕西美的政治婚姻

帕西美（楔形文字：Ba-šim-e^{ki}或 Ba-ši-me^{ki}）是古代伊朗地区的一个城邦，位于波斯湾的东北海岸（今伊拉克的阿布舍加遗址 Tell Abu Shee-ja），伊拉克和伊朗的边境地区，扎格罗斯山的西部，提卜河（River Tieb）的西岸，其势力范围从伊朗的南胡泽斯坦向下一直延伸到今伊朗西南部的布什尔（Bushire）地区，是古代两河流域与埃兰贸易商路与文化交流的重要站点。[2]

---

① 文献的年名为：mu us$_2$-sa ^{d}Šu-^{d}EN. ZU lugal Uri$_5$^{ki}-ma-ke$_4$［…］，参见 Charles Virolleaud，"Quelques textes cunéiformes inédits", *Zeitschrift für Assyriologie und Verwandte Gebiete* 19（1905 – 1906），p. 384；Charles Virolleaud, *Tablettes Économiques de Lagash（Époque de la IIIe Dynastie d' Ur）: Copiées en 1900 au Musée Impérial Ottoman*，Paris：Imprimerie Nationale，1968.

② 关于帕西美遗址的考古发掘，参见 Ayad Mohammad Hussein, etc. , "Tell Abu Sheeja/Ancient Pašime：Report on the First Season of Excavations, 2007", *Akkadica* 131/1（2010），pp. 47 – 103.

据乌尔第三王朝的文献记载，帕西美的统治者共有两位：库尔比拉克（Kurbilak）和舒达巴尼（Shudda-bani）。帕西美在乌尔第三王朝的文献中的出处如下：

erin$_2$ gaba Ba-ši-me-e-še$_3$ bala-a，Syracuse 301（Š 34）

erin$_2$ Ba-šim-e^{ki}，Ontario 1 20（Š 43 ⅵ）

Kur-bi-la-ak lu$_2$ Ba-šim-e^{ki}，RA 9 43 SA 25（pl. 2）（Š 46 ⅶ 15）

Kur-bi-la-ak lu$_2$ Ba-šim-e^{ki}，OIP 115 287（Š 48 ⅶ 19）

e$_2$-kas$_4$ A-pi$_4$-sal$_4$^{ki} u$_3$ gaba Ba-šim-e^{ki} gub-ba，BCT 2 50（AS 1）

lu$_2$ Ba-šim-e^{ki}-še$_3$，TLB 3 137（AS 1）

Ĝiri$_3$-se$_3$-ga e$_2$-kas$_4$ gaba Ba-šim-e^{ki}-me，TCL 5 6038（AS 7）

udu Ba-šim-e^{ki}，ITT 3 5065（SS 2 v）

udu Ba-šim-e^{ki}，TÉL 255（SS 2 ⅵ 1）

Kur-bi-la-ak lu$_2$ Ba-šim-e^{ki}，Nisaba 30 67（SS 4 ⅷ 21）

udu Ba-šim-e^{ki}，TLB 3 34（SS 6）

šagina Ba-šim-e^{ki}，RIME 3/2. 01. 04. 13（SS）

ša$_3$-gal erin$_2$ Ba-šim-e^{ki}-še$_3$，Berens 69（IS 4 x）

Nu-ur$_2$-^{d}EN. ZU lu$_2$^{giš}tukul u$_4$ Ba-šim-e-še$_3$ gen-na，CST 34（XX）

Ba-za-za lu$_2$^{giš}tukul Ba-šim-e^{ki}-še$_3$ du-ni，RA 19 42 90（XX）

Šu-ga-tum lu$_2$ [^{giš}tukul] Ba-šim-e^{ki}-ta du-ni，RA 19 43 117（XX）

Na-a-na lu$_2$ kas$_4$，Ba-šim-e-ta du-ni，Nisaba 3/2 34（XX）

Na-silim dumu nu-banda$_3$ Ba-šim-e-ta du-ni，SAT 1 107（XX）

Ta$_2$-ra-am-^{d}Šul-gi dumu-munus lugal dam Šu-da-ba-ni lu$_2$ Ba-šim-e^{ki}-ka-še$_3$，ZA 72 241 n. 16（Š 48 ⅷ 2）

根据一块舒尔吉第 48 年的普兹瑞什达干的牲畜支出文献记载，舒尔吉将自己的女儿塔兰舒尔吉（Taram-Shulgi）嫁给了帕西美的统治者（lu$_2$）舒达巴尼。[1]

---

① Piotr Steinkeller, "The Question of Marhaši: A Contribution to the Historical Geography of Iran in the Third Millennium B. C. ", *Zeitschrift für Assyriologie und Vorderasiatische Archäologie* 72（1982），p. 241（n. 16）; Jan van Dijk, "Ishbi' erra, Kindattu, l' homme d' Elam, et la chute de la ville d' Ur", *Journal of Cuneiform Studies* 30（1978），pp. 189－208.

ZA 72 241 n. 16（Ur Ⅲ，Šulgi 48 ⅷ 2，Puzriš-Dagan）

1）2 udu niga saga 　　　　　　　　　 2 只食大麦"顶级"绵羊

2）3 udu niga 　　　　　　　　　　　　 3 只食大麦绵羊

3）^{d}En-lil$_2$ ^{d}Nin-lil$_2$ 　　　　　　　 为恩利尔和宁利尔

4）1 udu niga^{d}Nanna 　　　　　　　　 1 只食大麦绵羊，为南那

5）zabar-dab$_5$ maškim 　　　　　　　　 监管人："扎巴尔达布"；

6）1 udu niga^{giš}gag-gu-la$_2$-še$_3$ 　　　 1 只食大麦绵羊，为"伽古拉"仪式，

7）A-a-［kal］-la maškim 　　　　　　 监管人：阿亚卡拉；

8）5 udu niga e$_2$-muhaldim 　　　　　　 5 只食大麦绵羊，到厨房

9）mu Šu-sal-la-še$_3$ 　　　　　　　　　 为舒萨拉；

10）4 udu niga sig$_5$-us$_2$ 　　　　　　　 4 只食大麦"次顶级"绵羊

11）1 maš$_2$-gal niga 　　　　　　　　　 1 只食大麦山羊

12）e$_2$ Še-il-ha-ha lu$_2$ Ša-zi-bi$_2$-ki-ka-še$_3$ 　 到沙兹比吉卡的统治者塞尔哈哈家；

13）10-la$_2$-1 udu niga 1 maš$_2$-gal niga 　 9 只食大麦绵羊、1 只食大麦山羊

14）e$_2$ Ta$_2$-ra-am-^{d}Šul-gi dumu-munus 　 到帕西美的统治者舒达巴尼的妻子、

　　　lugal dam Šu-da-ba-ni

15）lu$_2$ Ba-šim-e^{ki}-ka-še$_3$ 　　　　　 国王的女儿塔兰舒尔吉的家；

16）Arad$_2$-mu maškim 　　　　　　　　 监管人：阿拉德姆。

17）iti u$_4$ 2 ba-zal 　　　　　　　　　　 第 2 日。

18）zi-ga ša$_3$ Tum-ma-al 　　　　　　　 被支出，在吐玛尔，

19）ki En-dingir-mu 　　　　　　　　　　 从恩丁吉尔姆处。

20）iti šu-eš-ša 　　　　　　　　　　　　 第 8 月。

21）mu Ha-ar-ši^{ki} u$_3$ Ki-maš^{ki} ba-hul 　 舒尔吉 48 年。

　　这次乌尔与帕西美的外交联姻似乎起到了两国和平友好的作用，而在舒尔吉的继承者阿马尔辛或舒辛统治时期，帕西美被合并到乌尔第三王朝的势力范围中，成为乌尔王朝的一个附属国。

十一　乌尔第三王朝与阿丹顿的政治婚姻

　　阿丹顿（Adamdun，楔形文字：A-dam-dun^{ki}或 A-dam-šah$_2$^{ki}）是古代伊朗西部埃兰的一个地区（elam A-dam-dun^{ki}）。在乌尔第三王朝的经济文献

中有大量有关阿丹顿的记载，尤其是吉尔苏的信使文献中记载了大量去阿丹顿的信使人员。在伊比辛统治时期的王铭与伊比辛 14 年的年名中把阿丹顿和苏萨、阿万一起记载，表明了这三个地区应该相距不远。① 阿丹顿很可能在舒尔吉 47 年后成为乌尔第三王朝的附属国或者边远行省，它定期向乌尔王朝缴纳古恩税。② 阿丹顿的统治者被称为"恩西"（ensi$_2$），目前已知的一共有三位：乌尔吉吉尔（Ur-gigir，舒尔吉 33 年）、乌巴亚（Ubaya，舒尔吉 43 年至 47 年）、那布达（Nabuda，任期不详），他们在乌尔第三王朝的经济文献的出处如下：

Ur-^{giš}gigir ensi$_2$ A-dam-dun^{ki}, AOAT 240 80 6 (Š 33 xi)

Ur-^{giš}gigir ensi$_2$ A-dam-dun^{ki}, RTC 328 (XX)

U$_{18}$-ba-a ensi$_2$ A-dam-dun^{ki}, MVN 8 140 (Š 43 i 24)

U$_3$-ba-a ensi$_2$ A-dam-dun^{ki}, TRU 384 (Š 43 vi)

U$_{19}$ (URU, RI$_2$) -ba-a ensi$_2$ A-dam-dun^{ki}, AnOr 7 148 (Š 44 viii 17)

U$_{18}$-ba-a ensi$_2$ A-dam-dun^{ki}, TRU 24 (Š 44)

U$_{18}$-ba-a ensi$_2$ A-dam-dun^{ki}, TRU 107 (Š 46 viii)

udu A-dam-dun^{ki}, ki U$_{18}$-ba-a-ta, TRU 277 (Š 46 viii)

U$_{19}$-ba-a ensi$_2$ A-dam-dun^{ki}, Nik 2 483 (Š 46 viii)

U$_{19}$ (URU, RI$_2$) -ba-a ensi$_2$ A-dam-dun^{ki}, Anavian 59 (Š 47 iv 25),

U$_{19}$ (URU, RI$_2$) -ba-a ensi$_2$ A-dam-dun^{ki}, ASJ 9 318 13 (Š 47 iv 25)

gu$_2$ A-dam-dun^{ki}, ki U$_{18}$-ba-a-ta, ZA 68 42 Smith 475 (Š 47 ix 30)

U$_3$-ba-a ensi$_2$ A-dam-dun^{ki}, ITT 2 677 (XX)

U$_3$-ba-a ensi$_2$ A-dam-dun^{ki}, ITT 5 6774 (XX)

U$_3$-ba-a ensi$_2$ A-dam-dun^{ki}, JAOS 33 28 3 (XX)

---

① Douglas Frayne, *Ur III Period* (*2112 – 2004 BC*), The Royal Inscriptions of Mesopotamia Early Periods Volume 3/2 (RIME 3/2), Toronto: University of Toronto Press, 1997, 3/2.1.5.2, 3/2.1.5.3；伊比辛 14 年的年名是：mu ^{d}I-bi$_2$-^{d}EN. ZU lugal Uri$_5$^{ki}-ma-ke$_4$ Šušin^{ki} A-dam-dun^{ki} ma-da A-wa-an^{ki}-ka u$_4$-gin$_7$ ra bi$_2$-in-gi$_4$ u$_4$ aš-a mu-un-gur$_2$ u$_3$ en-bi šaga-a mi-ni-in-dab$_5$-ba-a.

② Piotr Michalowski, "Observations on 'Elamites' and 'Elam' in Ur III Times", in *On the Third Dynasty of Ur: Studies in Honor of Marcel Sigrist*, The Journal of Cuneiform Studies Supplemental Series Volume 1, Piotr Michalowski (ed.), Boston: American Schools of Oriental Research, 2008, pp. 109 – 124; Miguel Civil, "'Adamdun,' the Hippopotanus, and the Crocodile", *Journal of Cuneiform Studies* 50 (1998), pp. 11 – 14.

U$_3$-ba-a ensi$_2$ A-dam-dun^{ki}, MVN 19 32（XX）

U$_{18}$-ba-a ensi$_2$ A-dam-dun^{ki}, MVN 11 M（XX）

Na-bu-da ensi$_2$ A-dam-dun^{ki}, RTC 325（XX）

根据一件乌尔第三王朝来自吉尔苏的经济文献记载，当国王的女儿去阿丹顿时（dumu-munus lugal A-^{da}dam-dun-ta gen-na，见文献 RTC 384），很可能有一位乌尔公主被嫁到了阿丹顿，而对于这次政治联姻由于资料缺乏我们不能进行过多的描述。

十二　乌尔第三王朝与埃什努那的政治婚姻

埃什努那（楔形文字：Aš$_2$-nun^{ki}, Aš$_2$-nun-na^{ki}, Aš-nun^{ki}, Aš-nun-na^{ki}）位于两河流域中部迪亚拉河流域（今伊拉克迪亚拉省的阿斯玛尔遗址 Tell Asmar），早王朝时期作为主要城邦之一，在阿卡德王朝、乌尔第三王朝与伊新王朝时期，埃什努那时而独立时而被中央政权统治，在古巴比伦时期最终被汉谟拉比灭亡。埃什努那战略位置十分重要，它是两河流域与埃兰地区贸易的必经之地，控制着两地的商路，许多异域商品在这里汇集，诸如马匹、黄铜、锡等金属以及宝石。[1]

乌尔第三王朝初期，埃什努那很可能尚处独立状况，但是乌尔纳姆或者舒尔吉的北方军事行动征服了包括埃什努那在内的迪亚拉河流域诸城邦，最终埃什努那隶属于乌尔王朝的核心行省，向乌尔中央缴纳巴拉税。伊比辛 2 年，埃什努那成为第一个独立的乌尔王朝行省。[2] 在乌尔第三王朝时期，埃什努那的行政长官被称为"恩西"，包括巴穆（Bamu，舒尔吉44 – 46 年）、卡拉穆（Kallamu，舒尔吉 47 年 – 阿马尔辛 7 年）、卢伽尔库朱（Lugal-kuzu，舒辛 1 年）和伊图里亚（Ituria，舒辛 9 年 – 伊比辛 2 年），他们在经济文献中的出处如下：

---

① Carol Meyer, et al., "From Zanzibar to Zagros: A Copal Pendant from Eshnunna", *Journal of Near Eastern Studies* 50（1991）, pp. 289 – 298.

② Clemens Reichel, *Political Changes and Cultural Continuity in the Palace of the Rulers at Eshnunna（Tell Asmar）: From the Ur III Period to the Isin-Larsa Period（CA. 2070 – 1850 B. C.）*, PhD dissertation, University of Chicago, 2001, pp. 13 – 42.

mu-DU lugal, Aš$_2$-nun^{ki}-ta, giri$_3$ Ba-mu, Princeton 1 51 = RA 9 41 SA 8（Š 44 iv）

Ba-mu ensi$_2$ Aš$_2$-nun-na^{ki}, PDT 2 1246（Š 45 x）

Ba-mu ensi$_2$ Aš$_2$-nun-na^{ki}, CST 119（Š 46 vii）

bala Kal-la-mu ensi$_2$ Aš-nun^{ki}, P272550（Š 47 v）

Kal-la-mu ensi$_2$ Aš-nun^{ki}, TCL 2 5493（Š 47 ix 5）

Kal-la-mu ensi$_2$ Aš-nun^{ki}, OIP 115 355（Š 48 x）

Kal-la-mu ensi$_2$ Aš-nun^{ki}, YOS 4 61（AS 4 vi）

Kal-la-mu ensi$_2$ Aš-nun^{ki}, OIP 121 288（AS 5 ix）

Kal-la-mu ensi$_2$ Aš-nun-na^{ki}, SNAT 23（AS 6 ix）

bala Kal-la-mu ensi$_2$ Aš-nun^{ki}, CST 362（AS 7 vi）

Kal-la-mu ensi$_2$ Aš-nun^{ki}, TAD 45（AS 7 vi）

Kal-la-mu ensi$_2$ Aš-nun-na^{ki}, JCS 17 21 YBC 13087（AS 7）

Kal-la-mu ensi$_2$ Aš$_2$-nun-na^{ki}, PBS 14 285（XX）

Kal-la-mu ensi$_2$ Aš$_2$-nun-na^{ki}, PBS 13 31（XX）

Lugal-ku$_3$-zu ensi$_2$ Aš$_2$-nun^{ki}, ASJ 12 44 17（SS 1 ix）

bala ensi$_2$ Aš$_2$-nun-na^{ki}, JCS 14 111 14（SS 1 ix 17）

bala ensi$_2$ Aš$_2$-nun-na^{ki}, BIN 3 353（SS 1 ix 18）

bala ensi$_2$ Aš$_2$-nun^{ki}, AUCT 2 254（SS 2 ix）

bala ensi$_2$ Aš$_2$-nun^{ki}, Babyloniaca 8 pl. 11 HG 11（SS 3 viii）

bala ensi$_2$ Aš$_2$-nun^{ki}, JCS 14 114 22（SS 4 vii）

bala ensi$_2$ Aš$_2$-nun-na^{ki}, BIN 3 586（SS 9 vi 21）

bala I-tu-ri-a ensi$_2$ Aš$_2$-nun^{ki}, TCL 2 4691（SS 9 vi）

I-tu-ri-a ensi$_2$ Aš$_2$-nun-na^{ki}, RIME 3/2. 1. 4. 12（SS）

I-tu-ri-a ensi$_2$ Aš$_2$-nun^{ki}, YOS 4 73（IS 1）

I-tu-ri-a ensi$_2$ Aš$_2$-nun^{ki}, JAOS 108 120 3（IS 2 xi）

I-tu-ri-a ensi$_2$ Aš$_2$-nun-na^{ki}, OIP 43 142 3（XX）

I-tu-ri-a ensi$_2$ Aš$_2$-nun^{ki}, SACT 1 189（XX）

　　埃什努那与乌尔王朝的政治联姻主要是指舒尔吉西姆提与乌尔国王舒尔吉的联姻，舒尔吉西姆提成了舒尔吉的王后，从经济文献中记载的两位来自埃什努那的女神贝拉特舒赫尼尔（Belat-Shuhnir）和贝拉特泰拉班

（Belat-Teraban）来看，舒尔吉西姆提来自埃什努那。[①]

这次政治婚姻很可能发生于舒尔吉统治前期或者乌尔纳姆统治时期，当时埃什努那很可能还没有被乌尔征服，通过这次联姻，埃什努那成为了乌尔王朝的行省。

十三　乌尔第三王朝与乌扎利米隆的政治婚姻

乌扎利米隆（楔形文字：U_2-za-ar-i-mi-lum^{ki}或者 U_2-za-ar-i-mi-il$_3$^{ki}）的具体位置不详，根据它的名称的 I-mi-ilum 部分是阿摩利语专有名词，[②] 可以推测乌扎利米隆可能是位于阿摩利人的活动区域，即乌尔第三王朝的西部地区。

根据一篇乌尔第三王朝的经济文献记载，在阿马尔辛 6 年，阿马尔辛的女儿宁利莱马那格（Ninlile-manag，楔形文字：^{d}Nin-lil$_2$-le-ma-an-ag$_2$）的嫁妆被送到了乌扎利米隆城。

AUCT 2 367（Ur Ⅲ, Amar-Suen 6 i, Puzriš-Dagan）

正面

1) 1 šu-gur ku$_3$-babbar 1 gin$_2$ 1 卷白银（的重量是）1 舍客勒

2) ^{d}Nin-lil$_2$-tum-nu-ri sa$_{12}$-rig$_7$ ^{d}Nin-lil$_2$-le-ma-an-ag$_2$ dumu-munus lugal-ra   给宁利尔图姆努里，作为国王的女儿宁利莱马那格的嫁妆

3) U_2-za-ar-i-mi-lum^{ki}-še$_3$ （被送到）乌扎利米隆

4) A-na-a ra$_2$-gaba-ni   （由）阿那亚，她的骑使，

背面

1) i$_3$-na-an-de$_6$ 带来；

2) Nu-ur$_2$-^{d}Iškur sukkal maškim   监管人：使者努尔伊什库尔。

---

① Walther Sallaberger, *Der kultische Kalender der Ur Ⅲ-Zeit*, Berlin: Walter de Gruyter, 1993, p. 19; Piotr Steinkeller, "The Administrative and Economic Organization of the Ur Ⅲ State: the Core and the Periphery", in *The Organization of Power Aspects of Bureaucracy in the Ancient Near East*, McG. Gibson, R. Biggs (eds.), Chicago: The Oriental Institute of the University of Chicago, 1987, p. 19. 另外一说舒尔吉西姆提等同于阿比西姆提，参见 Wu Wuhong, Wang Junna, "The Identifications of Šulgi-simti, Wife of Šulgi, with Abi-simti, Mother of Amar-Sin nad Šu-Sin, and of Ur-Sin, the Crown Prince, with Amar-Sin", *Journal of Ancient Civilizations* 27 (2012), pp. 99 – 130.

② Albrecht Goetze, "Šakkanakkus of the Ur Ⅲ Empire", *Journal of Cuneiform Studies* 17 (1963), p. 4.

3）ki Lu$_2$-dingir-ra-ta   从卢丁吉尔拉处，

4）ba-zi   支出，

5）ša$_3$ Nibru^{ki} 在尼普尔。

6）iti maš-da$_3$-ku$_3$-gu$_7$ 第 1 月。

7）mu Ša-aš-ru^{ki} ba-hul   阿马尔辛 6 年。

左边

1）1   共计：1（卷白银）。

可以推测，很可能宁利莱马那格被嫁给了乌扎利米隆的统治者或王子。此外，在阿马尔辛 7 年，文献中出现了乌扎利米隆的服务人员或士兵（erin$_2$ U$_2$-za-ar-i-mi-DIGIR^{ki}）。[1]

第六节　乌尔第三王朝的内部政治婚姻

乌尔第三王朝的王朝内部政治婚姻主要包括两种形式：一是乌尔公主嫁给乌尔王朝的高官权贵或其子，二是乌尔王子娶了王朝高官权贵的女儿。其中，在第一种形式中，乌尔第三王朝的公主们被乌尔国王赐婚给了王朝的权贵或其子，这些所谓的"驸马"们被记录在乌尔第三王朝的经济文献中，他们的职位都非常高，被作为王室成员看待。乌尔第三王朝的经济文献中，有许多关于 e$_2$-gi$_4$-a"儿媳"和 mu$_{10}$-us$_2$-sa"女婿"的记载，它们为我们复原乌尔第三王朝的内部政治婚姻提供了重要的间接证据。

一　阿马尔辛之女美伊什塔兰与舒卡卜塔

据温马行省的加尔沙那（Garshana）文献记载，[2] 阿马尔辛的女儿美伊什塔兰（Me-Ishtaran 或西马特伊什塔兰 Simat-Ishtaran）嫁给了舒卡卜塔（Shu-Kabta）。加尔沙那文献中，很多都加有美伊什塔兰的印章。

---

[1]　Albrecht Goetze, "Šakkanakkus of the Ur Ⅲ Empire", *Journal of Cuneiform Studies* 17 (1963), p. 1.

[2]　参见 David I. Owen and Rudolf H. Mayr, The Garšana Archives, Cornell University Studies in Assyriology and Sumerology 3, Bethesda: CDL Press, 2007; David I. Owen, Garšana Studies, Cornell University Studies in Assyriology and Sumerology 6, Bethesda: CDL Press, 2011; 王俊娜《乌尔第三王朝呑尔沙那的职能探析》，《古代文明》2020 年第 3 期。

CUSAS 3 219（Ur Ⅲ，Šu-Suen 5 i，Garšana）

印文

第一栏

1）Šu-kab-ta$_2$ 　　　　　　舒卡卜塔

2）a-zu 　　　　　　　　　医生

3）dumu Na-ra-am-i$_3$-li$_2$ 　纳拉姆伊里之子

4）sukkal i$_3$-du$_8$ 　　　　使者兼看门官：

第二栏

1）E$_2$-a-šar 　　　　　　　埃阿沙尔

2）dub-sar 　　　　　　　书吏

3）arad$_2$-zu 　　　　　　（是）您的仆人。

很可能加尔沙那（属于温马行省的一个地区）属于乌尔国王赐给其女儿美伊什塔兰与其夫舒卡卜塔的私人领地。[①]

二　阿马尔辛之女吉美埃安娜与阿拉德南那之子

阿拉德南那（Arad-Nanna，抑或写作 Aradmu 阿拉德姆）[②] 来自吉尔苏 – 拉伽什城邦的一个显赫家族，据一篇经济文献记载他很可能是哀歌手达达（Dada gala）的儿子。[③] 据文献记载，阿拉德南那至少拥有 12 个不同的职位或职称。[④]

---

① Wu Yuhong, "Naram-ili, Šu-Kabta and Nawir-ilum in the Archives of Ĝaršana, Puzriš-Dagan and Umma", *Journal of Ancient Civilizations* 23（2008）, pp. 1 – 36.

② 关于阿拉德南那与阿拉德姆是指同一个人，参见 Walther Sallaberger, *Der kultische Kalender der Ur Ⅲ -Zeit*, Berlin：Walter de Gruyter, 1993, p. 17.

③ Arad$_2$-^{d}Nanna dumu Da-da gala, AUCT 1 918（AS 2）.

④ 文献 RA 5 99：Arad$_2$-^{d}Nanna, sukkal-mah, ensi$_2$ Lagaš^{ki}, sagga ^{d}En-ki, šagina U$_2$ ṣa-ar-gar-ša-na^{ki}, šagina Ba-šim-e^{ki}, ensi$_2$ Sa-bu-um^{ki} u$_3$ ma-da Gu-te-bu-um^{ki}-ma, šagina Li-ma-at-^{d}En-lil$_2$-la$_2$, ensi$_2$ A-al-^{d}Šu-^{d}EN. ZU, šagina Ur-bi$_2$-lum^{ki}, ensi$_2$ Ha-ma-zi u$_3$ Kar$_2$-har^{ki}, šagina NI. HI^{ki}, šagina LU$_2$. SU u$_3$ ma-da Kar-da-ka "阿拉德南那，（1）大苏卡尔，（2）拉伽什的总督，（3）恩基神庙的主管，（4）乌察尔加尔沙那的军事总督，（5）帕西美的军事总督，（6）萨布姆与古特布姆地区的总督，（7）里马特恩利拉的军事总督，（8）阿尔舒辛的总督，（9）乌尔比隆的军事总督，（10）哈马兹与卡尔哈尔的总督，（11）尼黑的军事总督，（12）西马什基与卡尔达地区的军事总督"，参见 Walther Sallaberger, "Ur Ⅲ -Zeit", in *Mesopotamien：Akkade-Zeit und Ur Ⅲ -Zeit*, OBO 160/3, Pascal Attinger, Markus Wäfler（eds.）, Freiburg, Schweiz：Universitätsverlag / Göttingen：Vandenhoeck und Ruprecht, 1999, p. 188.

吉美埃安娜（Geme-Eanna）是阿马尔辛的女儿，也是阿拉德南那的儿媳，所以阿拉德南那的身份是驸马的父亲。①

OIP 121 9（Ur Ⅲ, Amar-Suen 2 xii 10, Puzriš-Dagan）

正面

1) 1 gu$_4$ niga
1 头食大麦牛

2) mu kas$_4$-ke$_4$-ne-še$_3$
为诸使节；

3) 2 udu niga
2 只食大麦绵羊

4) 1 gukkal niga
1 只食大麦肥尾绵羊

5) mu A-bi$_2$-si$_2$-um-ti-še$_3$
为阿比西姆提；

6) 3 udu niga
3 只食大麦绵羊

7) mu Geme$_2$-e$_2$-an-na e$_2$-gi$_4$-a
为"大苏卡尔"阿拉德姆的儿

Arad$_2$-mu sukkal-mah-še$_3$
媳妇吉美埃安娜

背面

1) e$_2$-muhaldim-še$_3$
到厨房；

2) 1 udu niga
1 只食大麦绵羊

3) Ra-ši lu$_2$ Zi-da-nu-um^{ki}
为孜达努姆人（统治者）拉西；

4) giri$_3$ Lugal-inim-gi-na sukkal
经办人：使者卢伽尔伊尼姆基纳

5) Arad$_2$-mu maškim
监管人：阿拉德姆。

6) iti u$_4$ 10 ba-zal
第 10 日。

7) ki Lu$_2$-dingir-ra-ta ba-zi
从卢丁吉尔拉处，支出。

8) iti še-sag$_{11}$-ku$_5$
第 12 月。

9) mu^{d}Amar-^{d}Suen lugal-e Ur-bi$_2$-lum^{ki} mu-hul 阿马尔辛 2 年。

左边

1) 8
共计：8（动物）。

另一篇王铭文献记载，阿拉德南那的妻子是埃曼伊利（Eman-ili，见文献 RIME 3/2.01.05.2004），而她并不是公主或王室成员，所以可以推测，阿拉德南那是通过自己儿媳的途径成为驸马的父亲的身份，从而进入乌尔王室的，而乌尔第三王朝的国王们似乎对这位驸马的父亲也委以重

---

① Geme$_2$-e$_2$-an-na e$_2$-gi$_4$-a Arad$_2$-mu sukkal-mah, OIP 121 9（AS 2）；Geme$_2$-e$_2$-an-na e$_2$-gi$_4$-a sukkal-mah, MVN 13 635（AS 6 iv 5）.

任，任命他为"大苏卡尔"（sukkal-mah，大致对应于今天的首相或总理一职），直接领导地方行省，成为地方行省恩西们的直属上司。他通过娶了乌尔王室女子（可能是公主）从而进入乌尔中央，成为乌尔王室的一员，也是由于这一层关系，阿拉德南那进而被委以重任，代表国王直接管辖行省，通过政治联姻将地方权贵或朝中大臣变为乌尔王室的成员或心腹，这成为乌尔王室控制地方的一个十分有效的方式。[1]

三　阿马尔辛之女与尼尔达伽尔之子

尼尔达伽尔（Niridagal，原文：Nir-i$_3$-da-gal$_2$）的身份是将军或军事总督"沙基那"（šagina），他可能负责迪亚拉河流域及两河流域东部靠近埃兰的地区。[2] 据一篇阿马尔辛 7 年的来自温马的文献记载，尼尔达伽尔的儿媳妇是国王阿马尔辛的一个女儿（匿名）。[3]

AAICAB 1/2 pl. 143 1971 – 362（Ur Ⅲ，AS 7，Umma）

正面

1）1 ab$_2$ mu-2　　　　　　　　1 头两年大的母牛

2）igi-kar$_2$ dumu-munus lugal　作为国王的女儿的供给

3）e$_2$-gi$_4$-a Nir-i$_3$-da-gal$_2$　尼尔达伽尔的儿媳妇；

4）ki Kas$_4$-ta　　　　　　　　从卡斯处

5）kišib ensi$_2$　　　　　　　　（温马的）恩西加印（收到了）；

6）Puzur$_4$-Eš$_{18}$-tar$_2$　　　　监管人：骑使普祖尔埃什塔尔

背面

1）ra$_2$-gaba maškim

2）mu Hu-uh$_2$-nu-ri^{ki} ba-hul　阿马尔辛 7 年。

印文

第一栏

---

①　Piotr Michalowski, "Networks of Authority and Power in Ur Ⅲ Times", in *From the 21st Century B. C. to the 21st Century A. D.：Proceedings of the International Conference on Neo-Sumerian Studies Held in Madrid, 22 – 24 July 2010*, S. J. Garfinkle, M. Molina (eds.), Winona Lake：Eisenbrauns, 2013, pp. 169 – 205.

②　Albrecht Goetze, "Šakkanakkus of the Ur Ⅲ Empire", *Journal of Cuneiform Studies* 17 (1963), p. 14.

③

1) ^{d}Amar-^{d}Suen   阿马尔辛

2) nita kal-ga   强大的男人

3) lugal Uri$_5$^{ki}-ma   乌尔之王

4) lugal an-ub-da limmu$_2$-ba   四方之王：

第二栏

1) Ur-^{d}Li$_9$-si$_4$ 乌尔里希

2) ensi$_2$ 温马的恩西

3) Umma^{ki}

4) arad$_2$-zu   （是）您的仆人。

可见，在阿马尔辛统治时期，乌尔王室与地方的军事总督尼尔达伽尔的儿子进行了一次政治联姻，其用意很可能是为了加强对地方的统治，密切与地方权贵的裙带关系。

四　阿马尔辛之女吉美南娜与布乌杜之子

吉美南娜（Geme-Nanna）是阿马尔辛的女儿，乌尔第三王朝的公主。布乌杜（Buwudu，原文：Bu$_3$-u$_2$-du）很可能也是一位地方权贵。据文献记载，布乌杜的儿媳妇就是阿马尔辛的女儿吉美南娜，这次政治婚姻至少发生在舒尔吉46年之前，并且至少持续到阿马尔辛6年。[①]

PDT 2 1068（Ur Ⅲ，Š 46 ix，Puzriš-Dagan）

正面

1) 2. 0. 0 i$_3$-giš gur lugal   2 王家古尔植物油

2) Geme$_2$-^{d}Nanna   为吉美南娜

3) e$_2$-gi$_4$-a Bu$_3$-u$_2$-du   布乌杜的儿媳妇，

4) ša$_3$ Uri$_5$^{ki}-ma   在乌尔；

背面

1) zi-ga Geme$_2$-^{d}Nin-lil$_2$-la$_2$-ka   作为吉美宁利尔的支出，

2) ki Šeš-kal-la-ta   从塞什卡拉处。

[①]　Geme$_2$-^{d}Nanna e$_2$-gi$_4$-a Bu$_3$-u$_2$-du（PDT 2 1068，Š 46）；e$_2$-gi$_4$-a Bu$_3$-u$_2$-du（P332605，AS 1）；Geme$_2$-^{d}Nanna e$_2$-gi$_4$-a Bu$_3$-u$_2$-du（TRU 344，AS 6 iv 6）。

3）iti ezem-mah 第 9 月。

4）mu Ki-maš^{ki} Hu-ur₅-ti^{ki} u₃ 舒尔吉 46 年。

［ma-da-bi］u₄ 1-a ［ba-hul-a］

布乌杜的儿子（不知道具体名字）娶了吉美南娜，布乌杜的儿子成为
乌尔第三王朝的驸马，而布乌杜成了王朝的驸马的父亲。布乌杜通过这次
政治联姻，也成了乌尔的王室成员，发挥了越来越重要的作用，在普兹瑞
什达干的经济文献中布乌杜作为贡品的接收官员以及附属国及地方朝贡
（mu-DU）的负责官员之一。①

五　阿马尔辛之女与卢伽尔马古莱

卢伽尔马古莱（Lugal-magurre）的身份是将军或军事总督（šagina），
在一篇来自普兹瑞什达干的记载了阿马尔辛的女儿的经济文献中，阿马尔
辛的第 9 个女儿的名字没有给出，其身份是卢伽尔马古莱的妻子
（dam）。②

CTMMA 1 17（Ur Ⅲ，Amar-Suen 4 ⅶ 1，Puzriš-Dagan）

正面

第一栏

1）1 udu niga gu₄-e-us₂-sa 1 只食大麦"次于牛"绵羊

2）1 maš₂-gal 1 只山羊

3）^{giš}gu-za ^dŠul-gi-ra 为舒尔吉的圣座，

4）Ša₃-ta-ku₃-zu maškim 监管人：沙塔库祖；

5）1 gu₄ niga 1 头食大麦牛

6）3 udu niga gu₄-e-us₂-sa 3 只食大麦"次于牛"绵羊

① 此外，在温马的信使文献中也出现了布乌杜的名字，不清楚是否与这里所讨论的是同一
个人。

② 这篇文献是一块大的支出文件（阿马尔辛 4 年），其中列出了阿马尔辛的 12 个女儿，可
能是按照长幼顺序排列：（1）Ta₂-din-Eš₁₈-tar₂，（2）^dNin-lil₂-tu-kul-ti，（3）Geme₂-^dNanna，（4）
Pa₄-ki-na-na，（5）Ša-at-^dMa-mi，（6）Nin-he₂-du₇，（7）Geme₂-E₂-an-na，（8）Te-ze₂-en₆-Ma-ma，（9）
dam Lugal-ma₂-gur₈-re，（10）Me-^dIštaran，（11）dam Šar-ru-um-ba-ni，（12）dam Lu₂-^dNanna dumu Ur-
ni₉-gar。

7) 7 udu   7 只绵羊

8) Ta_2-din-$Eš_{18}$-tar_2 为塔丁埃什塔尔；

9) 1 gu_4 niga   1 头食大麦牛

10) 2 udu niga gu_4-e-us_2-sa 2 只食大麦"次于牛"绵羊

11) 1 udu 2 $maš_2$-gal   1 只绵羊、2 只山羊

12) ^{d}Nin-lil_2-tu-kul-ti   为宁利尔图库尔提；

13) 1 gu_4 niga   1 头食大麦牛

14) 2 udu niga gu_4-e-us_2-sa 2 只食大麦"次于牛"绵羊

15) 1 udu 2 $maš_2$-gal   1 只绵羊、2 只山羊

16) $Geme_2$-^{d}Nanna   为吉美南娜；

17) 1 gu_4 niga   1 头食大麦牛

18) 2 udu niga gu_4-e-us_2-sa 2 只食大麦"次于牛"绵羊

19) 1 udu 2 $maš_2$-gal   1 只绵羊、2 只山羊

20) Pa_4-ki-na-na   为帕吉娜娜；

21) 1 gu_4 niga   1 头食大麦牛

22) 2 udu niga gu_4-e-us_2-sa 2 只食大麦"次于牛"绵羊

23) 1 udu 2 $maš_2$-gal   1 只绵羊、2 只山羊

24) Ša-at-^{d}Ma-mi   为沙特玛米；

25) 1 gu_4 niga   1 头食大麦牛

26) 2 udu niga gu_4-e-us_2-sa 2 只食大麦"次于牛"绵羊

27) 1 udu 2 $maš_2$-gal   1 只绵羊、2 只山羊

28) Nin-he_2-du_7 为宁海杜；

29) 1 gu_4 niga   1 头食大麦牛

30) 2 udu niga gu_4-e-us_2-sa 2 只食大麦"次于牛"绵羊

31) 1 udu 2 $maš_2$-gal   1 只绵羊、2 只山羊

第二栏

1) $Geme_2$-E_2-an-na   为吉美埃安娜；

2) 1 gu_4 niga 2 udu niga [gu_4-e-us_2-sa] 1 头食大麦牛、2 只食大麦"次于牛"绵羊

3) 1 udu 2 $maš_2$-gal   1 只绵羊、2 只山羊

4) Te-ze_2-en_6-ma-ma   为泰孜恩玛玛；

5) 1 gu_4 niga 2 udu niga gu_4-e-us_2-sa 1 头食大麦牛、2 只食大麦"次于牛"绵羊

6) 1 udu 2 $maš_2$-gal   1 只绵羊、2 只山羊

98

7）dam Lugal-ma$_2$-gur$_8$-re　　　　　　　　　　为卢伽尔马古莱的妻子；

8）1 gu$_4$ niga 2 udu niga gu$_4$-e-us$_2$-sa　　　1 头食大麦牛、2 只食大麦"次于牛"
　　　　　　　　　　　　　　　　　　　　　　　绵羊

9）1 udu 2 maš$_2$-gal　　　　　　　　　　　　1 只绵羊、2 只山羊

10）Me-^{d}Ištaran　　　　　　　　　　　　　　为美伊什塔兰；

11）1 gu$_4$ niga 2 udu niga gu$_4$-e-us$_2$-sa　　1 头食大麦牛、2 只食大麦"次于牛"
　　　　　　　　　　　　　　　　　　　　　　　绵羊

12）2 udu 1 maš$_2$-gal　　　　　　　　　　　　2 只绵羊、1 只山羊

13）dam Šar-ru-um-ba-ni　　　　　　　　　　　为沙如巴尼的妻子；

14）1 gu$_4$ niga 2 udu niga gu$_4$-e-us$_2$-sa　　1 头食大麦牛、2 只食大麦"次于牛"
　　　　　　　　　　　　　　　　　　　　　　　绵羊

15）2 udu 1 maš$_2$-gal　　　　　　　　　　　　2 只绵羊、1 只山羊

16）dam Lu$_2$-^{d}Nanna dumu Ur-nigar^{gar}　　为乌尔尼伽尔的儿子卢南那的妻子；

17）dumu-munus-me　　　　　　　　　　　　　（她们）都是国王的女儿们。

18）2 udu niga gu$_4$-e-us$_2$-sa　　　　　　　　2 只食大麦"次于牛"绵羊

19）2 udu 1 maš$_2$-gal　　　　　　　　　　　　2 只绵羊、1 只山羊

20）Ki-na-at-nu-nu　　　　　　　　　　　　　为基纳特努努；

21）2 udu niga gu$_4$-e-us$_2$-sa　　　　　　　　2 只食大麦"次于牛"绵羊

22）2 udu 1 maš$_2$-gal　　　　　　　　　　　　2 只绵羊、1 只山羊

23）Ku$_8$-ba-tum　　　　　　　　　　　　　　为库巴图姆；

24）ummeda^{da} lugal-me　　　　　　　　　　（她们）都是国王的乳母。

25）Ri-is-DINGIR ra$_2$-gaba maškim　　　　　　监管人：骑使里斯伊鲁姆。

26）2 gu$_4$ niga 2 udu niga sig$_5$　　　　　　　2 头食大麦牛、2 只食大麦"顶级"
　　　　　　　　　　　　　　　　　　　　　　　绵羊

27）5 udu niga gu$_4$-e-us$_2$-sa　　　　　　　　5 只食大麦"次于牛"绵羊

28）3 udu 2 maš$_2$-gal　　　　　　　　　　　　3 只绵羊、2 只山羊

29）Na-ap-la-nu-um　　　　　　　　　　　　　为纳普拉努姆；

30）2 udu A-bi$_2$-iš-ki-in　　　　　　　　　　2 只绵羊，为阿比什金；

31）2 udu Dan-num$_2$ šeš-a-ni　　　　　　　　2 只绵羊，为他（阿比什金）的兄弟丹
　　　　　　　　　　　　　　　　　　　　　　　努姆；

背面
第一栏

1）2 udu^{d}Šul-gi-a-bi$_2$　　　　　　　　　　2 只绵羊，为舒尔吉阿比；

2）mar-tu-me　　　　　　　　　　　　　　　（他们）都是阿摩利人。

3）1 maš$_2$-gal I-šar-li-bur 　　　　1 只山羊，为伊沙尔利布尔；

4）1 udu Ki-ma-ni 　　　　1 只绵羊，为吉玛尼；

5）1 maš$_2$-gal Si-i$_3$-li$_2$ 　　　　1 只山羊，为西伊里；

6）1 maš$_2$-gal Ba-da-ti-na 　　　　1 只山羊，为巴达提纳；

7）1 maš$_2$-gal Pu-ul-ba-at 　　　　1 只山羊，为普尔巴特；

8）1 maš$_2$-gal Dan-ha-la-ah 　　　　1 只山羊，为丹哈拉赫；

9）1 udu Hu-un-ki-ib-ri 　　　　1 只绵羊，为胡恩基卜里；

10）1 udu Hu-un-^{d}Šul-gi 　　　　1 只绵羊，为胡恩舒尔吉；

11）1 maš$_2$-gal ^{d}Šul-gi-i$_3$-li$_2$ 　　　　1 只山羊，为舒尔吉伊里；

12）2 udu 1 maš$_2$-gal 　　　　2 只绵羊、1 只山羊

13）A-mur-^{d}Šul-gi 　　　　为阿穆尔舒尔吉；

14）1 udu 1 maš$_2$-gal 　　　　1 只绵羊、1 只山羊

15）^{d}Šul-gi-pa-li$_2$-il 　　　　为舒尔吉帕里尔；

16）1 udu 1 maš$_2$-gal 　　　　1 只绵羊、1 只山羊

17）Aq-ba-ia$_3$ 　　　　为阿克巴亚；

18）1 udu Ba-ša-an-ti-ba-at 　　　　1 只绵羊，为巴沙安提巴特；

19）1 udu Mu-lu-uš 　　　　1 只绵羊，为穆卢什；

20）1 gu$_4$ niga 　　　　1 头食大麦牛

21）3 udu 2 maš$_2$-gal 　　　　3 只绵羊、2 只山羊

22）We-du-um lu$_2$-kin-gi$_4$-a Na-du-be-li$_2$ 　　　　为马干的恩西纳杜贝里的使节韦
　　　ensi$_2$ Ma$_2$-gan^{ki} 　　　　杜姆；

23）3 udu 2 maš$_2$-gal 　　　　3 只绵羊、2 只山羊

24）Ma$_2$-za lu$_2$-kin-gi$_4$-a I$_3$-še-bu lu$_2$ 　　　　为达里巴的统治者伊塞布的使节
　　　Da-ri-ba^{ki} 　　　　马扎；

25）1 gu$_4$ niga 　　　　1 头食大麦牛

26）3 udu 2 maš$_2$-gal 　　　　3 只绵羊、2 只山羊

27）Ši-ba-ra-aq lu$_2$ Zi-da-< ah >-ri^{ki} 　　　　为孜达赫里的统治者希巴拉克；

第二栏

1）1 gu$_4$ niga 　　　　1 头食大麦牛

2）3〔udu〕2 maš$_2$-gal 　　　　3 只绵羊、2 只山羊

3）Še-da-ku-ku lu$_2$ Ma-ri$_2$^{ki} 　　　　为马里的统治者塞达库库；

4）1 udu 1 maš$_2$-gal 　　　　1 只绵羊、1 只山羊

5）Zi-nu-gi lu$_2$ Hi-bi$_2$-la-ti^{ki} 　　　　为希比拉提的统治者孜努基；

6）giri$_3$ Ne-［ni］-la sukkal　　　　　经办人：使者奈尼拉。

7）1 gu$_4$ niga 10 udu　　　　　　　　1 头食大麦牛、10 只绵羊

8）Ur-^{d}Ba-u$_2$ maškim　　　　　　　　监管人：乌尔巴乌。

9）1 gu$_4$ niga　　　　　　　　　　　　1 头食大麦牛

10）2 udu niga sig$_5$　　　　　　　　　2 只食大麦"顶级"绵羊

11）3 udu niga gu$_4$-e-us$_2$-sa　　　　　3 只食大麦"次于牛"绵羊

12）5 udu　　　　　　　　　　　　　　5 只绵羊

13）en^{d}Inana　　　　　　　　　　　　为伊南娜神庙 en 女祭司；

14）Arad$_2$-mu maškim　　　　　　　　　监管人：阿拉德姆。

15）ša$_3$ mu-DU a$_2$-ki-ti šu-numun　　　在带来为阿吉提节和舒努姆恩节中。

16）u$_4$ 1-kam　　　　　　　　　　　　第 1 日。

17）ki Ab-ba-sa$_6$-ga-ta　　　　　　　从阿巴萨加处

18）ba-zi　　　　　　　　　　　　　　支出。

19）iti ezem^{d}Šul-gi　　　　　　　　　第 7 月。

20）mu En-mah-gal-an-na en^{d}Nanna ba-hun　　阿马尔辛 4 年。

左边

1）174　　　　　　　　　　　　　　　共计：174（动物）。

所以，卢伽尔马古莱的另一重身份是乌尔第三王朝阿马尔辛统治时期的驸马，通过此次联姻，他的地位也得到了提高，在经济文献中有大量的记载，他与其他王室成员、地方权贵一起作为负责朝贡与税收的主要官员，同时负责支出与接收贡品（maškim 或 giri$_3$官员）。[①] 乌尔第三王朝的王室通过与地方权贵或朝廷大员之间联姻，来巩固王朝的统治，而这些公主们自然也就成为政治婚姻的工具和牺牲品。

----

　　① 注意：在古代两河流域的人名中，女子如果嫁为人妻之后，在文献中一般很少再出现原来的名字，而是出现她们丈夫或她丈夫的父亲（公公）的名字，这些妇女被称为"（其丈夫）的妻子"，具体到乌尔第三王朝的文献，尤其是经济行政文献里，也是遵循着这一条规则，这是为了突出她们夫家的地位与家族荣耀，如果她们公公在世，并且其地位大于她们丈夫的地位，文献中往往只出现她们公公的名字，她们被称为是她们公公的儿媳妇（e$_2$-gi$_4$-a），如果她们丈夫的地位大或者公公已经去世，那么文献中一般出现她们丈夫的名字，她们被称为是她们丈夫的妻子（dam），参见 Frauke Weiershäuser, *Die königlichen Frauen der Ⅲ. Dynastie von Ur*, Göttinger Beiträge zum Alten Orient, Band 1, Göttingen：Universitätsverlag Göttingen, 2008, p. 265。

六　阿马尔辛之女与沙如巴尼

沙如巴尼（Sharrum-bani）是阿皮亚克行省的总督，后来在舒辛 4 年负责修建阿摩利长城"穆里克提德尼姆"（Muriq-Tidnim）。[①] 在阿马尔辛 4 年的一篇文献（CTMMA 1 17）中，沙如巴尼的妻子是阿马尔辛的女儿，大概是阿马尔辛的第 11 位女儿。

很可能，沙如巴尼在和乌尔公主政治联姻之前，是作为地方行省的总督，在联姻之后加入了乌尔的王室，被委以重任，随着阿马尔辛统治后期阿摩利人大量移民所造成的安全隐患，以及阿摩利人在舒辛统治时期对乌尔第三王朝西北部边疆的威胁，舒辛于是委任沙如巴尼全权负责修建阿摩利长城，以防止阿摩利人的入侵，这项重大的工程被记录在了舒辛 4 年的年名中：mu ^{d}Šu-^{d}EN. ZU lugal Uri$_5$^{ki}-ma-ke$_4$ bad$_3$ mar-tu Mu-ri-iq-ti-id-ni-im mu-du$_3$ "乌尔国王舒辛建造阿摩利长城'穆里克提德尼姆'之年"。沙如巴尼能够负责修建对于王朝生死攸关的工程，足见得乌尔王室对他的重视与信任，更显示出乌尔第三王朝统治者任人唯亲的治国特色。

七　阿马尔辛之女与乌尔尼加尔之子卢南那

乌尔尼加尔（Ur-nigar）之子卢南那（Lu-Nanna）娶了阿马尔辛的一个女儿（匿名），应该是阿马尔辛的第 12 个女儿，也是最小的女儿。卢南那的妻子出现在了一篇记载乌尔尼加尔和卢南那这两个名字都是乌尔第三王朝非常普通的名字，重名的人太多。[②] 这里的卢南那的身份很可能是粮仓督监（ka-guru$_7$），而他的儿子乌尔尼加尔的身份很可能是军事总督

---

① Albrecht Goetze, "Šakkanakkus of the Ur Ⅲ Empire", *Journal of Cuneiform Studies* 17 (1963), p. 15.

② 注意 Lu$_2$-^{d}Nanna dumu Nam-ha-ni ensi$_2$ Ha-ma-zi$_2$^{ki} （MVN 3 217），这个 Lu-Nanna 不等于这里的，但是米哈诺夫斯基在其作品中错误地认为两个 Lu-Nanna 是一个人，认为这里的 Lu-Nanna 是哈马兹的，其实不是，关于这里的 Lu-Nanna 来自哪里，我们也不知道，参见在 Piotr Michalowski, "Networks of Authority and Power in Ur Ⅲ Times", in *From the 21st Century B. C. to the 21st Century A. D. : Proceedings of the International Conference on Sumerian Studies Held in Madrid 22 – 24 July 2010*, Steven Garfinkle and Manuel Molina (eds.), Winona Lake: Eisenbrauns, 2013, p. 172.

（šagina）或神庙主管（šabra）。① 这次政治联姻发生于阿马尔辛4年之前。卢南那的妻子（乌尔公主）作为牲畜的接收者，还出现在了阿马尔辛7年的一篇文献中。② 此外，乌尔尼加尔之子卢南那还出现在其他的经济文献中。③

八　阿马尔辛之女沙特马米与大苏卡尔舒阿达德

沙特马米（Shat-Mami，原文：Ša-at-^{d}Ma-mi）是阿马尔辛的女儿，很可能是第5个女儿，她嫁给了舒阿达德（Shu-Adad）之子暨大苏卡尔（sukkal-mah）。④ 这里的匿名大苏卡尔很可能不是著名的大苏卡尔阿拉德南那，因为阿拉德南那的儿子娶了阿马尔辛的女儿，按照常理阿拉德南那不可能再次娶阿马尔辛的女儿了，即使是另一个女儿也不合常理，而且阿拉德南那也不可能是舒阿拉德之子，所以阿拉德南那可以排除。这里的大苏卡尔很可能是阿拉德南那卸任之后的一位匿名官员。⑤

九　阿马尔辛之女宁海杜与将军哈希卜阿塔尔之子

宁海杜（Nin-hedu，原文：Nin-he$_2$-du）是阿马尔辛的女儿，可能是第6个女儿。她嫁给了军事总督或将军哈希卜阿塔尔（Hashib-atal）的儿子（名字不详）。在一篇文献中记载了，宁海杜是哈希卜阿塔尔的儿媳妇（e$_2$-gi$_4$-a）。

TRU 110（Ur Ⅲ，Šulgi 47 xii 4，Puzriš-Dagan）

正面

1）3 gu$_4$ gun$_3$-a niga　　　　　　　　3头食大麦杂色公牛

---

① Albrecht Goetze, "Šakkanakkus of the Ur Ⅲ Empire", *Journal of Cuneiform Studies* 17 (1963), pp. 16 – 17.

② dam Lu$_2$-^{d}Nanna dumu Ur-ni$_9$-gar, P453103（AS 7, ba-zi）.

③ BIN 3 505（Š 47, PD, mu-DU）, Princeton 2 414（AS 3, mu-DU）, JCS 17 21 YBC 13087（AS 7, Umma）, BCT 2 107（SS 5, Umma）, Princeton 1 204（XX, Umma）, UDT 91（XX, PD）.

④ Douglas Frayne, *Ur Ⅲ Period（2112 – 2004 BC）*, RIME 3/2, Toronto：University of Toronto Press, 1997, p. 267.

⑤ 但是据一篇乌尔第三王朝经济文献（日期、地点不详）记载，阿拉德姆（即阿拉德南那）是舒阿达德的儿子（Arad$_2$-mu dumu Šu-^{d}Iškur, AfO 25 pl. 5 Boellinger 4）。

2）2 ab₂ gun₃-a niga 　　　　　　　　2 头食大麦杂色母牛

3）28 udu a-lum niga 　　　　　　　　28 只食大麦长尾绵羊

4）2 maš₂-gal 1 maš₂ su₄ 　　　　　　2 只山羊、1 只红色山羊羔

5）Ha-ši-pa₂-tal 　　　　　　　　　　为哈希卜阿塔尔；

6）3 gu₄ niga 30 udu 　　　　　　　　3 头食大麦牛、30 只绵羊

7）Nin-he₂-du₇ e₂-gi₄-a Ha-ši-pa₂-tal 　为哈希卜阿塔尔的儿媳妇宁海杜；

8）1 sila₄ Lugal-an-na-ab-tum₂ 　　　1 只绵羊羔，为卢伽尔安纳卜图姆；

9）2 sila₄ Šeš-Da-da sanga 　　　　　2 只绵羊羔，为神庙主管塞什达达；

10）1 sila₄ ensi₂ Nibru^ki 　　　　　　1 只绵羊羔，为尼普尔总督；

11）1 sila₄ Šeš-zi-mu 　　　　　　　　1 只绵羊羔，为塞什孜姆；

背面

1）1 sila₄ DINGIR-dan 　　　　　　　1 只绵羊羔，为伊鲁姆丹；

2）1 sila₄ Ad-da-kal-la 　　　　　　　1 只绵羊羔，为阿达卡拉；

3）2 gu₄ niga 1 šeg₉-bar nita₂ 　　　　2 头食大麦牛、1 只公野鹿

4）1 šeg₉-bar munus 18 udu 　　　　　1 只母野鹿、18 只绵羊

5）1 maš₂-gal 1 sila₄ 　　　　　　　　1 只山羊、1 只绵羊羔

6）I-gi₄-ha-lum 　　　　　　　　　　为伊吉哈鲁姆；

7）2 amar az zabar-dab₅ 　　　　　　2 只熊崽，为"扎巴尔达布"；

8）mu-DU Na-sa₆ i₃-dab₅ 　　　　　　带来，那萨收到了。

9）iti še-sag₁₁-ku₅ 　　　　　　　　　第 12 月。

10）mu us₂-sa Ki-maš^ki ba-hul 　　　舒尔吉 47 年。

左边

1）u₄ 4-kam ša₃ Nibru^ki 　　　　　　第 4 日。在尼普尔。

　　哈希卜阿塔尔的身份是阿拉帕（Arrapha）的将军。[①] 乌尔王室将公主嫁给了地方权贵的儿子，也是为了维护统治的主要表现，为了得到地方支持与拥护，采取政治联姻的方式是比较可行的。

十　阿马尔辛之子阿米尔舒尔吉与达达之女

　　除了乌尔公主被嫁给地方权贵官吏或其儿子之外，乌尔第三王朝的另

---

① 见文献 PDT 1 166（AS 5 v 25）；一说哈希帕塔尔是马尔哈西的统治者（mu Ha-ši-pa₂-tal, lu₂ Mar-ha-ši^ki，u₃ ama Kiš-še-er-še₃，BIN 3 12，Š 46 ix 18）。

一种内部政治婚姻的方式是乌尔王子迎娶地方权贵的女儿为妻，通过这种方式的联姻，地方权贵进入乌尔中央统治集团，成为乌尔王室成员及亲属。

据一篇文献记载，阿马尔辛的儿子阿米尔舒尔吉王子的婚礼被送到哀歌手达达的家里。揭露了一场政治婚姻的发生，很可能是王子阿米尔舒尔吉娶了达达的女儿，达达凭此成为国丈，进入到乌尔中央管理层。

AUCT 1 418（Ur Ⅲ，Amar-Suen 2 ⅷ 25，Puzriš-Dagan）

正面

1）8 gu$_4$ 2 ab$_2$	8 头公牛、2 头母牛
2）nig$_2$-mu$_{10}$-us$_2$-sa$_2$ A-mi-ir-^{d}Šul-gi dumu lugal	作为国王的儿子阿米尔舒尔吉的婚礼
3）e$_2$ Da-da gala-še$_3$	到哀歌手达达的家；
4）3 gu$_4$ 3 ab$_2$	3 头公牛、3 头母牛
5）36 udu	36 只公绵羊
6）27 gukkal	27 只肥尾公绵羊
7）20-la$_2$-1 u8	19 只母绵羊
8）36 U$_8$ + HUL$_2$	36 只肥尾母绵羊
9）24 maš$_2$	24 只公山羊

背面

1）38 ud$_5$	38 只母山羊
2）šu-gid$_2$ e$_2$-muhaldim-še$_3$	"舒基德"，到厨房，
3）mu aga$_3$-us$_2$-e-ne-še$_3$	为士兵们；
4）Arad$_2$-mu maškim	监管人：阿拉德姆。
5）u$_4$ 25-kam	第 25 日。
6）ki Ab-ba-sa$_6$-ga-ta ba-zi	从阿巴萨加处，支出。
7）iti šu-eš-ša	第 8 月。
8）mu^{d}Amar-^{d}Suen lugal-e［Ur-bi$_2$-lum］^{ki} mu-hul	阿马尔辛 2 年。

左边

1）196	共计：196（动物）。

十一 阿马尔辛之子乌尔巴巴与卢宁舒布尔之女

乌尔巴巴是阿马尔辛的儿子，乌尔的王子，他娶了天神安神庙的主管卢宁舒布尔的女儿，他的结婚礼物被送到了卢宁舒布尔的家里。

MVN 3 232（Ur Ⅲ，Amar-Suen 6 x 14，Puzriš-Dagan）

正面

1）6 udu	6 只绵羊
2）10-la$_2$-1 maš$_2$-gal	9 只山羊
3）nig$_2$-mu$_{10}$-us$_2$-sa$_2$ Ur-^{d}Ba-u$_2$ dumu lugal	作为国王的儿子乌尔巴乌的婚礼，
4）e$_2$ Lu-^{d}Nin-šubur šabra An-na-še$_3$	到安神庙主管卢宁舒布尔的家；
5）Ri-is-DINGIR ra$_2$-gaba maškim	监管人：骑使里斯伊鲁姆。

背面

1）u$_4$ 14-kam	第 14 日。
2）ki In-ta-e$_3$-a-ta	从因塔埃阿处
3）ba-zi	支出。
4）iti ezem An-na	第 10 月。
5）mu Ša-aš-ru^{ki} ba-hul	阿马尔辛 6 年。

左边

1）15 udu	共计：15 只羊。

十二　阿马尔辛之子伊尼姆南那与胡巴亚之女

胡巴亚（Hubaya）的身份是军事总督或将军（šagina），可能来自西乌米城（Siummi，原文：Si-um-mi^{ki}），他可能是胡里人。[1] 乌尔第三王朝国王阿马尔辛的儿子伊尼姆南那（Inim-Nanna）娶了胡巴亚的一个女儿（匿名）。[2] 这次政治婚姻使胡巴亚的地位上升，成为乌尔王朝的高级官吏。

TCL 2 5563（Ur Ⅲ，Amar-Suen 1 i 30，Puzriš-Dagan）

正面

1）1 sila$_4$ ^{d}En-lil$_2$	1 只绵羊羔，为恩利尔，

---

[1] Albrecht Goetze, "Šakkanakkus of the Ur Ⅲ Empire", *Journal of Cuneiform Studies* 17 (1963), p. 13.

[2] nig$_2$-mi$_2$-us$_2$-sa Inim-^{d}Nanna dumu lugal e$_2$ Hu-ba-a-še$_3$, TCL 2 5563, JCS 11 77（AS 4），TCL 2 5563.

2）1 sila$_4$ ^{d}Nin-lil$_2$ 　　　　　　　1 只绵羊羔，为宁利尔，

3）mu-DU Šu-^{d}Suen 　　　　　　　由舒辛带来；

4）1 sila$_4$ ^{d}En-lil$_2$ 　　　　　　　1 只绵羊羔，为恩利尔，

5）1 sila$_4$ ^{d}Nin-lil$_2$ 　　　　　　　1 只绵羊羔，为宁利尔，

6）mu-DU Šeš-Da-da sanga 　　　　由神庙主管塞什达达带来；

7）zabar-dab$_5$ maškim 　　　　　　监管人："扎巴尔达布"；

8）10 udu 10 maš$_2$ 　　　　　　　10 只绵羊、10 只山羊

背面

1）nig$_2$-mu$_{10}$-us$_2$-sa$_2$ Inim-^{d}Nanna dumu lugal 　作为国王的儿子伊尼姆南那的婚礼，

2）e$_2$ Hu-ba-a-še$_3$ 　　　　　　　到胡巴亚的家；

3）Arad$_2$-mu maškim 　　　　　　　监管人：阿拉德姆；

4）1 gu$_4$ 1 gu$_4$ mu-2 　　　　　　1 头公牛、1 头两年大的公牛

5）1 ab$_2$ 1 ab$_2$ amar ga 　　　　　1 头母牛、1 头吃奶母牛崽

6）šu-gid$_2$ e$_2$-muhaldim-še$_3$ 　　　"舒基德"，到厨房；

7）u$_4$ 3-kam 　　　　　　　　　　第 3 日，

8）ki Na-sa$_6$-ta ba-［zi］ 　　　　　从那萨处，支出。

9）iti maš-da$_3$-gu$_7$ 　　　　　　　第 1 月。

10）mu^{d}Amar-^{d}Suen lugal 　　　　阿马尔辛 1 年。

　　乌尔第三王朝的政治婚姻政策贯穿王朝发展的始终，是王朝统治的一项重要策略。从政治婚姻的目的来看，王朝外部政治婚姻主要是为外交关系和对外征服战争服务，乌尔第三王朝通过政治联姻的方式来结交军事同盟，实现其外交策略，乌尔与马里的政治联姻很好地证明了这一点。不过，乌尔与东部埃兰诸国的政治联姻，似乎更多的是一种缓兵之计，或者说是一种暂时的、不牢固的外交策略，埃兰地区和乌尔第三王朝的关系错综复杂，时战时和，一时的政治联姻或许只能维持一段时间，甚至是很短的时间，比如舒尔吉在其第 30 年和埃兰地区的安山缔结政治联姻，但是在短短的 4 年之后，舒尔吉即出兵埃兰，两国关系破裂，政治联姻显然没有起到其应有的目的和作用。此外，对于王朝内部政治婚姻而言，其主要的目的无非是为了加强中央与地方的联系，将有权势的地方势力通过政治联姻的方式拉拢到乌尔王庭，加强中央政府对地方的控制，这一政策在第三位国王阿马尔辛

统治时期表现得尤为突出，阿马尔辛将自己的诸多女儿不是远嫁到外国，而是嫁给了地方权贵，此外他也令自己的儿子娶地方权贵的女儿，通过这两种联姻方式来加强乌尔王廷同地方权贵的姻亲关系，达到对其控制的目的。

乌尔第三王朝的政治婚姻还有其自身的特点。一是多元化，即王朝外部政治婚姻和王朝内部 政治婚姻并存，同时乌尔的国王、王子以及公主都卷入政治婚姻中，不但乌尔的公主外嫁邻国或嫁于乌尔权贵，而且乌尔的国王自身也迎娶外国公主，并且给其子即乌尔王子也许配外国公主或地方权贵之女，多种政治联姻方式一同构成了乌尔第三王朝的主要外交和内政策略。二是全方位，涉及乌尔第三王朝的外部政治婚姻的国家或城邦，按空间方位可以划分为以下几个类别，即西北部的马里，北部的西马农、尼尼微和乌尔比隆，东北部的扎卜沙里、哈马兹和西格里什，东南部的马尔哈西、安山、帕西美和阿丹顿等。通过政治联姻的方式，乌尔第三王朝对周边地区采取了不同的外交政策，对于阿摩利人聚集的叙利亚地区，它采取了一味友好和平的外交态度，对阿摩利人大量移民两河流域不仅不禁止，反而一味纵容。同时，乌尔还同叙利亚地区的马里保持着友好的外交关系，马里也从未被乌尔征服过，始终保持着独立状态。相反，乌尔第三王朝把对外征服的重心转到了东方的埃兰地区，在历代的乌尔第三王朝国王的年名中，都有对埃兰地区大肆用兵的记录，虽然偶尔乌尔也和埃兰有过和平的外交关系，但是战争是这两个战争实体之间更加常见的关系状态，甚至直到乌尔第三王朝末年，也是东部的埃兰人最终攻克乌尔，成了乌尔第三王朝的掘墓人。在政治联姻的方式上，西部（马里）和北部（埃什努那、尼尼微）地区，主要方式是乌尔国王迎娶外国的公主或权贵的女儿为妻（王后）。而在东部埃兰地区，主要方式则是乌尔的公主外嫁给外国的统治者或其子。三是不稳定性，主要表现为外部联姻，尤其是乌尔与埃兰地区诸国的联姻，并没有完全达到和亲的目的，没有发挥足够的作用，同时乌尔对这些地区常年进行征服战争，可以说，在对待埃兰的问题上，战争是主流，而政治联姻只是为了战争服务，甚至有时是不得已而为之的下策，所以表现出不稳定性也不足为怪。最后，乌尔第三王朝的政治婚姻严重受到王朝内政外交方针的影响。当舒尔吉时期王朝百废待兴时，采取外部政治联姻缓和同邻国之间的外交关系，以避免四面受敌的局面。

到了阿马尔辛时期，王朝国力强盛，不再担心外部势力，于是政治联姻由外转内，处理国内矛盾。而到舒辛和伊比辛时期，外部威胁再次增强，同时乌尔国力渐微，不得不再次采取外部政治联姻，以达到处理外交关系的目的。

第四章　古亚述－古巴比伦时期的政治婚姻

古亚述时期（Old Assyrian Period，大约公元前 20 世纪—前 14 世纪）通常指自乌尔第三王朝灭亡，普朱尔阿舒尔一世（Puzur-Ashur Ⅰ）建立的古亚述（阿舒尔）城邦在小亚细亚进行殖民贸易，经沙姆西阿达德一世的"上美索不达米亚王国"，到古亚述最后一位国王阿舒尔那丁阿赫二世（Ashur-nadin-ahhe Ⅱ）统治结束为止的历史时期，其统治区域大多是在两河流域北部的亚述地区。①

古巴比伦时期（Old Babylonian Period，公元前 2003—前 1595 年）通常指自乌尔第三王朝灭亡，经伊新－拉尔萨王朝，到巴比伦第一王朝（或称古巴比伦王国）结束的历史时期，其统治区域大多是在两河流域南部的巴比伦尼亚地区。② 由于古亚述时期和古巴比伦时期在年代时间上大致相同，所以又可以合称为古亚述－古巴比伦时期，在时间上大致自公元前 20

---

① 关于古亚述时期，参见 Mogens T. Larsen, *Old Assyrian Caravan Procedures*, Istanbul：Nederlands Historisch-Archaeologisch Instituut in het Nabije Oosten, 1967；Mogens T. Larsen, *The Old Assyrian City-State and Its Colonies*, Mesopotamia：Copenhagen Studies in Assyriology 4, Copenhagen：Akademisk Forlag, 1976；Cecile Michel, *Old Assyrian Bibliography：Of Cuneiform Texts, Bullae, Seals and the Results of the Excavations at Aššur, Kültepe/Kaniš, Acemhöyük, Alisar and Bogazköy*, Leiden：Nederlands Instituut voor het Nabije Oosten, 2003；Klaas R. Veenhof and Jesper Eidem, *Mesopotamia：The Old Assyrian Period*, Orbis Biblicus et Orientalis 160/5, Fribourg：Academic Press / Göttingen：Vandenhoeck & Ruprecht, 2008；史孝文、李海峰《卡尼什城的考古发掘与古亚述学研究》，《史学集刊》2018 年第 1 期。

② Douglas Frayne, *Old Babylonian Period（2003 – 1595 BC）*, The Royal Inscriptions of Mesopotamia Early Periods 4, Toronto：University of Toronto Press, 1990；Dominique Charpin, Dietz O. Edzard and Marten Stol, *Mesopotamien：Die altbabylonische Zeit*, Orbis Biblicus et Orientalis 160/4, Fribourg：Academic Press / Göttingen：Vandenhoeck & Ruprecht, 2004.

世纪到公元前 15 世纪，一共经历了 5 个世纪左右，由于主要的统治者是阿摩利人，所以这一时期又被称为阿摩利文明或阿摩利化。① 古亚述－古巴比伦时期，前承古老的苏美尔－阿卡德文明，下启中东国家化最为活跃的中亚述－中巴比伦时期，是古代两河流域自城邦体制到帝国体制演变的重要过渡时期。

第一节　古亚述－古巴比伦时期概况

古亚述－古巴比伦时期是古代中东历史上第一次列国并立、争霸战争与思想文化碰撞交流的时期。这一时期不仅是在两河流域地区由统一转到分裂，甚至在整个中东地区，包括北非的埃及、小亚的赫梯、东地中海沿岸的叙利亚巴勒斯坦地区以及伊朗高原等，都处于一个直接接触交流的时代，人员多方向流动、远途贸易活跃繁荣、多种文明文化交流碰撞，使得这个时期凸显出十分独特的时代烙印。与之前早王朝时期的城邦分立不同，古亚述－古巴比伦时期的列国分立的范围从两河流域扩展到整个中东地区，从早王朝时期的相对封闭的小规模争霸冲突，演变成整个中东地区的国际外交冲突与争霸战争。要弄清楚这一时期的政治婚姻特征与内涵，就不能脱离这个时代大背景，反过来说，古亚述－古巴比伦时期的政治婚姻也凸显了这一时期的时代背景与时代特色。

公元前 2004 年，埃兰人灭亡乌尔第三王朝后没有在两河流域停留，原先乌尔第三王朝伊新行省的总督伊什比埃拉（Ishbi-Erra，公元前2017—前 1985 年在位）攫取了两河流域南部的统治权，自称"苏美尔语阿卡德之王"，建立了伊新王朝（史称伊新第一王朝，公元前 2017—

---

① 关于阿摩利人概况，参见 D. O. Edzard, "Martu（Mardu）. B. Bevölkerungsgruppe", D. O. Edzard（ed.）, *Reallexikon der Assyriologie und Vorderasiatischen Archäologi* 7, Berlin and New York: Walter de Gruyter, 1987 – 1990, pp. 438 – 440；关于乌尔第三王朝的阿摩利人，参见 G. Buccellati, *The Amorites of the Ur III Period*, Naples: Istituto Orientale di Napoli, 1966；关于古巴比伦时期的阿摩利人，参见 R. de Boer, *Amorites in the Early Old Babylonian Period*, PhD dissertation, Leiden University, 2014。

前 1794 年），自诩为乌尔第三王朝和苏美尔文明的继承者。[①] 伊新王朝在第 5 王里皮特伊什塔尔（Lipit-Ishtar，公元前 1934—前 1924 年在位）统治时期达到顶峰，他编制了著名的《里皮特伊什塔尔法典》（*Code of Lipit-Ištar*），[②] 成为后来《汉谟拉比法典》的雏形，但是在此之后伊新受到了更南方的拉尔萨城邦的威胁，伊新和拉尔萨之后连续进行了若干战争。公元前 1794 年，伊新末王达米可伊利舒（Damiq-ilishu）被拉尔萨国王瑞姆辛（Rim-Sin，或称瑞姆辛一世 Rim-Sin Ⅰ，公元前 1822—前 1763 年在位）打败，伊新被拉尔萨灭亡，两河流域南部归拉尔萨所有。[③] 公元前 1763 年，拉尔萨被巴比伦的汉谟拉比灭亡。伊新王朝和拉尔萨王朝合称为伊新－拉尔萨时期，又称为古巴比伦早期或前期（Early Old Babylonian period），以区别于汉谟拉比统一两河流域之后的古巴比伦王国（或古巴比伦帝国）。

除了伊新和拉尔萨外，这一时期两河流域南部还存在有其他城邦，比如辛卡施德（Sin-kashid，公元前 1885—前 1802 年在位）建立的乌鲁克第六王朝（公元前 1885—前 1802 年）。在两河流域中部地区，公元前 1894 年，阿摩利人苏穆阿布穆（Shumu-abum，公元前 1894—前 1881 年在位）建立了古巴比伦王国，一开始只是局限于巴比伦城周围的一个不起眼的小城邦，后来在汉谟拉比统治时期，陆续消灭其他邦国，完成了两河流域的

---

① 关于伊新王朝，参见 C. J. Gadd, "Babylonia, 2120 – 1800 B. C. ", in I. E. S. Edwards, C. J. Gadd, N. G. L. Hammond (eds.), *The Cambridge Ancient History Volume 1*, *Part 2*: *Early History of the Middle East*, Cambridge University Press, 1971, pp. 612 – 615; Marc van de Mieroop, *Crafts in the Early Isin Period*: *A Study of the Isin Craft Archive from the Reigns of Ishbi-Erra and Shu-Ilishu*, Orientalia Lovaniensia Analecta 24, Leuven: Department Oriëntalistiek, 1987; Marcel Sigrist, *Isin Year Names*, Berrien Springs: Andrews University Press, 1988; Piotr Michalowski, "Isin", in *The Encyclopedia of Ancient History*, Blackwell Publishing, 2013; Peeter Espak, "The Dynasty of Isin", in Peeter Espak (ed.), *The God Enki in Sumerian Royal Ideology and Mythology*, Wiesbaden: Harrassowitz, 2015, pp. 72 – 102.

② Francis R. Steele, "The Lipit-Ishtar Law Code", *American Journal of Archaeology* 51/2 (1947), pp. 158 – 164; Martha T. Roth, *Law Collections from Mesopotamia and Asia Minor*, Second Edition, Atlanta: Scholars Press, 1997, pp. 23 – 35; 李海峰、曾秦：《〈里皮特－伊什塔尔法典〉译释》，《历史教学问题》2019 年第 6 期。

③ 关于拉尔萨王朝，参见 Marc van de Mieroop, "The Reign of Rim-Sin", *Revue d' Assyriologie et d' archéologie orientale* 87/1 (1993), pp. 47 – 69; Madeleine A. Fitzgerald, *The Rulers of Larsa*, Ph. D. dissertation, Yale University, 2002; Peeter Espak, "The Dynasty of Larsa", in Peeter Espak (ed.), *The God Enki in Sumerian Royal Ideology and Mythology*, Wiesbaden: Harrassowitz, 2015, pp. 103 – 121.

自乌尔第三王朝之后的又一次统一。公元前 1595 年，古巴比伦王国被小亚细亚的赫梯帝国所灭。在迪亚拉河流域，存在有重要城邦埃什努那，它一开始是乌尔第三王朝的一个行省，后来短暂隶属于伊朗的埃兰人统治，赶走埃兰人后开始走向强大，到国王达杜沙（Dadusha）、伊巴勒皮埃勒二世（Ibal-pi-El Ⅱ）统治时期，埃什努那成为两河流域中部的强邦，一度对两河流域霸权虎视眈眈，到末王茨里辛（Silli-Sin）时期，埃什努那成了巴比伦的主要敌人之一，最终于公元前 1762 年被巴比伦的汉谟拉比所灭。[①]这一时期位于中东地区的其他强国还有伊朗西部的埃兰和苏萨，两河流域北部的亚述，叙利亚地区的马里[②]与延哈德等。

除了以上这些大国大邦之外，在这一时期的中东还存在有数百个小城邦，它们要么位于边远地带，远离强邦的威胁，要么依附于一个或数个强邦，过着寄人篱下的日子，最终也免不了成了强邦的嘴上肉，这些小城邦中涉及政治婚姻的有图如库、喀特那、腊皮库、曼基苏、舒沙拉和哈那[③]等。

第二节　伊新王朝的政治婚姻

乌尔第三王朝最后一位国王伊比辛统治的第 8 年，伊新行省总督（en-si_2）伊什比埃拉脱离乌尔王朝统治独立，定都伊新城（楔形文字：I_3-si-in^{ki}，今伊拉克卡迪西亚省伊山艾尔巴利亚特 Ishan al-Bahriyat 遗址），[④] 建立了伊新王朝（史称伊新第一王朝）。王朝共历 15 王 224 年，历任统治者列表如下：

1. 伊什比埃拉（Ishbi-Erra，公元前 2017—前 1985 年在位）

---

① 关于汉谟拉比的事迹，参见 Dominique Charpin, *Hammu-Rabi de Babylone*, Paris：Presses Universitaires de France, 2003；Marc Van De Mieroop, *King Hammurabi of Babylon：A Biography*, Oxford：Blackwell Publishing, 2005；Judith Levin, *Hammurabi*, New York：Infobase Publishing, 2009.

② Daniel Bodi, *The Michal Affair from Zimri-lim to the Rabbis*, Hebrew Bible Monographs 3, Sheffield：Sheffield Phoenix Press, 2005, p. 83, 91, 104；Bernard Frank Batto, *Studies on Women at Mari*, Baltimore and London：The Johns Hopkins University Press, 1974, pp. 52－53.

③ Amanda H. Podany, *The Land of Hana：Kings, Chronology, and Scribal Tradition*, Bethesda：CDL Press, 2002.

④ 关于"伊新"的读音，参见 Piotr Steinkeller, "A Note on the Reading of the Name of Isin", *Journal of Cuneiform Studies* 30/3 (1978), pp. 168－169。

2. 舒伊利舒（Shu-ilishu，公元前 1984—前 1975 年在位）

3. 伊丁达干（Iddin-Dagan，公元前 1974—前 1954 年在位）

4. 里皮特伊什塔尔（Lipit-Ishtar，公元前 1934—前 1924 年在位）

5. 乌尔尼努尔塔（Ur-Ninurta，公元前 1923—前 1896 年在位）

6. 布尔辛（Bur-Sin，公元前 1895—前 1874 年在位）

7. 里皮特恩利尔（Lipit-Enlil，公元前 1873—前 1869 年在位）

8. 埃拉伊米提（Erra-imitti，公元前 1868—前 1861 年在位）

9. 恩利尔巴尼（Enlil-bani，公元前 1860—前 1837 年在位）

10. 占比亚（Zambia，公元前 1836—前 1834 年在位）

11. 伊特尔皮沙（Iter-pisha，公元前 1833—前 1831 年在位）

12. 乌尔杜库加（Ur-dukuga，公元前 1830—前 1828 年在位）

13. 辛马吉尔（Sin-magir，公元前 1827—前 1817 年在位）

14. 达米可伊利舒（Damiq-ilishu，公元前 1816—前 1794 年在位）

伊新王朝统治者以乌尔第三王朝与苏美尔文明的继承者自居，苏美尔语为官方语言，著名的《苏美尔王表》（*Sumerian King List*）[①] 很可能是写于伊新王朝时期，[②] 此外在尼普尔发掘出土了大量的苏美尔文学作品也是伊新时期创作或复制抄写的，这为保留和传承苏美尔文明做出了巨大的贡献。公元前 1794 年，伊新王朝被拉尔萨王朝所灭（如图 4.1 所示）。

伊新王朝时期的政治婚姻见于文献史料的目前只有一次，即伊新国王伊什比埃拉把自己的女儿利布尔尼如姆（Libur-nirum，Li-bur-ni-rum）嫁给了埃兰统治者胡特兰坦提（Hutran-temti，又称 Hutran-tepti）的孙子、胡巴

---

① Thorkild Jacobsen, *The Sumerian King List*, Assyriological Studies 11, Chicago: University of Chicago Press, 1939; Piotr Michalowski, "History as Charter Some Observation on the Sumerian King List", *Journal of the American Oriental Society* 103/1 (1983), pp. 237 – 248; Jöran Friberg, "The Beginning and the End of the Sumerian King List", in Jöran Friberg (ed.), *A Remarkable Collection of Babylonian Mathematical Texts: Sources and Studies in the History of Mathematics and Physical Sciences*, New York: Springer, 2007, pp. 231 – 243; Gianni Marchesi, "The Sumerian King List and the Early History of Mesopotamia", *Quaderni di Vicino Oriente* 5 (2010), pp. 231 – 248; 雅各布森编，郑殿华译：《苏美尔王表》，生活·读书·新知三联书店 1989 年版；王光胜：《浅析〈苏美尔王表〉中的不可信数字》，《外国问题研究》2019 年第 4 期。

② M. B. Rowton, "The Date of the Sumerian King List", *Journal of Near Eastern Studies* 19/2 (1960), pp. 156 – 162. 不同观点见 Pitor Steinkeller, "An Ur Ⅲ Manuscript of the Sumerian King List", in W. Sallaberger, et al (eds.), *Literatur, Politik und Reicht in Mesopotamien: Festschrift für Claus Wilcke*, Harrassowitz Verlag, 2003, pp. 267 – 292.

西姆提（Huba-simti）的儿子苏胡什金（Suhush-kin）。[①]

BIN 9 438（Early Old Babylonian, Ishbi-Erra 15--3, Isin）

正面

1）1 ^{giš}gu-za munus ^{giš}dur$_2$ ku$_3$-babbar gar-ra

　　1 个木板嵌白银制的座椅

2）10 gin$_2$ še-gin$_2$-bi

　　它的重量是 10 舍客勒，

3）5 gin$_2$ kuš gu$_4$ Ku-ša-nu-um

　　5 舍客勒牛皮，为库沙努姆；

4）2/3 kuš udu babbar 1 kuš udu^{u2} hab$_2$ ba-a-si

　　2/3 个白色绵羊皮，1 个嵌"哈卜"草的绵羊皮

5）2/3 kuš udu babbar ša$_3$-ra-bi-še$_3$

　　2/3 个白色绵羊皮"沙拉比"

6）1 ^{giš}nu$_2$ mes

　　1 个黑色"努"木具

7）10 gin$_2$ še-gin$_2$ ba-an-gar

　　重量为 10 舍客勒

8）^{giš}gu-za ^{giš}nu$_2$ e$_2$-du$_6$-la-ta

　　这些座椅和"努"木具作为资产；

9）1 ^{kuš}AB kuš e-ri$_2$-na

　　1 个"阿卜"皮根部

10）10 kuš udu a-lum e-ri$_2$-na-bi

　　10 个长尾绵羊皮，其根部

11）7 gin$_2$ nig$_2$-u-nu-a siki du-bi

　　7 舍客勒毛线

12）1 ^{kuš}a$_2$-si ^{kuš}AB

　　1 个"阿卜"皮制的皮带

13）6 gin$_2$ kuš gu$_4$ ^{u2}hab$_2$-bi

　　6 舍客勒嵌"哈卜"草的牛皮

14）giri$_3$ Lu$_2$-^{d}Nin-šubur

　　经办人：卢宁舒布尔。

背面

1）1 ^{dug}šagan i$_3$-du$_{10}$-ga 5 sila$_3$

　　1 个盛 5 希拉精油的"沙甘"器皿

2）4 ^{dug}dal i$_3$

　　4 个盛油的"达尔"器皿

3）esir$_2$-bi 1 1/2 sila$_3$

　　它可以盛沥青1.5 希拉

4）kuš udu-bi 70 gin$_2$

　　它可以盛绵羊皮70 舍客勒

5）ka-tab-še$_3$

　　带盖子（密封），

6）giri$_3$ Li-bur-be-li$_2$

　　经办人：利布尔贝里；

7）nig$_2$-ba Li-bur-ni-rum dumu-munus lugal

　　（它们）作为国王的女儿利布尔尼如姆的嫁妆

---

　①　关于胡特兰坦提，参见 Gwendolyn Leick, *Who's Who in the Ancient Near East*, London and New York：Routledge, 1999, p. 72.

8）u$_4$ Suhuš-ki-in   当胡巴西姆提的儿子苏胡什金
                娶她时。

9）dumu Hu-ba-si$_2$-im-ti-ke$_4$

10）ba-an-tuku-a

11）ki Šu-^{d}Nin-kar-ak-［ta］   从舒宁卡拉克处

12）ba-［zi］   支出。

13）u$_4$ 3-［kam］   第 3 日。

14）mu us$_2$-sa bad$_3$ li-［bur］^{d}Iš-bi-［Er$_3$-ra ba-du$_3$］ 伊什比埃拉 15 年。

左边

1）gaba-ri ša$_3$ du$_{10}$-gan   在皮袋中的复本。

  胡特兰坦提是埃兰西马什基王朝的国王，被认为是施勒哈克因舒施那克（Shilhak-Inshushinak）的祖先，而且可能是灭亡乌尔第三王朝的埃兰领导人，并将伊比辛俘虏至埃兰。[①] 这次政治婚姻的目的很可能是伊新与埃兰为了共同对付乌尔第三王朝而结盟，当时伊新已经脱离乌尔王朝独立，意欲取代乌尔而统治两河流域，埃兰则一直与乌尔有着多年相互征战，对两河流域地区也虎视眈眈，两国有着共同的政治敌人和战争对象，所以结成暂时的联盟也是形势所需，为了巩固这种联盟，双方采取政治联姻的方式。很可能在灭亡乌尔第三王朝之后，埃兰人遵守之前的约定，不久即撤出了两河流域，把两河流域的统治权让给了伊新王朝，由于两国之间的这种联姻关系，这种推测是有很大的可能性。

第三节 古巴比伦王国的政治婚姻

  公元前 1894 年，阿摩利人苏穆阿布穆在两河流域中部建造了一座新城，取名为"神之门"（苏美尔语：KA$_2$. DIĜIR，阿卡德语：Babilim，阿拉米语：Babel "巴别尔"），就是著名的巴比伦城（Babylon，名称来源于古希腊语 Βαβυλών［Babylón］），建立了巴比伦第一王朝，又称为古巴比

---

  ① Daniel T. Potts, *The Archaeology of Elam*, Cambridge：Cambridge University Press, 1999, p. 238 – 247；W. F. M. Henkelman, "Šilhak-Inšušinak I.，Ⅱ", *Reallexikon der Assyriologie und Vorderasiatischen Archäologie* 12（2009 – 2011）, pp. 492 – 495.

伦王国（公元前1894—前1595年，如图4.1所示）。

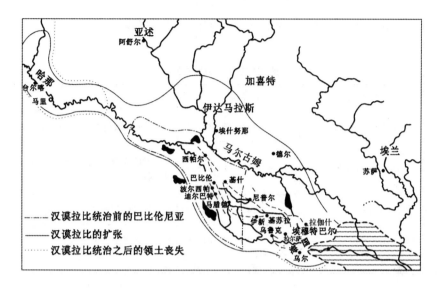

图4.1　古巴比伦王国（汉谟拉比时期）

资料来源：M. Liverani, *The Ancient Near East: History, Society and Economy*, London and New York: Routledge, 2014, p. 242.

当时的巴比伦只是两河流域的一个不起眼的小城邦，无法与伊新、拉尔萨、亚述、埃兰等相抗衡。在前五位统治者的励精图治的基础上，到第六位国王汉谟拉比在位时期，采取"远交近攻"的策略，赶走了埃兰人，先后灭亡了拉尔萨、埃什努那、亚述、马里等两河流域大国，完成了两河流域的再度统一，建立了强大的古巴比伦帝国，在他统治的晚年，编制了举世闻名的《汉谟拉比法典》，是迄今保存最完整的早期法典之一，刻有法典的石柱现藏于法国巴黎卢浮宫，汉谟拉比的文治武功及惊世伟业使他成为古代世界最著名的君王之一。[①] 在汉谟拉比之后，古巴比伦国力逐渐

---

① 关于汉谟拉比的事迹与传记，参见 Marc van de Mieroop, *King Hammurabi of Babylon: A Biography*, Oxford: Blackwell Publishing, 2005; Judith Levin, *Hammurabi*, New York: Chelsea House, 2009; Dominique Charpin, *Hammurabi of Babylon*, London and New York: I. B. Tauris, 2012; 吴宇虹等：《古代两河流域楔形文字经典举要：汉穆腊比法典、马里王室档案第四卷信件、亚述王辛那赫瑞布八次战役铭记》，黑龙江人民出版社2006年版。

衰微，最终于公元前1595年被小亚细亚的赫梯帝国所灭亡，两河流域进入到加喜特人统治时期，即中巴比伦时期。

古巴比伦王国共有11位君主，他们的统治年表如下。

表4.1　　　　　　　　　　把比伦王一国历代君主

统治者	统治时期	备注
苏穆阿布穆（Sumu-abum）	公元前1894—前1881年	与亚述的伊鲁舒马（Ilushuma）同时期
苏穆拉埃勒（Sumu-la-El）	公元前1881—前1845年	与亚述的埃瑞舒姆一世（Erishum Ⅰ）同时期
萨比乌姆（Sabium）	公元前1845—前1831年	苏穆拉埃勒之子
阿皮勒辛（Apil-Sin）	公元前1831—前1813年	萨比乌姆之子
辛穆巴里特（Sin-muballit）	公元前1813—前1792年	阿皮勒辛之子
汉谟拉比（Hammurabi）	公元前1792—前1750年	与马里的金瑞林、埃兰的西威帕拉尔胡帕克（Siwe-palar-huppak）和亚述的沙姆西阿达德一世同时期
萨姆苏伊卢纳（Samsu-iluna）	公元前1750—前1712年	汉谟拉比之子
阿比埃舒赫（Abi-eshuh）	公元前1712—前1684年	萨姆苏伊卢纳之子
阿米迪塔那（Ammi-ditana）	公元前1684—前1647年	阿比埃舒赫之子
阿米萨杜喀（Ammi-saduqa）	公元前1647—前1626年	阿米萨杜喀的金星泥板（Venus tablet of Ammisaduqa）
萨姆苏迪塔那（Samsu-Ditana）	公元前1626—前1595年	巴比伦灭亡

古巴比伦王国的政治婚姻见于文献史料的只发生在两位国王在位时期，一位是王国的第二位国王苏穆拉埃勒，另一位是王国最伟大的国王汉谟拉比，他们采取的都是外交联姻。此外，关于古巴比伦王国的内部政治婚姻由于史料缺乏，我们无从知晓。

一　古巴比伦国王苏穆拉埃勒之女与乌鲁克国王辛卡施德

乌鲁克（苏美尔语：Unug^{ki}，阿卡德语：Uruk，阿拉伯语：اكرو
［Warkā'］，阿拉米语/希伯来语：וֶֶּרֶ［Erech］）位于幼发拉底河东岸
（今伊拉克穆萨纳省的吉德尔 Al-Khidhr 遗址），是两河流域最古老的城
市或城邦之一，乌鲁克考古文化第Ⅳ层发掘出了最早的泥板文书，记录
了目前世界上已知最古老的文字（大约公元前 3200 年）。[①] 在两河流域
历史上，以乌鲁克为首都建立的共有 6 个王朝，其中前三个是早王朝时
期的城邦，乌鲁克第一王朝（约公元前 2770—前 2520 年）著名的国王
有恩美卡尔、卢伽尔班达和吉尔伽美什。乌鲁克第二王朝（约公元前
2510—前 2371 年）没有重要的事件流传下来。乌鲁克第三王朝（公元
前 2371—前 2347 年）唯一的国王是卢伽尔扎格西，他打败了拉伽什的
乌鲁卡基那，完成了两河流域南部的统一。乌鲁克第四王朝（约公元前
2200 年左右）是处于阿卡德帝国统治下的地方政权，统治者不再称"卢
伽尔"（lugal，"国王"之意），而是改称"恩西"（ensi$_2$，"总督"之
意）。乌鲁克第五王朝（公元前 2119—前 2112 年）是在阿卡德帝国灭亡
之后，库提人统治时期建立的地方政权，唯一的国王乌图赫伽尔推翻了
库提人的统治，他的王朝最终被其弟弟乌尔纳姆攫取，后者建立了乌尔
第三王朝。乌鲁克第六王朝（公元前 1885—前 1802 年）由辛卡施德
（公元前 1885—前 1852 年在位）建立，公元前 1802 年被拉尔萨所灭，
拉尔萨亡后又归古巴比伦王国，之后乌鲁克相继被阿黑门尼德王朝（古
波斯帝国）、塞琉古王国和帕提亚帝国（安息）统治，大约公元 700 年，
乌鲁克城被阿拉伯人最终摧毁。1850 年，乌鲁克遗址被英国考古学家威
廉·洛夫特斯（William Loftus）探索发掘，20 世纪初由德国东方学会相
继组织了对乌鲁克的一系列考古发掘，发掘工作一直持续到 1978 年
（共 39 季），进入 21 世纪，德国考古学会再次对乌鲁克进行发掘，乌鲁

---

① Robert McC. Adams and Hans J. Hissen, *The Uruk Countryside：The Natural Setting of Urban Societies*, Chicago：University of Chicago Press, 1972；Guillermo Algaze, *The Uruk World System：The Dynamics of Expansion of Early Mesopotamian Civilization*, Chicago：University of Chicago Press, 1993；Mario Liverani, *Uruk：The First City*, London：Equinox, 1998.

克成为德国中东考古的最主要战场之一。[1]

乌鲁克在乌尔第三王朝时期是一个王室直属行政区，在伊新－拉尔萨时期，它取得了暂时的独立，辛卡施德（楔形文字：^{d}EN. ZU-ka$_3$-ši-id）建立了所谓的乌鲁克第六王朝，但是仅能统治周边地区，实则为一地方政权。乌鲁克的国王辛卡施德和古巴比伦国王有着共同的祖先，他们都来源于阿姆那农（Amnanum）部落家族。[2] 由于大量建筑纪念圆锥体泥钉铭文的发现，使得辛卡施德成为两河流域最知名的君主之一。

乌鲁克国王辛卡施德娶了古巴比伦王国第二位国王苏穆拉埃勒之女（或姐妹）沙鲁尔图姆（Shallurtum）。[3]

RIME 4. 4. 1. 16（Old Babylonian，Sin-Kašid，Uruk）

1）Ša-lu-ur-tum	沙鲁尔图姆
2）dumu-munus Su-mu-la-il$_3$ lugal	国王苏穆拉埃勒的女儿
3）dam ^{d}Suen-ka$_3$-ši-id lugal	国王辛卡施德的妻子
4）ki-ag$_2$-a-ni	他喜爱的

这次联姻也使得这两个家族"亲上加亲"，俨然成为一个家族。在苏穆拉埃勒统治时期的巴比伦，仍是一个小的城邦，它和乌鲁克城邦一样在当时都不算是大国，所以这一次的政治婚姻实际上是小国之间的联盟。

二　巴比伦国王汉谟拉比之女与埃什努那国王茨里辛

古巴比伦王国到了汉谟拉比统治时期，国力强盛，意欲对外扩张。尽管如此，汉谟拉比在他统治的前半期，把主要精力放在了国内建设与休养生息方面，对外采取"远交近攻"策略，到了他统治的后半期，开始了兼并战争，他陆续将周围的强国一个个征服灭亡，在亚述国王沙姆西阿达德一世去世之后，汉谟拉比便开始了他的征服战争计划。首先需要的是将埃

---

① 拱玉书：《西亚考古史（1842—1939）》，文物出版社 2002 年版，第 124—128 页。

② ^{d}EN. ZU-ka$_3$-ši-id nita$_2$ kala-ga lugal Unu^{ki}-ga lugal Am-na-nu-um "辛卡施德，强大的男人，乌鲁克之王，阿姆那农之王"，参见 Douglas R. Frayne, *Old Babylonian Period（2003 – 1595 BC）*, The Royal Inscriptions of Mesopotamia, Early Periods Volume 4, Toronto：University of Toronto Press, 1990（section E4.4）.

③ Douglas R. Frayne, *Old Babylonian Period（2003 – 1595 BC）*, The Royal Inscriptions of Mesopotamia, Early Periods Volume 4, Toronto：University of Toronto Press, 1990, pp. 463 – 464.

兰人从两河流域赶走，当时埃兰的实力很强大，所以汉谟拉比想和埃什努那（位于迪亚拉河流域地区）联盟，① 于是把自己的女儿嫁给了埃什努那国王，与埃什努那结成了政治联姻。公元前 1764 年，汉谟拉比打败了埃兰。据埃什努那国王茨里辛统治第 4 年的年名记载了"茨里辛迎娶汉谟拉比的女儿之年"。②

Mustafa diss. 102（Early Old Babylonian，Silli-Sin 4 xi，Me-Turan）

正面

1）1. 0. 0 gur še　　　　　　　　　　　　　　1 古尔大麦

2）^{diš}Be-el-šu-nu　　　　　　　　　　　　　为贝尔舒努

3）dumu Lu$_2$-^{d}Nin-si$_4$-an-na　　　　　　　卢宁希安纳的儿子

4）ku$_3$-babbar in-na-al-la$_2$　　　　　　　为他秤了白银

5）ki I-pi$_2$-iq-na-an-ni　　　　　　　　　　从伊皮克纳安尼

6）dumu$^{diš. d}$Suen-ma-gir　　　　　　　　　辛玛吉尔的儿子

背面

1）še A-［…］-ša-am　　　　　　　　　　　阿【某某】沙姆

2）dumu$^{diš. d}$Suen-［…］　　　　　　　　辛【某某】的儿子

3）in-ag$_2$-e　　　　　　　　　　　　　　　秤了这些大麦

4）igi［Ka-ab］-si-ia sag-du$_5$　　　　　　在土地记录员卡布西亚、

5）^{diš}I-din-ku-bi　　　　　　　　　　　　伊丁库比、

6）^{diš}Bu-nu-am-mu ad-kid　　　　　　　　芦苇工布努阿姆面前

7）iti ki-is$_3$-ki-sum$_2$　　　　　　　　　　第 6 月

8）mu Sil$_2$-li$_2$-^{d}Suen lugal dumu-　　　　茨里辛 4 年。

　　munus Am-mu-ra-bi ＜ba-an-tuku＞

　　从上文年名中可以知道，巴比伦和埃什努那建立了政治联姻。这使得汉谟拉比无后顾之忧，可以抽出所有兵力来对付拉尔萨，不必担心埃什努

　　① 乌尔第三王朝伊比辛 3 年，埃什努那独立，第一位独立的统治者是舒伊利亚（Shu-iliya），他采用"国王"（lugal）的称号，在他之后，埃什努那的王权（lugal）传到了提什帕克（Tishpak）神，接下来的统治者采用"公侯"或"总督"（ensi$_2$），他们名义上都是神提什帕克（国王）的臣子；在伊皮克阿达德二世（Ipiq-Adad Ⅱ）统治时期，放弃使用"公侯"称号，恢复使用"国王"（lugal）的称号。

　　② Marc van de Mieroop，*King Hammurabi of Babylon：A Biography*，Oxford：Blackwell Publishing，2005，p. 49.

那的侵扰，于是汉谟拉比在公元前 1763 年最终征服了拉尔萨，而昔日的盟友、汉谟拉比的联姻国——埃什努那则成了他的下一个目标，次年（公元前 1762 年）汉谟拉比就迫不及待地征服了埃什努那。公元前 1756 年，汉谟拉比将埃什努那城彻底化为灰烬。可见，在古巴比伦时期的政治外交婚姻带有明确的目的性与实时性，根据不同的时机与目的，政治联姻的结果也瞬息万变，从朋友到敌人或许就在一夜之间，这也就是这个时间段中东的国际关系真实面貌。

第四节　亚述沙姆西阿达德王朝的政治婚姻

亚述（Assyria）这个名称源于阿舒尔城（今伊拉克萨拉丁省的喀拉特舍尔喀特 Qalat Sherqat 遗址），位于底格里斯河中游西岸地区，它是两河流域北部和东北部游牧民族南下的必经之路，也是两河流域同小亚细亚之间贸易的起点，其地理战略位置非常重要。[1] 早期的亚述在发展程度上远远落后于两河流域南部的巴比伦，先后臣服于阿卡德帝国和乌尔第三王朝。乌尔第三王朝灭亡后，阿舒尔城邦独立，史称古亚述时期，古亚述的居民很可能是阿卡德人，这一时期最瞩目的发展是小亚细亚的殖民贸易。古亚述后期，阿摩利人首领沙姆西阿达德一世废除古亚述末王，建立了沙姆西阿达德王朝（或称埃卡拉图王朝），又称"上美索不达米亚王国"，他灭亡了幼发拉底河流域的强国马里，任命小儿子亚斯马赫阿杜（Yasmah-Addu）到王国的西部马里统治，大儿子伊什美达干（Ishme-Dagan）到王国的东部埃卡拉图统治，自己坐镇北方首都舒巴特恩利尔，沙姆西阿达德一世时期的亚述两河流域最强大的国家。在他去世后，亚述迅速瓦解，他的小儿子亚斯马赫阿杜软弱无能，马里被金瑞林夺回，他的大儿子伊什美达干失去霸权，不得不臣服于埃兰、埃什努那与巴比伦，亚述重新成为一个小城邦，直到中亚述时期才再次强大。

一　亚述国王沙姆西阿达德之孙与图如库国王扎兹亚之女

图如库（Turukum）是位于扎格罗斯山北麓的一个胡里游牧部落，可能

---

[1] 关于亚述历史的概况，参见国洪更《亚述赋役制度考略》，中国社会科学出版社 2015 年版，第 1—34 页。

位于今伊朗境内的乌尔米亚湖（Lake Urmiah）地区。这个部落主要见于马里王室档案和舍姆沙拉（Tell Shemshara，古代的 Shusharra，位于小扎布河中游的图如库人建立的乌图姆［Utum］王国的首都）出土文献，从库提王朝（库提人居住在图如库人故乡的南部）直到沙姆西阿达德一世统治时期，图如库部落逐渐向西迁移到了两河流域北部（今伊拉克和伊朗库尔德斯坦一带），与亚述接壤，成为亚述北方边疆的邻邦之一。[①] 在沙姆西阿达德一世统治亚述时期，他曾派其子伊什美达干去劝降图如库诸小王国，包括舒沙拉（Shusharra），在埃什努那国王达杜沙的帮助下，劝降了舒沙拉。不过，沙姆西阿达德并没能统治图如库人太久，就遭到了叛乱。此后，图如库的国王扎兹亚（Zaziya）给伊什美达干制造了诸多麻烦。扎兹亚给伊什美达干的回信，在后来（亚西姆埃尔给）金瑞林的信件中被提起。

ARM 2 40（Old Babylonian，Zimri-Lim，Mari）

5）*Iš-me-*^{d}*Da-gan it-ti*　　　　　　　　　伊什美达干

6）lu$_2$ *Tu-ru-uk-ki is$_3$-lim$_3$*　　　　　　　已经与图如库人缔结联盟

7）dumu-munus *Za-zi-ia a-na ma-ri-šu*　　　他将收到扎兹亚的女儿

8）^{m}*Mu-ut-Aš-kur i-le-eq-qe$_2$*　　　　　　为他的儿子穆特阿什库尔

9）ku$_3$-babbar ku$_3$-sig$_{17}$ *te$_9$-er-ha-tim$_x$*（TAM）　白银和黄金作为婚礼

10）*a-na Za-zi-ia Iš-me-*^{d}*Da-gan*　　　　由伊什美达干发送给扎兹亚

11）u$_2$-*ša-bi-il*

　　可能是为了缓解同图如库部落之间的矛盾，沙姆西阿达德一世的孙子、伊什美达干的儿子穆特阿什库尔（Mut-Ashkur）娶了图如库国王扎兹亚的女儿。[②] 直到汉谟拉比统治时期最终征服了图如库诸王国，此后图如

---

① Jesper Eidem, Jørgen Læssøe, *The Shemshara archives*, *Volume 23*, *The Royal Danish Academy of Sciences and Letters*, Copenhague：Historik-filosofiske Skrifter, 2001；Jörgen Laessøe, *The Shemshāra Tablets*, Kopenhagen, 1959；Jörgen Laessøe, "The Quest for the Country of ∗Utûm", *Journal of the American Oriental Society* 88（1968）, pp. 120 - 122；Victor Harold Matthews, "Pastoral nomadism in the Mari Kingdom（ca. 1830–1760 B. C.）", *American Schools of Oriental Research*, 1978；Jesper Eidem, Jørgen Læssøe, *The Shemshara Archives*, vol. 1, *The Letters*, Copenhague：Historik-filosofiske Skrifter, 2001.

② Jean-Marie Durand, *Les documents épistolaires du palais de Mari*, Ⅰ-Ⅲ, Paris：Les Éditions du Cerf, 1997, 1998, 2000；Kozad Mohamed Ahmed, *The beginnings of ancient Kurdistan*（*c.* 2500–1500 *BC*）：*a historical and cultural synthesis*, PhD dissertation, Universiteit Leiden, 2012, p. 472.

库人融合到胡里人中去，再也没有作为独立团体存在。

二　亚述国王沙姆西阿达德之子亚斯马赫阿杜与喀特那国王伊什黑阿达德之女

喀特那（Qatna）① 是位于叙利亚西部奥伦特河流域的一个城邦（今叙利亚霍姆斯省的米什里费 Tell el-Mishrife 遗址），它从早王朝时期一直存在到古巴比伦时期，是两河流域通往埃及、塞浦路斯和克里特岛贸易的必经之地，地理位置十分重要。据马里王室档案记载，喀特那的第一位国王是阿摩利人伊什黑阿达德（Ishhi-Adad，意为"阿达德神是我的庇护"），他的继任者是其子阿穆特皮埃尔（Amut-pi-El），后者身为王子时曾就任那扎拉（Nazala）的总督。在亚瑞姆林三世（Yarim-Lim Ⅲ）时期，喀特那暂时受阿勒颇统治。后来随着米坦尼的强大，喀特那成为米坦尼、埃及与赫梯争夺的对象，夹在几个大国之间生存。

亚述埃卡拉图王朝的建立者沙姆西阿达德一世在征服马里后，任命他的小儿子亚斯马赫阿杜王朝为马里总督，为了巩固王朝西部的安定，沙姆西阿达德意欲与叙利亚地区的喀特那结盟。为此他让儿子亚斯马赫阿杜娶了叙利亚地区的强国喀特那的统治者伊什黑阿达德的女儿、阿穆特皮埃尔的姐姐（或妹妹）贝尔图姆（Beltum）。② 这次联姻为了抗击叙利亚的另一强国延哈德。同时，亚斯马赫阿杜也得到了喀特那岳父的援助。③

第五节　马里的政治婚姻

马里是历史悠久的古代城邦，位于幼发拉底河中游地区（今叙利亚代尔祖尔省的哈里里［Tell Hariri］遗址），自公元前 25 世纪年左右一直存在

---

① Trevor Bryce, *Ancient Syria: A Three Thousand Year History*, Oxford: Oxford University Press, 2014, p. 342.

② 见文献 ARMT I 24；46；77；Marc van de Mieroop, *A History of the Ancient Near East: ca. 3000 – 323 BC*, Oxford: Blackwell Publishing, 2007, p. 109.

③ W. F. Leemans, *Foreign Trade in the Old Babylonian Period: As Revealed by Texts from Southern Mesopotamia*, Studia et Documenta 6, Leiden: E. J. Brill, 1960, p. 118.

到公元前 1759 年的古巴比伦时期，被汉谟拉比最终摧毁。据《苏美尔王表》记载，马里在早王朝时期曾经取代阿达卜王朝在两河流域建立了马里王朝，共有 6 位统治者，包括安布（Anbu）、安巴（Anba）、巴兹（Bazi）、兹孜（Zizi）、里美尔（Limer）和沙如姆伊特尔（Sharrum-iter），后来被基什第三王朝取代。阿卡德帝国征服了马里城邦之后，在马里设立"沙基那"或"沙堪那"（šagina 或 šakkana，意为"军事总督"）管理。①乌尔第三王朝时候，虽然马里的统治者的称号仍然是"沙基那"，但是已经是独立的统治者，马里和乌尔王朝保持了长久的政治联姻关系。② 在伊新－拉尔萨王朝前期，马里维持了近 200 年的和平发展时期，后来一支阿摩利人"林"（Lim）部落首领亚基德林（Yaggid-Lim）进入马里，取代了原来的当地政权，开启了马里的"林王朝"（Lim Dynasty）统治，亚基德林和埃卡拉图的伊拉卡卜卡布（Ila-kabkabu）先结盟后爆发战争，③ 亚基德林死后，亚赫顿林（Yahdun-Lim）继承了马里王位，他与亚述的沙姆西阿达德一世争霸。亚赫顿林的儿子苏穆亚曼（Sumu-Yaman）弑父篡位，另一儿子金瑞林（Zimri-Lim）逃到延哈德寻求庇护。亚述的沙姆西阿达德一世征服马里，任命其子亚斯马赫阿杜为马里总督，马里置于亚述统治之下。公元前 1776 年，沙姆西阿达德一世死后，金瑞林见时机成熟，旋即从延哈德返回马里，推翻亚斯马赫阿杜统治，夺回马里的统治权。金瑞林统治马里期间，马里政治经济得到迅速发展，他采取与巴比伦结盟的方式以求自保，不过在公元前 1761 年，金瑞林还是被他的昔日盟友巴比伦国王汉谟拉比所征服，马里城被毁。

　　古巴比伦时期马里的政治婚姻主要是金瑞林娶了外国的公主，除了自己娶外国公主这种外交联姻之外，金瑞林还将自己的女儿嫁给周边国家的

---

① Albrecht Goetze, "Šakkanakkus of the Ur Ⅲ Empire", *Journal of Cuneiform Studies* 17/1 (1963), pp. 1 – 31; P. Butterlin, "Mari, les šakkanakku et la crise de la fin du troisième millénaire", *Varia Anatolica* 19 (2007), pp. 227 – 245.

② Piotr Michalowski, "Iddin-Dagan and his Family", *Zeitschrift für Assyriologie und Vorderasiatische Archäologie* 95 (2005), pp. 65 – 76; Piotr Steinkeller, "The Sargonic and Ur Ⅲ Empire", in Peter F. Bang, C. A. Bayly and Walter Scheidel (eds.), *The Oxford World History of Empire*, Volume 2: *The History of Empires*, Oxford: Oxford University Press, 2021, pp. 43 – 72.

③ A. Porter, *Mobile Pastoralism and the Formation of Near Eastern Civilizations: Weaving Together Society*, Cambridge University Press, 2012, p. 31; Georges Roux, *Ancient Iraq*, London: Penguin Putnam, 1992, p. 189.

国王们为妻，巩固马里与这些它们的联盟关系，目前已知的文献证据共有 11 位金瑞林的女儿被嫁给了其他国家的国王为妻。[1]

一　马里国王金瑞林与喀特那公主达姆胡拉西

金瑞林是王室外交联姻的践行者。在他逃往延哈德之前，就娶了喀特那（Qaṭina）的公主达姆胡拉西（Dam-huraṣi）为妻，两国王室历来有政治联姻的传统。[2]

二　马里国王金瑞林与延哈德国王亚瑞姆林一世之女施卜图

延哈德王国（Yamhad）是叙利亚北部的强邦，首都位于阿勒颇（Aleppo），阿拉拉赫是其附属国。延哈德虽然远离两河流域中心区域，但是却一直参与两河流域诸邦的政治斗争，对两河流域地区虎视眈眈。金瑞林之所以能够有实力夺回马里统治权，源于他在延哈德避难期间与延哈德王室订立的政治婚姻，借此依靠延哈德的军事支持，并且维持着与延哈德长久的友好联盟关系。金瑞林娶了延哈德国王亚瑞姆林一世（Yarim-Lim I）的女儿施卜图（Shibtu）。[3] 金瑞林通过与两河西北部的强国延哈德的政治联姻，得到了延哈德在政治、军事和经济上等多方面的援助，帮助他夺得马里统治权，使得马里成为能够与强大的亚述、巴比伦相抗衡的一极势力。

三　马里国王金瑞林之女与卡拉那国王之子阿斯库尔阿达德

金瑞林的女儿嫁给了卡拉那（Karana）的阿斯库尔阿达德（Asqur-Adad）。[4]

---

① Stephanie Dalley, *Mari and Karana, two Old Babylonian cities*, New Jersey: Gorgias Press, 2002, p. 97; Bernard Frank Batto, *Studies on Women at Mari*, Baltimore and London: The Johns Hopkins University Press, 1974.

② Stephanie Dalley, *Mari and Karana, two Old Babylonian cities*, New Jersey: Gorgias Press, 2002, p. 45.

③ Georges Dossin, "Sibtu, reme de Mari", in *Actes du XXIe Congrès International des Orientalistes*: Paris, 23 – 31 juillet 1948, Paris: Société asiatique de Paris, 1949, pp. 42 – 43.

④ 见文献 ARMT Ⅵ 26.5 – 6; J. M. Munn-Rankin, "Diplomacy in Western Asia in the Early Second Millennium B. C. ", *Iraq* 18/1 (1956), pp. 68 – 110; Stephanie Dalley, *Mari and Karana, Two Old Babylonian Cities*, New Jersey: Gorgias Press, 2002; Jean-Claude Margueron, "The Kingdom of Mari", in *The Sumerian World*, Harriet Crawford (ed.), London and New York: Routledge, 2013, pp. 517 – 537; Stephanie Dalley, *Mari and Karana, two Old Babylonian cities*, New Jersey: Gorgias Press, 2002.

阿斯库尔阿达德是喀特那国王萨穆阿达德（Samu-Adad）的儿子。

四　马里国王金瑞林与伊兰苏拉国王哈亚苏穆之女西马图姆

金瑞林统治第 1 年 9 月，他娶了两河流域北方小国伊兰苏拉（Ilanṣ
ura）国王哈亚苏穆（Haya-Sumu）的女儿西马图姆（Shimatum），并且为
这次联姻准备了丰富的嫁妆（阿卡德语：*nidittum*），包括：金蜘蛛、菜籽
装饰品、白色肾形和块状的宝石、金银饰品（耳环、戒指等）、青铜容器、
匕首、布匹、家居用品（床、凳椅、桌子）以及 10 名陪嫁女佣。[1] 为远嫁
他国的公主们提供丰富的嫁妆，是马里的传统，说明了马里对于外交政治
婚姻的重视程度与基本国策。

五　马里的王朝内部政治联姻

马里的阿斯库杜姆（Asqudum）娶了金瑞林的妹妹、马里公主亚马马
（Yamama）为妻。阿斯库杜姆的职业是"马什舒苏苏"（$maš_2$-šu-su_{13}-
su_{13}），可能指一种占卜师。他非常受金瑞林的重视与信任，常常出任使者
到幼发拉底河各邦国，尤其是作为金瑞林与延哈德公主施卜图的迎亲使代
表金瑞林到延哈德迎娶施卜图，此外他还参与金瑞林的对外军事行动，足
可见金瑞林对这位妹夫的重视。

第六节　埃什努那的政治婚姻

埃什努那（楔形文字：$Aš_2$-nun^{ki}或 $Aš_2$-nun-na^{ki}）[2] 是古代两河流域中
部与迪亚拉河流域的一个重要的城邦，位于今伊拉克迪亚拉省的阿斯玛尔
（Tell Asmar）遗址，它的保护神是提什帕克。在两河流域历史上的早王朝
时期，埃什努那是一个主要的城邦，后被阿卡德帝国、乌尔第三王朝统
治，作为一个地方行政单位，到乌尔第三王朝末年独立，成为古巴比伦时
期两河流域的主要争霸国家之一，曾一度受制于埃兰，最终于公元前 1762

---

[1]　Guichard Michaël, *Archives royales de Mari XXXI*：*La vaisselle de luxe des rois de Mari*，Paris：
Édition recherche sur les civilisations, 2005, text no. 27.

[2]　关于埃什努那的历史概况，参见 Clemens Reichel, *Political Change and Cultural Continuity in
Eshnunna from the Ur III to the Old Babylonian Period*, PhD dissertation, University of Chicago, 1996.

年被汉谟拉比所摧毁。1930—1936 年，美国芝加哥大学东方研究所组织考古队对埃什努那遗址进行了 6 季的发掘，发掘工作由亨利·法兰克福主持，参加发掘的还有著名亚述学家雅克布森（Thorkild Jacobsen）和劳埃德（Seton Lloyd）等，共出土楔形文字泥板 1500 多块，大多数至今仍未正式发表。①

一　埃什努那与埃兰的政治婚姻

埃什努那是连接两河流域文化与埃兰文化之间的纽带，尤其受埃兰文化的影响。据一件砖铭文中记载，埃兰的统治者坦如胡拉提尔（Tan-Ruhu-ratir）娶了埃什努那国王俾拉拉马（Bilalama）的女儿西马特库比或美库比（Simat-Kubi 或 Me-kubi）。②

RIME 4.5.3.4（Early Old Babylonian，Bilalama，Susa）

1）^{d}Inana　　　　　　　　为伊南娜

2）nin uru$_{17}$ An-na　　　　安神的强大的王后

3）nin-a-ni-ir　　　　　　　他的女主人

4）ME-ku-bi　　　　　　　　美库比

---

①　关于埃什努那的考古发掘与文献概况，参见 Henri Frankfort, Thorkild Jacobsen, and Conrad Preusser, *Tell Asmar and Khafaje：The First Season？s Work in Eshnunna* 1930/31, Oriental Institute Publication 13, Chicago：The Oriental Institute of the University of Chicago, 1932; Henri Frankfort, *Tell Asmar, Khafaje and Khorsabad：Second Preliminary Report of the Iraq Expedition*, Oriental Institute Publication 16, Chicago：The Oriental Institute of the University of Chicago, 1933; Henri Frankfort, *Iraq Excavations of the Oriental Institute 1932/33：Third Preliminary Report of the Iraq Expedition*, Oriental Institute Publication 17, Chicago：The Oriental Institute of the University of Chicago, 1934; Henri Frankfort, *Oriental Institute Discoveries in Iraq, 1933/34：Fourth Preliminary Report of the Iraq Expedition*, Oriental Institute Publication 19, Chicago：The Oriental Institute of the University of Chicago, 1935; Henri Frankfort, *Progress of the Work of the Oriental Institute in Iraq, 1934/35：Fifth Preliminary Report of the Iraq Expedition*, Oriental Institute Publication 20, Chicago：The Oriental Institute of the University of Chicago, 1936; Henri Frankfort, Seton Lloyd, and Thorkild Jacobsen, *The Gimilsin Temple and the Palace of the Rulers at Tell Asmar*, Oriental Institute Publication 43, Chicago：The Oriental Institute of the University of Chicago, 1940; R. M. Whiting, *Old Babylonian Letters from Tell Asmar*, Assyriological Studies 22, Chicago：The Oriental Institute of the University of Chicago, 1987; Henri Frankfort, *Sculpture of the Third Millennium B. C. from Tell Asmar and Khafajah*, Oriental Institute Publication 44, Chicago：The Oriental Institute of the University of Chicago, 1939.

②　Dietz Otto Edzard, *Die "Zweite Zwischenzeit" Babyloniens*, Wiesbaden：Otto Harrassowitz, 1957, p. 72（note 347）.

5）dumu-munus Bil$_2$-la-ma　埃什努那的恩西俾拉拉马的女儿

6）ensi$_2$

7）Aš$_2$-nun-na^{ki}

8）dam ki-ag$_2$　　　　苏萨的恩西坦如胡拉提尔所爱的妻子

9）Tan-^{d}Ru-hu-ra-ti-ir

10）ensi$_2$

11）Šušin^{ki}

12）nam-ti-la-ni-še$_3$　　　为了他的生命

13）e$_2$^{d}Inana　　　　他为她建造了伊南娜神庙

14）mu-na-du$_3$

在俾拉拉马统治时期，埃什努那隶属于埃兰，可能为了讨好埃兰统治者，所以埃什努那将公主嫁给了埃兰的统治者，借此机会表示对埃兰的忠心，不过这也可能是缓兵之计，让埃兰信任埃什努那，从而放松对埃什努那的警惕，为后来埃什努那摆脱埃兰统治留下了伏笔。

二　埃什努那与巴比伦的政治婚姻

埃什努那的国王娶了巴比伦国王汉谟拉比的女儿。[①]

三　沙杜普与腊皮库的政治婚姻

腊皮库（Rapiqum）是两河流域北部的一个城市，位于幼发拉底河中游地区（今安巴尔 Tell Anbar 遗址），自乌尔第三王朝一直存在到新亚述国王萨尔贡二世统治时期。乌尔第三王朝时，腊皮库是一个隶属于中央的边远行省，由乌尔国王任命的军事总督管理。据马里王室档案记载，乌尔第三王朝灭亡之后，腊皮库先后受亚述之沙姆西阿达德一世、埃什努那之达杜沙与伊巴勒皮埃勒二世、巴比伦之汉谟拉比所统治。由于其地处北方亚述和南方巴比伦尼亚的过渡地带，战略位置十分重要，腊皮库成为两河流域各大国争夺的对象。沙杜普（Shaduppum）是埃什努那王国治下的一个城市，只见于古巴比伦时期，位于今伊拉克首都巴格达郊区的哈马尔

---

① 这次政治婚姻见本章第三节之二。

（Tell Harmal）遗址。这个遗址伊拉克考古队发掘，出土了大约2000块楔形文字泥板，包括《吉尔伽美什》和《埃什努那法典》（Laws of Eshnunna）的碎片。[①]

埃什努那与腊皮库之间的政治联姻没有在王室成员中发生，只是在埃什努那的重镇沙杜普与腊皮库之间发生。据文献记载，腊皮库的统治者娶了埃什努那的重镇沙杜普的头领辛阿布舒（Sin-abushu）的女儿。很可能由于腊皮库实力太弱，不足以和埃什努那王室联姻，只能匹配其治下的重要地方政权的首领进行联姻，埃什努那很可能也通过此次联姻，达到了控制腊皮库的目的，使腊皮库成了自己的附属国或势力范围。所以说这种政治联姻带有中国古代"和亲"的意味。

四 沙杜普与曼基苏的政治婚姻

曼基苏（Mankisum）是青铜时代中期的两河流域中部城市，主要存在于古巴比伦时期，位于底格里斯河流域靠近埃什努那西部或西北部地区。在古巴比伦国王阿皮勒辛统治时期，曼基苏和底格里斯河流域的乌皮城（Upi）都隶属于巴比伦，不过不久之后在埃什努那国王纳拉姆辛统治时期，曼基苏属于了埃什努那。沙姆西阿达德一世占领了曼基苏，在乌皮和曼基苏之间建立了亚述和埃什努那的边界。埃什努那国王达杜沙统治时期，曾邀请巴比伦王汉谟拉比一起反抗亚述，但遭到拒绝，于是达杜沙独自出兵并占领了曼基苏，曼基苏重归埃什努那。不过公元前1765年埃兰人占领了埃什努那，从而使汉谟拉比渔翁得利攫取了曼基苏和乌皮。埃兰

---

① Taha Baqir, "Excavations at Tell Harmal Ⅱ: Tell Harmal, A Preliminary Report", *Sumer* 2 (1946), pp. 22 – 30; Taha Baqir, "Excavations at Harmal", *Sumer* 4 (1948), pp 137 – 39; Laith M. Hussein and Peter A. Miglus, "Tell Harmal. Die Frühjahrskampagne 1997", *Baghdader Mitteilungen* 29 (1998), pp 35 – 46; Laith M. Hussein and Peter A. Miglus, "Tall Harmal. Die Herbstkampagne 1998", *Baghdader Mitteilungen* 30 (1999), pp 101 – 113; Maria deJ. Ellis, "Old Babylonian Economic Texts and Letters from Tell Harmal", *Journal of Cuneiform Studies* 24/3 (1972), pp. 43 – 69; Lamia al-Gailani Werr, "A Note on the Seal Impression IM 52599 from Tell Harmal", *Journal of Cuneiform Studies* 30/1 (1978), pp. 62 – 64; Maria deJ. Ellis, "An Old Babylonian Adoption Contract from Tell Harmal", *Journal of Cuneiform Studies* 27/3 (1975), pp. 130 – 151; Taha Baqir, "An important mathematical problem text from Tell Harmal", *Sumer* 6 (1950), pp. 39 – 54; Taha Baqir, "Another important mathematical text from Tell Harmal", *Sumer* 6 (1950), pp. 130 – 148; Albrecht Goetze, "A mathematical compendium from Tell Harmal", *Sumer* 7 (1951), pp. 126 – 155; Taha Baqir, "Some more mathematical texts from Tell Harmal", *Sumer* 7 (1951), pp. 28 – 45.

人要求汉谟拉比归还原属于埃什努那的曼基苏，但是遭到汉谟拉比拒绝，于是埃兰出兵并夺得曼基苏。公元前 1764 年赶走埃兰人之后，汉谟拉比想通过外交手段解决曼基苏的主权问题，他与埃什努那国王茨里辛达成协议，曼基苏重归埃什努那，最终随着埃什努那被汉谟拉比灭亡，曼基苏也成为古巴比伦帝国的一部分。

据文献记载，曼基苏的统治者娶了埃什努那重镇沙杜普的头领辛阿布舒的女儿。这是辛阿布舒的第二个女儿远嫁他乡了，他的第一个女儿嫁给了腊皮库的统治者。沙杜普在履行埃什努那中央政权政治联姻政策方面很是积极，为埃什努那利用政治联姻进行和平扩张做出了贡献。

第七节　古巴比伦时期其他小国的政治婚姻

在古巴比伦时期，除了大国之间、大国与小国之间、大国内部的政治婚姻种类外，还有小国之间的政治婚姻，由于其文献资料记载相对较少，所以我们对于这些政治婚姻的认识还很难清楚地解析。古巴比伦时期的小国数目在数十个左右，其中据目前已知文献记载涉及政治婚姻的有阿拉拉赫、阿皮沙尔、埃卜拉、舒沙拉和哈那等国。

一　阿拉拉赫与阿皮沙尔的政治婚姻

阿拉拉赫（Alalakh）是古代东地中海沿岸的一个城邦，位于今土耳其哈塔伊省阿穆喀（Amuq）河谷的阿特查那遗址（Tell Atchana）。[①] 大约自公元前 2 千纪至公元前 12 世纪存在，古巴比伦时期依附于叙利亚强国延哈德，延哈德国王舒穆埃普赫（Sumu-Epuh）将阿拉拉赫卖给了其女婿、马里国王金瑞林。马里被汉谟拉比灭亡后，阿拉拉赫又重归延哈德，最后被赫梯国王哈图西里一世（Hattusili Ⅰ）毁灭。[②] 阿皮沙尔（Apishal，楔

---

① 另一说位于今土耳其的提尔门（Tilmen Höyük），参见 Grégory Chambon，"Apišal, un Royaume du Nord-Ouest", in *Entre deux fleuves-I*: *Untersuchungen zur historischen Geographie Obermesopotamiens im 2. Jahrtausend*，Berliner Beiträge zum Vorderen Orient 20，Eva Cancik-Kirschbaum and Nele Ziegler（eds.），Gladbeck：PeWe-Vrlag，2009，pp. 237－238.

② George Giacumakis, *The Akkadian of Alalah*，Janua Linguarum Series Practica 59，The Hague and Paris：Mouton，1970.

形文字：A-pi-ŠAL，或称阿皮拉克 Apirak）是位于底格里斯河与凡湖之间的一个国家，在阿卡德帝国国王纳拉姆辛的军事远征记中提到过这个遥远国度的地名。[①] 据一份来自阿拉拉赫的公元前 17 世纪的信件记载，阿拉拉赫的阿米塔库（Ammi-taku）的女儿阿米喀图姆（Ammiqatum）嫁给了阿皮沙尔国王那瓦尔阿塔尔（Nawar-atal）的儿子。[②]

二　阿拉拉赫与埃卜拉的政治婚姻

据文献记载，阿拉拉赫的统治者阿米塔库的儿子娶了埃卜拉的公主。[③] 这次政治婚姻发生在两个东地中海沿岸小国之间，可能是为了结成联盟避免被赫梯或埃及这种大国吞并，发生在中东小国之间的政治联姻带有明显的自保性质。已发现的史料对这次政治联姻没有过多的描述，其真实目的与结果在文献中也没有记载，只能从这两个小国之后的命运来看，联姻很可能没有达到联盟的目的，最终它们都是被附近的大国所吞并。

三　舒沙拉与其属国的政治婚姻

舒沙拉是所谓的"乌图姆之地"或"乌图姆国"的首都，位于今伊拉克埃尔比勒省东部兰亚平原（Ranya）附近的舍姆沙拉遗址，主要存在于古巴比伦时期。据舍姆沙拉出土文献记载，乌图姆国的东方边界很可能在凯瓦·拉什（Kēwa Rash）、帕什凯乌（Pashkēw）和库尔库尔（Kurkur）山岭，将拉尼亚（Rāniya）平原与喀拉·迪则赫（Qala Dizeh）界开，它的北方边界进入卡克米（Kakmean）山地与图如库领地，南方到达小扎布河东岸，和卢卢布毗邻，西方边界位于喀卜拉（Qabrā）和阿哈朱姆

① Ignace J. Gelb, "Studies in the Topography of Western Asia", *The American Journal of Semitic Languages and Literatures* 55/1 (1938), pp. 66 – 85.

② 见文献 A. T. 409；Grégory Chambon, "Apišal, un Royaume du Nord-Ouest", in *Entre deux fleuves-I: Untersuchungen zur historischen Geographie Obermesopotamiens im 2. Jahrtausend*, Berliner Beiträge zum Vorderen Orient 20, Eva Cancik-Kirschbaum and Nele Ziegler (eds.), Gladbeck: PeWe-Vrlag, 2009, pp. 235 – 236；Eva von Dassow, *State and Society in the Late Bronze Age: Alalah under the Mittani Empire*, Studies on the Civilization and Culture of Nuzi and the Hurrians 17, Bethesda: CDL Press, 2008, p. XVI；Refik Duru, *A Forgotten Capital City: Tilmen*, Istanbul: Türsab Cultural Publications, 2003, p. 74.

③ 见文献 A. T. 35.

（Ahazum）地界。舒沙拉或乌图姆的统治者叫做库瓦里，从其名字中可以推知他是胡里人，贵族后裔，其祖辈和父辈的职位都是 *nuldānum*（一种高官）。① 据文献记载，舒沙拉的一个附属国的统治者瓦尼（Wanni）的儿子娶了舒沙拉的统治者库瓦里（Kuwari）的女儿。

四　哈那的内部政治联姻

哈那（Hana）是公元前18—前13世纪存在于叙利亚地区的一个王国，位于幼发拉底河中游地区及马里的北部。在金瑞林统治马里时期，哈那是马里的附属国。公元前1759年，马里的国王金瑞林被巴比伦国王汉谟拉比打败，马里灭亡。哈那王国在幼发拉底河流域取马里而代之，称为早期哈那时期（大约公元前1750—前1595年），独立的国王包括雅帕赫舒穆（Yapah-Shumu）、伊茨舒穆阿布（Iṣi-Shumu-Abu）、雅迪赫阿布（Yadih-Abu，也是塔台尔喀的统治者）、卡什提里阿舒（Kashtiliashu）、舒努赫如阿穆（Shunuhru-Ammu）、阿米马达尔（Ammi-madar），此外还依附于巴比伦国王阿米萨杜喀和萨姆苏迪塔那。

公元前1595年，古巴比伦王国被赫梯帝国所灭，哈那进入了中哈那时期（大约公元前1595—前1400年），有记载的共有7位国王：伊丁卡卡（Iddin-Kakka）、伊沙尔林（Ishar-Lim）、伊基德林（Iggid-Lim）、伊西赫达干（Isih-Dagan）、迪什阿杜（Qish-Addu，与米坦尼国王萨乌萨达特［Sausadat］和帕拉塔尔那［Parattarna］同时）和汉穆拉皮（Hammurapi，与古巴比伦著名国王汉谟拉比同名）。大约公元前1400—前1200年，是晚期哈那时期，只有一位国王安穆拉皮（Ammurapi），此外这一时期哈那可能依附于中亚述的图库尔提尼努尔塔一世（Tukulti-Ninurta Ⅰ）。②

在早期哈那时期的文献中，私人家族文献记载了四大家族：书吏帕吉如姆（Pagirum）家族、理发师基米尔宁卡拉克（Gimil-Ninkarrak）家族、

① Jorgen Laessoe, "The Quest for the Country of *Utûm", *Journal of the American Oriental Society* 88/1 (1968), p. 122; Kozad Mohamed Ahmed, *The beginning of ancient Kurdistan (c. 2500 – 1500 BC): a historical and cultural synthesis*, PhD dissertation, Universiteit Leiden, 2012; Jesper Eidem, *The Shemshāra Archives 2: The Administrative Texts*, Copenhagen: Munksgaard, 1992.

② Amanda H. Podany, *The Land of Hana: Kings, Chronology, and Scribal Tradition*, Bethesda: CDL Press, 2002.

地主普朱如姆（Puzurum）家族和雅斯马赫达干（Yasmah-Dagan）家族，据文献记载，这四个家族之间有若干彼此的交往与联系，尤其是涉及不动产买卖方面。他们既是邻居，又是朋友。这四大家族之间的内部政治联姻肯定存在，只是由于妇女几乎没有在哈那文献中提及，所以我们无法准确对他们之间的政治联姻情况做一个详细的论述。①

---

① Amanda H. Podany, *The Land of Hana: Kings, Chronology, and Scribal Tradition*, Bethesda: CDL Press, 2002, p. 27

第五章 中亚述 – 中巴比伦时期的
政治婚姻

中巴比伦时期（公元前1595—前1004年）包括加喜特王朝（公元前1595—前1155年，统称加喜特巴比伦）、伊新第二王朝（公元前1155—前1026年）、海国第二王朝（公元前1025—前1004年）。[①] 由于该时期留下来的文献相对稀少，又被称为"黑暗时代"。中亚述时期（公元前1392—前911年）是指从埃里巴阿达德一世（Eriba-Adad I）到提格拉特帕拉萨尔二世（Tiglath-Pileser II）为止亚述的历史。由于中巴比伦时期和中亚述时期在年代上相差不多，所以可以合称为中亚述 – 中巴比伦时期，在年代上大致对应于青铜时代晚期（公元前2千纪后半期）。中亚述 – 中巴比伦时期是古代中东地区历史上国际关系最复杂的时期之一，[②] 这一时期的中东强国除了亚述和巴比伦之外，还有米坦尼、赫梯和埃及等，这些国家之间有着千丝万缕的联系，有争霸战争，也有政治联姻。

[①] Neil Zimmerer, *The Chronology of Genesis*: *A Complete History of the Nefilim*. Kempton: Adventures Unlimited Press, 2003; Albert K. Grayson, "Königlisten und Chroniken", *Reallexikon der Assyriologie* 6 (1938), pp. 102 – 120; Peter J. Huber, "Astronomical dating of Babylon I and Ur III", *Monographic Journals of the Near East* 41 (1982), 3 – 84; Maria Giovanna Biga, *Babilonia*, Roma: Carocci, 2004.

[②] Mario Liverani, *International Relations in the Ancient Near East*, *1600 – 1100 BC*, New York: Palgrave, 2001; 刘健：《东地中海地区古代民族的交流及其文化特性》，《上海师范大学学报》（哲学社会科学版）2006年第6期；郭丹彤：《公元前1600年—前1200年古代东地中海世界的联盟和联姻》，《东北师大学报》（哲学社会科学版）2009年第6期；郭丹彤：《论公元前1600年至前1100年东地中海世界的战争》，《历史教学》（下半月刊）2011年第2期；孙宝国：《阿玛纳时代的东地中海世界政治生态》，《上海师范大学学报》（哲学社会科学版）2017年第4期；刘昌玉：《上古时期东地中海贸易活动探析》，《外国问题研究》2018年第3期；孙宝国：《跨文化交流视域下的阿玛纳时代东地中海世界跨境移民活动考略》，《史林》2019年第2期。

第一节　中亚述－中巴比伦时期概况

公元前 1595 年，赫梯帝国的国王穆尔西里一世（Mursili I）灭亡了古巴比伦王国，来自东部山区的加喜特人在两河流域南部巴比伦建立了加喜特王朝（史称加喜特巴比伦时期），开始了中巴比伦时期。同时期，两河流域北部政治情况比较复杂，亚述自阿舒尔乌巴里特一世（Ashur-uballt I，公元前 1365—前 1330 年）至提格拉特帕拉萨尔一世（Tiglath-Pileser I，公元前 1114—前 1077 年）是所谓的中亚述时期。公元前 1480 年左右，散居于两河流域北部的胡里人形成了统一的国家米坦尼（Mitanni），米坦尼在强大时曾使亚述地区的阿舒尔城邦（沙姆西阿达德一世去世后亚述实力比较弱小的时期）臣服，并且同埃及在叙利亚地区争霸。从公元前 14 世纪开始，中东地区处于五个强国（赫梯、米坦尼、加喜特巴比伦、亚述、埃及新王国）争霸时期，此外若干小国为了自保依附于不同的大国，形成了这一时期中东整体复杂的国际局势（如图 5.1 所示）。①

加喜特巴比伦王朝一共统治了约 400 年，是古代两河流域历史上统治时间最长的一个王朝，其领土从幼发拉底河直到扎格罗斯山脉；米坦尼王国到了国王图什拉塔统治时期，由于内乱开始逐渐衰微；赫梯在国王苏皮鲁流马一世的领导下，形成了一个帝国；亚述在国王阿舒尔乌巴里特一世统治时期开始崛起，大约公元前 1320 年，亚述灭亡曾经的宗主国米坦尼，亚述与赫梯正面直接交锋互有胜负。公元前 12 世纪开始，"海上民族"开始入侵中东沿海地区，埃及在美楞普塔和拉美西斯三世统治时击退了"海上民族"，而赫梯则在公元前 12 世纪末被"海上民族"所灭亡。② 赫梯和米坦尼灭亡后，叙利亚地区的胡里人、赫梯人和阿拉米人（Arameans，西北塞姆语部落一支）形成了若干小城邦。除此之外，这一时期在巴勒斯坦地区首次出现了新的民族以色列人。伊朗高原在埃兰人之后，又出现了米

---

① Mario Liverani, *Prestige and Interest*, Padua：Sargon, 1990, pp. 299 – 300；Marc van de Mieroop, *A History of the Ancient Near East：ca. 3000 – 323 BC（Second Edition）*, 2007, p. 132.

② 关于"海上民族"，参见袁指挥《海上民族大迁徙与地中海文明的重建》，《世界民族》2009 年第 3 期；郭丹彤《论海上民族对埃及的移民及其对近东世界的影响》，《社会科学战线》2009 年第 8 期。

底人和波斯人的祖先。公元前 1155 年，加喜特巴比伦被埃兰人所灭，埃兰人将包括"汉谟拉比法典"石碑在内的珍贵物品作为战利品带到埃兰。继承加喜特王朝统治巴比伦的是伊新第二王朝，其国王尼布甲尼撒一世（Nebuchadnezzar Ⅰ）打败埃兰人，摧毁其首都苏萨。继伊新第二王朝之后统治巴比伦的是海国第二王朝，不过它的影响力已经十分衰微，抵不过北方的亚述在公元前 1 千纪建立新亚述帝国，称霸中东地区。[①]

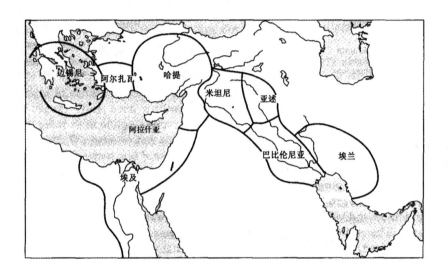

图 5.1　中亚述－中巴比伦时期（约公元前 1350 年）

资料来源：M. Van De Mieroop, *A History of the Ancient Near East ca. 3000－323 BC*, Second Edition, Oxford：Blackwell, 2007, p. 132.

　　中亚述－中巴比伦时期是古代中东政治婚姻（尤其是外交婚姻）的"黄金时代"，这一时期的政治婚姻大致分为三种类型：大国与大国的政治婚姻（大国之间的政治婚姻）、大国与小国的政治婚姻、小国与小国的政治婚姻（小国之间的政治婚姻）。其中以第一种类型为最频繁和典型，大国之间的政治婚姻也是这一时期国际关系的最重要组成部件之一，影响着中东古代国际关系史的走向。

---

①　Marc van de Mieroop, *A History of the Ancient Near East（ca. 3000－323 BC）*, Malden：Blackwell Publishing, 2007, p. 131.

第二节　大国之间的政治婚姻

中亚述－中巴比伦时期，即公元前 2 千纪后半叶的大国主要包括加喜特巴比伦、亚述、赫梯、米坦尼和埃及五个。围绕这五种政治势力进行的政治联姻理想状态下可以有 10 种组合方式，但是实际情况据目前的文献史料来看只有六种组合，分别是巴比伦与亚述、埃及与米坦尼、埃及与巴比伦、赫梯与巴比伦、米坦尼与赫梯、埃及与赫梯，理论上的巴比伦与米坦尼、亚述与米坦尼、亚述与赫梯、亚述与埃及这四种政治联姻在实际情况下没有发生（至少目前已知的文献没有涉及此类）。这一时期的大国关系很大程度就是政治联姻的关系，通过政治联姻两国或多国结盟，一起来对付共同的敌人，但是这种政治联姻也不是一成不变的，昔日的盟友很可能不久之后就是敌人，反之亦然，而不变的是各国自身的利益。如果从政治联姻的对象而言，尤其是用于政治联姻的公主或贵族女子，她们都成了政治联姻的实际牺牲品。①

一　巴比伦与亚述的政治婚姻

中亚述在国王阿舒尔乌巴里特一世统治时期开始对外扩张，他把女儿嫁给了加喜特巴比伦国王，不久巴比伦发生内战，国王被废黜，亚述的阿舒尔乌巴里特一世出兵干涉巴比伦内政，把自己的曾外孙库里加尔朱二世扶上王位，亚述名义上成了巴比伦的长辈。亚述国王阿舒尔乌巴里特一世去世后，恩利尔尼拉里继位，巴比伦不再听从亚述指挥，双方发生战争，巴比伦战败。亚述国王阿达德尼拉里一世（Adad-nirari Ⅰ，公元前 1305—前 1274 年）与巴比伦国王那兹马如塔什（Nazi-Marutash）同一年继位，双方再次爆发战争，巴比伦再次战败。到亚述国王图库尔提尼努尔塔一世

---

① Samuel A. Meier, "Diplomacy and International Marriage", Chapter 13, in *Amarna Diplomacy: The Beginning of International Relations*, R. Cohen and R. Westbrook (eds.), Baltimore and London: The Johns Hopkins University Press, 2000, p. 165; P. Artzi, "The Influence of Political Marriages on the International Relations of the Amarna-Age", in *La Femme dans le Proche-Orient Antique: Compte Rendu de la XXXIIIe Rencontre Assyriologique Internationale* (*Paris, 7 – 10 Juillet 1986*), J. – M. Durand (ed.), Paris, 1987, pp. 23 – 26.

（公元前1243—前1207年）统治时期，最终征服加喜特巴比伦，将巴比伦国王卡什提里阿什四世（Kashtiliash Ⅳ）活捉并献俘到阿舒尔神庙，图库尔提尼努尔塔一世自任巴比伦国王，后来任命恩利尔那丁舒米（Enlil-na-din-shumi）为巴比伦国王，不久被埃兰人推翻，之后亚述任命的几个巴比伦国王也被埃兰人打败。在亚述征服巴比伦的第7年，巴比伦人阿达德舒马乌舒尔（Adad-shuma-usur，公元前1216—前1187年）自立为王，亚述撤出巴比伦，霸权也开始衰微。巴比伦国王阿达德舒马乌舒尔先后击败亚述的阿舒尔尼拉里三世、恩利尔库杜里乌舒尔（Enlil-kudurri-usur）和尼努尔塔阿帕尔埃库尔（Ninurta-apal-Ekur）的三位国王，之后亚述和巴比伦战争互有胜负。公元前1155年，埃兰人灭亡加喜特巴比伦，伊新第二王朝统治了巴比伦尼亚地区。伊新国王尼布甲尼撒一世战胜埃兰人，但是在和亚述国王阿舒尔莱沙伊西（Ashur-resha-ishi）的战争中失败。亚述国王阿舒尔莱沙伊西之子提格拉特帕拉萨尔一世（公元前1114—前1076年）统治时期曾攻占巴比伦城，但是不久又撤出。

TCS 5 Chronicle 21 ii （Middle Assyria，Aššur-bel-kala）

25'）*ina tar-si* ^{m}*Aš-šur-bēl-ka-la šar*$_4$ [^{kur}*Aš-šur*]

26'）$^{m[d}$*Marduk*]-*ša*$_2$-*pi-ik-zēri* {*kur*} *šar*$_4$^{kur}*Kar-d*[*u-ni-aš*$_2$]

27'）*ṭu-ub-ta su-lu-um-ma-a ga-*[*am-ra*]

28'）*it-ti a-ha-meš iš-ku-*[*nu*]

29'）*ina tar-ṣi* ^{m}*Aš-šur-b*[*ēl*]-*ka-la šar*$_4$^{kur} [*Aš-šur*]

30'）^{md}*Marduk-ša*$_2$-*pi-ik-zēri ša*[*r*$_4$^{k}]^{ur}*Kar-du-ni-aš*$_2$ *šad*？-*šu*$_2$ *e-*[*mid*]

31'）^{md}*Adad-apla-iddina*^{na} *mār*（*a*）*la ma-ma-n*[*a*]

32'）*a-na šarru-*[*u*$_2$*-te*] *ina muhhi-šu*$_2$*-nu iš-ku*[*n*]

33'）$^{[m]}$*Aš-šur-bēl-k*[*a-l*]*a šar*$_4$^{kur}*Aš-šu*[*r*]

34'）[*mārat*] ^{md}*Adad-apla-iddinana šar*$_4$^{kur}*Kar-du-ni-aš*$_2$ *e-hu-z*[*u*]

35'）*iš-tu nu-du-ni-ša*$_2$ *ma-*'-*di a-na* ^{kur}*Aš-šur il-qa-*[*a*]

36'）*nišū*^{meš} ^{kur}*Aš-šur* ^{kur}*Kar-du-ni-a*[*š*$_2$]

37'）*it-ti a-ha-meš i*[*b*]-*ba-*[*lu*]

译文："在亚述国王阿舒尔贝尔卡拉时期，马尔杜克沙皮克泽里（是）卡尔杜尼阿什的国王。他们达成了友善的谅解。在亚述国王阿舒尔贝尔卡拉时期，卡尔杜尼阿什的国王马尔杜克沙克沙皮克泽里去世。他（阿舒尔贝尔卡拉）任命了某

某的儿子埃萨吉尔沙杜尼的儿子阿达德阿普拉伊丁那，作为（巴比伦的）国王。亚述国王阿舒尔贝尔卡拉娶了卡尔杜尼阿什的国王阿达德阿普拉伊丁那的女儿，（并且）将她（阿达德阿普拉伊丁那的女儿）以及她的大量的嫁妆带到亚述。亚述（和）卡尔杜尼阿什的人们联合起来。"

亚述的提格拉特帕拉萨尔一世之子阿舒尔贝尔卡拉（Ashur-bel-kala，公元前1073—前1056年）时期攻占了巴比伦的部分领土，并且将自己的女儿嫁给了巴比伦国王阿达德阿普拉伊丁那（Adad-apla-iddina，公元前1067—前1064年），[1] 在此之后亚述逐渐衰微，直到新亚述时期才再次崛起。

（一）巴比伦国王布尔纳布里亚什二世与亚述公主穆巴利塔特舍鲁娅

布尔纳布里亚什二世（Burna-Buriash Ⅱ，公元前1359—前1333年）[2] 是加喜特巴比伦的第十位国王，其前任是卡达什曼恩利尔一世（Kadash-man-Enlil Ⅰ），继承者是卡拉哈尔达什（Kara-hardash）。布尔纳布里亚什二世娶了中亚述国王阿舒尔乌巴里特一世的女儿穆巴利塔特舍鲁娅（Muballitat-Sherua）。[3]

TCS 5 Chronicle 21 i（Middle Assyria, Aššur-bel-kala）
8'）*ina tar-ṣi* ᵐ*Aš-šur-*ᵘ²*uballiṭ šar₄* ᵏᵘʳ*Aš-šur* ᵐ*Ka-ra-har-da-aš₂*

---

① John A. Brinkman, "A Preliminary Catalogue of Written Sources for a Political History of Babylonia: 1160 – 722 B. C. ", *Journal of Cuneiform Studies* 16/4 (1962), pp. 90 – 91; A. Kirk Grayson, *Assyrian and Babylonian Chronicles*, Winona Lake: Eisenbrauns, 2000, p. 165; Daisuke Shibata, "Dynastic Marriages in Assyria during the Late Second Millennium BC", in Bleda S. Düring (ed.), *Understanding Hegemonic Practices of the Early Assyrian Empire: Essays dedicated to Frans Wiggermann*, Leiden: Nederlands Instituut voor het Nabije Oosten, 2015, p. 239.

② 写作 Bur-na-Bu-ri-ia-aš, 在加喜特语中意为 "万国之主的仆人"。布里亚什（Buriaš）是加喜特的暴风雨神，可能对应于希腊的玻瑞阿斯风神（Boreas），参见 Georges Roux, *Ancient Iraq*, Middlesex: Penguin Books, 1966, pp. 221, 233 – 234.

③ A. Kirk Grayson, *Assyrian and Babylonian Chronicles*, Locust Valley: Augustin, 1975, pp. 157 – 177; Marc van de Mieroop, *A History of the Ancient Near East (ca. 3000 – 323 BC)*, Malden: Blackwell Publishing, 2007, p. 175, 181; Karen Radner, *A Short History of Babylon*, London: Bloomsbury Academic, 2020, p. 74; 刘文鹏主编：《古代西亚北非文明》，中国社会科学出版社1999年版，第284页。同时，布尔纳布里亚什二世的女儿玛丽格纳尔（Malignal, 或 Mal-Nikkal）被嫁给了赫梯国王苏皮鲁流马一世，巴比伦在与亚述联姻的同时，也与赫梯进行了联姻，这使得这一时期的中东大国之间的外交关系更为复杂，参见本书第130页"四 赫梯与巴比伦的政治婚姻"。

9') $\check{s}ar_4$ ^{kur}Kar-du-ni-$a\check{s}_2$ $m\bar{a}r$ ^{sal}Mu-bal-$li\underset{.}{t}a$-at-$^d\check{S}e$-ru-u_2-a

10') $m\bar{a}rat$ $^mA\check{s}$-$\check{s}ur$-$^{u2}uballi\underset{.}{t}$ $\underset{.}{s}\bar{a}b\bar{e}^{me\check{s}}$ $Ka\check{s}$-$\check{s}i$-e

11') ib-bal-ki-tu-ma $id\bar{u}k\bar{u}$-$\check{s}u$ ^mNa-zi-bu-ga-$a\check{s}_2$

12') $[\ ^{kur}Ka\check{s}$-$\check{s}a_2]$ -a-a $m\bar{a}r$ la ma-ma-na a-na $\check{s}arru$-u_2-te a-na $muhhi$-$\check{s}u_2$-nu $i\check{s}$-$\check{s}u_2$-u_2

译文："在亚述国王阿舒尔乌巴里特（一世）时期，加喜特军队叛乱反抗卡尔杜尼阿什的国王、阿舒尔乌巴里特（一世）的女儿穆巴利塔特舍鲁娅的儿子卡拉哈尔达什，并且杀死了他（卡拉哈尔达什）。他们（加喜特人）拥护一个加喜特人、某某之子纳兹布伽什（Nazibugash）登上（巴比伦的）王位。"

TCS 5 Chronicle 22 i（Middle Assyria，Aššur-bel-kala）

5) $[^mKada\check{s}_2$-man-$Ha]$ r-be $m\bar{a}r$ ^mKara-in-da-$a\check{s}_2$ $m\bar{a}ru$ $\check{s}a_2$ ^{sal}Mu-bal-$li\underset{.}{t}$-at-$\underset{.}{S}eru$-u-a

6) $[m\bar{a}rtu$-$\check{s}u_2]$ $\check{s}a_2$ $^mA\check{s}\check{s}ur$-$uballi\underset{.}{t}_3$ ^{it} $\check{s}ar_3$ $^{kur}A\check{s}\check{s}ur^{ki}$ ka-ma-ri Su-ti-i rab-ba-a-tu_2

7) $ultu$ $\underset{.}{s}i$-it $^d\check{S}am\check{s}i^{\check{s}i}$ adi e-reb $^d\check{S}am\check{s}i^{\check{s}i}$ $i\check{s}$-pur-ma adi la_3 $ba\check{s}\hat{e}$（gal_2）$em\bar{u}q\bar{e}$（e-muq）$^{me\check{s}}$-$\check{s}u_2$-nu $<u_2$-$\check{s}a_2$-$lik>$

8) ^{uru}bi-ra-a-tu_2 ina qi_2-rib ^{kur}hi-hi u_2-$ka\underset{.}{s}\underset{.}{s}ir$ ^{pu2}ku-up-pu ip-te-e-ma

9) a-na $ma\underset{.}{s}\underset{.}{s}artu^{tu2}$ du-un-nu-nu $ni\check{s}\bar{e}^{me\check{s}}$ ina $libbi$-$\check{s}i$-na a-bur-$ri\check{s}$ u_2-$\check{s}e$-$\check{s}ib$ ar_2-ka-nu

10) $ni\check{s}\bar{u}^{me\check{s}}$ $Ka\check{s}$-$\check{s}i$-i $ibbalkit\bar{u}^{me\check{s}}$-$\check{s}u_2$ $id\bar{u}k\bar{u}^{me\check{s}}$-$\check{s}u_2$ $^m\check{S}u$-zi-ga-$a\check{s}_2$ $^{kur}Ka\check{s}$-$\check{s}a_2$-a

11) $m\bar{a}r$ la ma-am-nu a-na $\check{s}arru$-u_2-tu a-na $muhhi$-$\check{s}u_2$-nu $i\check{s}$-$\check{s}u$-u_2 $^mA\check{s}\check{s}ur$-$uballi\underset{.}{t}_3$ ^{it}

12) $[\check{s}ar_3]$ $^{kur}A\check{s}$-$\check{s}ur^{ki}$ a-na tu-ru gi-mir $\check{s}a_2$ $^mKada\check{s}_2$-man-Kar-be $m\bar{a}r$ $m\bar{a}rti$-$\check{s}u_2$

13) $[a$-$n]$ a ^{kur}Kar-an-$[dun$-ia_2-$a\check{s}_3$ $i]$ l-lik $^m\check{S}u$-zi-ga-$a\check{s}_2$ $^{kur}[Ka\check{s}]$ -$\check{s}a_2$-a

14) $[i$-duk ^mKu-ri-gal-zu $m\bar{a}r$ $^mKada\check{s}_2]$ -man-Har-be ina ku $[s\hat{e}$ abi-$\check{s}u_2$ u_2-$\check{s}e$-$\check{s}ib]$

译文："亚述国王阿舒尔乌巴里特（一世）的女儿穆巴利塔特舍鲁娅的儿子卡拉哈尔达什（卡拉因达什）的儿子卡达什曼哈尔贝（Kadashman-Harbe），命令从东到西铲除苏特人，并且完全摧毁他们的有生力量。他加固了'希希'山的堡垒。他挖了一口井，将人们安置在此以增强防卫。后来，加喜特人反叛他，（并且）杀死了他。他们（加喜特人）将一个加喜特人、某某之子舒兹伽什（Shuzigash）推上王位。亚述国王阿舒尔乌巴里特（一世）行军至卡尔杜尼阿什，替卡达什曼哈尔贝，他女儿的儿子（孙子?）复仇。【他杀死了】加喜特人舒兹伽什，并且让卡达什曼哈尔贝的儿子库里加尔祖（二世）继承其父的王位。"

这一时期正是中亚述开始崛起的时候，加喜特巴比伦通过屡次与亚述的政治婚姻，以巴比伦国王娶亚述国王之女为妻这种方式，在身份上要低于亚述一辈，所以被亚述利用，强制干预巴比伦内务。

（二）亚述国王阿舒尔贝尔卡拉与巴比伦公主

亚述国王阿舒尔贝尔卡拉统治时期，是中亚述走向衰落的开始。他娶了巴比伦国王阿达德阿普拉伊丁那的女儿（匿名）。这一时期巴比伦很可能成了亚述的附属国。[①] 阿达德阿普拉伊丁那是伊新第二王朝（或巴比伦第四王朝）的第八位国王。他在位时期，是巴比伦学术发展的黄金时期。

二 埃及与米坦尼的政治婚姻

公元前 14 世纪上半叶，埃兰处于新王国时期的第 18 王朝，也是埃及帝国时期。[②] 据"阿马尔那书信"记载，[③] 这一时期的埃及和米坦尼都是中东地区的强国，二者为了争夺叙利亚地区进行了诸多纷争，为了对付共同的敌人赫梯，二者一段时间内通过政治外交联姻结成暂时的同盟。政治联姻的形式都是埃兰法老娶米坦尼的公主，这一时期的埃及法老（尤其以阿蒙霍特普三世最为巨）娶了若干外国公主为妻，与西亚各国之间建立了错综复杂的外交联姻关系，这些政治联姻的形成对于这一时期的中东大国关系具有重要的影响。

---

① Albert Kirk Grayson, *Assyrian and Babylonian chronicles*, Locust Valley：J. J. Augustin, 1975, pp. 203 – 204.

② 关于古埃及的政治婚姻，参见郭丹彤《论第十八王朝时期埃及和米坦尼王国的关系》，《东北师大学报》（哲学社会科学版）2006 年第 6 期；郭丹彤：《公元前 1600 年—前 1200 年古代东地中海世界的联盟和联姻》，《东北师大学报》（哲学社会科学版）2009 年第 6 期；王海利：《古埃及第 18 王朝外交婚姻政策的思想阐释》，硕士学位论文，东北师范大学，1999 年；王海利：《古埃及"只娶不嫁"的外交婚姻》，《历史研究》2002 年第 6 期；袁指挥：《阿马尔那泥板中所见的近东大国外交》，博士学位论文，东北师范大学，2006 年；袁指挥：《阿马尔那时代近东大国外交研究述评》，《西南大学学报》（社会科学版）2011 年第 3 期；郭丹彤：《古代埃及对外关系研究》，黑龙江人民出版社 2005 年版；卢会影：《古埃及新王国时期的婚姻生活》，硕士学位论文，吉林大学，2006 年；[芬兰] E. A. 韦斯特马克：《人类婚姻史》，李彬等译，商务印书馆 2015 年版；Alan R. Schulman, "Diplomatic Marriage in the Egytian New Kingdom", *Journal of Near Eastern Studies* 38/3 (1979), pp. 177 – 193.

③ William L. Moran, *The Amarna Letters*, Baltimore：Johns Hopkins University Press, 1992；Raymond Cohen and Raymond Westbrook, eds., *Amarna Diplomacy：The Beginnings of International Relations*, Baltimore：Johns Hopkins University Press, 2000；Jana Mynarova, *Language of Amarna-Language of Diplomacy：Perspectives on the Amarna Letters*, Prague：Charles University in Prague, 2007；Anson F. Rainey, *The El-Amarna Correspondence：A New Edition of the Cuneiform Letters from the Site of El-Amarna based on Collations of all Extant Tablets*, Leiden：Brill, 2015.

（一）埃及法老图特摩斯四世与米坦尼公主

图特摩斯四世（Thutmosis Ⅳ，公元前 1398—前 1388 年在位）是古埃及新王国时期第十八王朝的第八位法老，阿蒙霍特普二世之子。他最著名的成就是修复了吉萨的狮身人面像以及树立记梦碑。在位时期很少有战争，他镇压了一次努比亚小型起义。他与米坦尼保持了长久的和平局面，为了稳住这种和平，他采取与米坦尼政治联姻的方式。图特摩斯四世娶了米坦尼国王阿尔塔塔玛一世（Artatama Ⅰ）的女儿。

（二）埃及法老阿蒙霍特普三世与米坦尼公主吉鲁海帕

阿蒙霍特普三世（Amenhotep Ⅲ，公元前 1388—前 1350 年在位）[①] 是古埃及第十八王朝的第九位法老，图特摩斯四世之子。阿蒙霍特普三世在位时期是古埃及第十八王朝的全盛时代，他大力发展对外关系，通过外交婚姻加强与巴比伦、米坦尼等国的结盟与友好关系，在国内修建底比斯神庙等建筑，其统治末年埃及对叙利亚地区的控制出现松动。他的外交事迹主要见于阿马尔那书信中。阿蒙霍特普三世的许多妻子都是外国的公主，她们都是通过外交婚姻的方式被嫁到了埃及。

舒塔尔那二世（Shuttarna Ⅱ）是米坦尼的国王，他统治时期是米坦尼王国最强大、最繁盛的时期。在西边从阿拉拉赫，米坦尼同埃及在北叙利亚的奥朗特河（Orontes）相毗邻。米坦尼王国的核心区域位于哈布尔河盆地，首都瓦什舒卡尼（Washshukanni）位于这里。在东边，亚述和阿拉帕（Arrapha）是米坦尼的附属国。赫梯试图入侵米坦尼的北部边境，但被舒塔尔纳击退。舒塔尔那二世的继任者是其子图什拉塔（Tushratta），或者阿尔塔舒玛拉（Artashshumara），存在争议。

阿蒙霍特普三世在其统治第 10 年，娶了米坦尼国王舒塔尔纳二世

[①]　阿蒙霍特普三世一共娶了大概 6 位外国公主为妻：（1）米坦尼国王舒塔尔那二世的女儿吉鲁海帕（其统治第 10 年）；（2）米坦尼国王图什拉塔的女儿达什海帕（其统治第 36 年）；（3）加喜特巴比伦国王库里加尔朱一世的女儿；（4）加喜特巴比伦国王卡达什曼恩利尔的女儿；（5）阿尔扎瓦国王塔尔浑达拉杜（Tarhundaradu）的女儿；（6）阿米亚的统治者的女儿。参见 Aidan Dodson, Dyan Hilton, *The Complete Royal Families of Ancient Egypt*, London：Thames & Hudson, 2004, p. 155；Joann Fletcher, *Chronicle of a Pharaoh-The Intimate Life of Amenhotep Ⅲ*. Oxford：Oxford University Press, 2000, p. 156；Wolfram Grajetzki, *Ancient Egyptian Queens: A Hieroglyphic Dictionary*, London：Golden House Publications, 2005. 关于阿蒙霍特普三世的事迹，参见葛会鹏《论古代埃及十八王朝法老阿蒙霍特普三世的统治》，硕士学位论文，东北师范大学，2009 年；彭再生：《论阿蒙霍特普三世时期对亚洲的和平外交政策》，硕士学位论文，吉林大学，2009 年。

的女儿吉鲁海帕（Giluhepa，或者 Kilu-Hepa，Gilukhepa）。舒塔尔纳二世是公元前 14 世纪早期米坦尼王国的国王。他是米坦尼著名国王阿尔塔塔玛一世的后代（很可能是他的儿子）。舒塔尔纳二世和埃及法老阿蒙霍特普三世通过政治联姻建立同盟关系，这些事迹被记录在阿马尔那书信中。

（三）埃及法老阿蒙霍特普三世与米坦尼公主达杜海帕

阿蒙霍特普三世娶了米坦尼国王图什拉塔的女儿达杜海帕（Daduhepa 或 Tadukhipa）。图什拉塔是公元前 14 世纪中叶米坦尼的国王。他是舒塔尔那二世的儿子，也是米坦尼国王阿尔塔舒玛拉的弟弟。[①]

三 埃及与巴比伦的政治婚姻

埃及与巴比伦之间由于相距相对比较远，两国之间还是以和平友好的关系为主，但是在政治婚姻这件事上，似乎两国是不平等的。这当然要提到埃及历史上的"只娶不嫁"的婚姻传统，即埃及的法老只会娶外国的公主到埃及来，却绝不会将埃及的公主嫁到外国去。[②] 在一封阿马尔那信件中，记载了埃及法老阿蒙霍特普三世与巴比伦国王卡达什曼恩利勒一世之间有关外交婚姻的对话，巴比伦国王说："你，我的兄弟，当我因为希望和你的一个女儿结婚而给你写信的时候，依照你们公主不外嫁的惯例，你在回信中说'从远古时起埃及国王的女儿就从不外嫁。'可是为什么她们不外嫁呢？你既然是国王，只要你愿意的话，你想怎么做都可以，所以如果你想要把你的女儿外嫁，谁又敢说个'不'呢？当我被告知这个信息后，我写信给我的兄弟如下：'其他埃及人的女儿，只要她长得漂亮，我就会把她当成你自己的女儿，有谁敢说她不是你的女儿呢？'可是你却依然坚持你开始的决定，坚决不把任何埃及女人嫁给我。"[③] 埃及法老甚至连一名普通的埃及女子也不愿意嫁给巴比伦的国

[①] Gernot Wilhelm, "Tušratta", *Reallexikon der Assyriologie und Vorderasiatischen Archäologie* 14 (2014), p. 222. 关于图什拉塔，参见 Hans-Peter Adler, *Das Akkadische des Königs Tušratta von Mitanni*, Alter Orient und Altes Testament 201, Kevelaer：Butzon und Bercker / Neu-kirchen-Vluyn：Neukirchener Verlag, 1976.

[②] 王海利：《古埃及"只娶不嫁"的外交婚姻》，《历史研究》2002 年第 6 期。

[③] William L. Moran, *The Amarna Letters*, Baltimore and London：The Johns Hopkins University Press, 1992, pp. 8–9（EA 4）.

王，这虽然是坚持了埃及的传统婚俗，但是却在国际关系中违反了平等的原则，使得埃及在外交关系中处于不利的地位，也正中巴比伦国王的下怀。于是巴比伦国王又说道："尽管你不能把一位埃及女人嫁给我，不过我不能像你那样不把我国的女儿嫁给你，相反我将把我的女儿嫁给你。"① 在这场外交婚姻的较量中，最终埃及赢得了面子上的胜利，而巴比伦则赢得了国际社会上的同情与支持。在这封信的最后，巴比伦国王向埃及法老提出了黄金的要求，索要了 3000 塔兰特的黄金作为外嫁公主的代价，显然巴比伦国王的真实目的是经济利益。总之，在这次埃及与巴比伦的外交博弈中，"巴比伦通过各种外交技巧在国际上赢得了道义上的主动权，通过巧妙的政治联姻向埃及获取了最大限度的经济利益。而反观阿蒙霍特普三世统治下的埃及，虽然在与巴比伦的外交上处于下风。但埃及也不是一无所获，它使巴比伦承认了自己在近东地区的大国地位"②。

（一）埃及法老阿蒙霍特普三世与巴比伦国王库里加尔朱一世之女

埃及第十八王朝第九位法老阿蒙霍特普三世娶了加喜特巴比伦国王库里加尔朱一世（Kurigalzu Ⅰ）的女儿。③

（二）埃及法老阿蒙霍特普三世与巴比伦国王卡达什曼恩利勒一世之女

阿蒙霍特普三世娶了加喜特巴比伦国王卡达什曼恩利勒一世（公元前1374—前 1360 年在位）④ 的女儿。

---

① William L. Moran, *The Amarna Letters*, Baltimore and London: The Johns Hopkins University Press, 1992, pp. 20–40（EA 4）.

② 葛会鹏：《论古代埃及十八王朝法老阿蒙霍特普三世的统治》，硕士学位论文，东北师范大学，2009 年，第 18 页。

③ Wolfram Grajetzki, *Ancient Egyptian Queens: A Hieroglyphic Dictionary*, London: Golden House Publications, 2005.

④ Helena Cassin, *Babylonien unter den Kassiten und das mittlere assyrische Reich*, Fischer Weltgeschichte 3, Frankfurt: Fischer Verlag, 1993; Betina Faist, *Der Fernhandel des assyrischen Reiches zwischen dem 14. und dem 11. Jahrhundert vor Christus*, Alter Orient und Altes Testament 265, Münster: Ugarit Verlag, 2001; J. A. Brinkman, *Materials for the Study of Kassite History*, Vol. I. Chicago: Oriental Institute of the University of Chicago, 1976, pp. 130–134, 140, 144, 107, 387; Trevor Bryce, *Letters of the Great Kings of the Ancient Near East: The Royal Correspondence of the Late Bronze Age*, London and New York: Routledge, 2003, p. 79.

（三）埃及法老埃赫那吞与巴比伦国王布尔纳布里亚什二世之女

埃赫那吞（Akhenaten，原名阿蒙霍特普四世 Amenhotep Ⅳ，公元前1351—前1334年在位）是古埃及第十八王朝的第十位法老，阿蒙霍特普三世之子。埃赫那吞在位时期，推行了崇拜阿吞神、放弃阿蒙神崇拜的宗教改革运动，这使他成了古埃及最知名的法老之一。在对外关系方面，埃赫那吞也仿效他的前辈们的做法，通过外交政治婚姻来加强同西亚各大国的和平友好关系。据文献记载，埃赫那吞娶了巴比伦国王布尔纳布里亚什二世的女儿。[①] 布尔纳布里亚什二世和古埃及新王国时期的著名法老埃赫那吞处于同一时期。他和埃及法老的通信被保留在"阿马尔那书信"的9封信件中。

四　赫梯与巴比伦的政治婚姻

苏皮鲁流马是赫梯国王图德哈里亚二世（Tudhaliya Ⅱ）和王后达杜赫帕的儿子。图德哈里亚二世去世后，王位由其子图德哈里亚三世（他是苏皮鲁流马的哥哥）继承，但是继位不久就被推翻，王位由苏皮鲁流马继承。苏皮鲁流马统治时期是赫梯帝国疆域最大的时期，他通过与巴比伦的联姻与联盟，挑战埃及帝国在地中海沿岸的霸权。根据澳大利亚赫梯学家特雷沃·布赖斯（Trevor Bryce）的观点，[②] 苏皮鲁流马有两个妻子，第一个妻子是海恩提（Henti）作为王后，她生了穆尔西里二世（Mursili Ⅱ），她可能被丈夫苏皮鲁流马放逐到阿西亚瓦（Ahhiyawa）之地。而苏皮鲁流马与巴比伦公主玛丽格纳尔的联姻可能是导致王后被放逐的原因。[③]

苏皮鲁流马一世（Suppiluliuma Ⅰ）娶了巴比伦国王布尔纳布里亚什二世的女儿玛丽格纳尔（Malignal 或 Mal-Nikkal），作为他的第三个、也是最后一任妻子，位居达杜赫帕[④]、海恩提之后。在玛丽格纳尔加入赫梯之

---

① Wolfram Grajetzki, *Ancient Egyptian Queens：A Hieroglyphic Dictionary*, London：Golden House Publications, 2005.

② Trevor Bryce, *The Kingdom of the Hittites*, Oxford：Oxford University Press, 1999.

③ Trevor Bryce, *Letters of the Great Kings of the Ancient Near East：The Royal Correspondence of the Late Bronze Age*. London and New York：Routledge, 2003, pp. 14, 103.

④ Dadu-Hepa, 不同于上文提到的图什拉塔之女 Daduhepa, 她嫁给了埃及法老阿蒙霍特普三世。

后，她用塔瓦娜娜（Tawananna）作为自己的称号。她至少有一个女儿穆瓦提（Muwatti）。① 由于这一门婚姻，苏皮鲁流马一世在面对米坦尼继承危机时，采取了中立的立场。他拒绝庇护在逃的赫梯王子沙提瓦扎（库尔提瓦扎），并且支持沙提瓦扎在哈梯复职。②

五　米坦尼与赫梯的政治婚姻

米坦尼统治者库尔提瓦扎（Kurtiwaza）娶了苏皮鲁流马一世的女儿。库尔提瓦扎，又叫沙提瓦扎 Shattiwaza 或 Mattiwaza），是米坦尼胡里王国的国王（公元前14世纪末期）。他是国王图什拉塔的兄弟。在前王去世之后，篡位者舒塔尔那三世（Shuttarna Ⅲ）试图谋杀库尔提瓦扎。但是库尔提瓦扎逃到赫梯，寻求赫梯国王苏皮鲁流马的庇护。库尔提瓦扎娶了苏皮鲁流马的女儿，带领赫梯援军回到米坦尼。篡位者舒塔尔那三世被击败，库尔提瓦扎自任米坦尼国王。这一事件被记录在《苏皮鲁流马与沙提瓦扎/库尔提瓦扎的条约》（Treaty of Suppululiuma and Shattiwaza，公元前1375—前1350年）。③ 库尔提瓦扎的继任者是沙图亚拉（Shattuara），米坦尼成为亚述的附属国。

六　埃及与赫梯的政治婚姻

（一）赫梯国王苏皮鲁流马一世之子与埃及王后达卡蒙朱

埃及已故法老的王后达卡蒙朱（Dakhamunzu，或 Anchsepa-Aton）与赫梯王苏皮鲁流马一世之子扎南扎（Zannanza）。根据《苏皮鲁流马敕令》（Deeds of Suppiluliuma）记载，达卡蒙朱是埃及法老图坦卡蒙（Tutankham-un，又叫 Nibhururiya）之妻，在图坦卡蒙去世后，由于她没有后嗣，埃及王廷强迫她嫁给一个"仆人"，据说是埃及的将军霍连姆赫布（Horem-heb）或者她已故丈夫图坦卡蒙的维齐尔阿伊（Ay）。于是，她给赫梯王苏皮鲁流马写信，请求他派任一个儿子来埃及与她联姻，并且让新郎统治埃及。苏皮鲁流马派了使者去埃及调查此事真伪，使者报道此事确信无疑。

① Trevor Bryce, *The Kingdom of the Hittites*, Oxford：Oxford University Press, 1999.

② Trevor Bryce, *The Kingdom of the Hittites*. Oxford：Oxford University Press, 2005, p. 159.

③ Gary Beckman, Harry A. Hoffner（ed.）, *Hittite Diplomatic Texts*, New York：Scholars Press, 1996.

苏皮鲁流马决定抓住这个千载难逢的通过一次联姻就可以轻而易举地控制埃及的时机，他派儿子扎南扎去埃及联姻，不幸的是，扎南扎在路上死去，联姻政策随之泡影。根据两国外交书信，很可能是阿伊在途中暗杀了扎南扎，最终阿依登上埃及法老之位。此事之后，苏皮鲁流马十分愤怒，发兵埃及在迦南和北叙利亚的附属国，占领大片领土。不幸的是，大量埃及战俘带来瘟疫，导致包括苏皮鲁流马一世及其继承者阿尔努万达二世（Arnuwanda Ⅱ）在内的大量赫梯军民死亡，给赫梯国内带来巨大灾难，影响了赫梯的扩张政策。

（二）埃及法老拉美西斯二世与赫梯国王哈图西里三世之女

拉美西斯二世娶了哈图西里三世的女儿普度海帕（Puduhepa）。在其原来的王后去世后，拉美西斯二世在统治的第 34 年任命这位赫梯公主普度海帕作为新王后。王后普度海帕还将胡里神引入到了赫梯。[1]

七 巴比伦与埃兰的政治婚姻

加喜特巴比伦和埃兰的外交关系主要是通过外交婚姻（即两国王室之间的通婚）的方式来维持着和平。一件现藏于柏林西亚博物馆的新巴比伦时期的文学文献抄本[2]详细记录了中巴比伦时期埃兰的王室世系，并且也涵盖了外交婚姻这一内容。

（一）埃兰国王帕希尔伊山与巴比伦国王库里加尔朱一世之妹

加喜特巴比伦国王库里加尔朱一世统治时期，埃兰统治者胡尔巴提拉（Hur-batila，泰普提阿哈尔 Tepti-Ahar 的继承人）袭击巴比伦，库里加尔朱击败并赶走了埃兰人。然后他又征服了埃兰首都苏萨。据阿马尔那文献记载，库里加尔朱和埃及法老图特摩斯四世之间互有通信。[3] 据一件新巴

---

① Maciej Popko, *Religions of Asia Minor*, Warsaw：Academic Publications Dialog, 1995, p. 97, 118, 151.

② 见文献 VAT 17020，参见 Jan van Dijk, *Literarische Texte aus Babylon*, Vorderasiatische Schriftdenkmäler 24, Berlin：Akademie-Verlag, 1987, p. 91；Michael Liebig, " Nochmals zu den Feldzügen des Assyrerkönigs Tukulti-Ninurta I. nach Babylonien und seinen Zeitgenossen auf dem babylonischen Thron", *Nouvelles Assyriologiques Brèves et Utilitaires* 2014/28, pp. 49 – 50.

③ Alan R. Schulman, "Diplomatic Marriage in the Egyptian New Kingdom", *Journal of Near Eastern Studies* 38/3（1979），pp. 183 – 184.

比伦时期的文学文献复件（VAT 17020，现藏德国柏林近东博物馆）记载，库里加尔朱一世将他的妹妹（或女儿）嫁给了埃兰国王帕希尔伊山（Pahir-Ishshan，伊格哈尔基 Ige-Halki 之子）。[1]

（二）埃兰国王胡姆班努美那与巴比伦国王库里加尔朱一世之女

库里加尔朱一世将他的女儿嫁给了埃兰国王帕希尔伊山的继承人胡姆班努美那（Humban-Numena）。

（三）埃兰国王胡姆班努美那之子与巴比伦国王布尔纳布里亚什二世之女

埃兰国王胡姆班努美那和库里加尔朱一世的女儿两个人的儿子温塔什那皮里沙（Untash-Napirisha）娶了布尔纳布里亚什二世的女儿。[2]

（四）埃兰国王舒特如克那浑特与巴比伦国王美里施帕克之女

埃兰国王舒特如克那浑特（Shutruk-Nahhunte）娶了加喜特巴比伦国王美里施帕克（Meli-Shipak，公元前 1186—前 1172 年）的大女儿。[3] 舒特如克那浑特及其两个儿子库提尔那浑特（Kutir-Nahhunte，公元前 1155—前 1150 年）和施勒哈克因舒施那克（公元前 1150—前 1120 年）继续宣称埃兰统治巴比伦，由于帕希尔伊山王子与巴比伦国王库里加尔朱一世的大女儿的政治联姻（公元前 1370 年），以及一系列埃兰国王与加喜特巴比伦公主之间的政治联姻。巴比伦与埃兰之间政治婚姻似乎没有起到结盟的作用，反而是"引狼入室"，导致了大量埃兰人入侵两河流域，最终于公元

[1]　Betina Faist, *Der Fernhandel des assyrischen Reiches zwischen dem 14. und dem 11. Jahrhundert vor Christus*, Alter Orient und Altes Testament 265, Münster: Ugarit Verlag, 2001; Jan van Dijk, "Die dynastischen Heiraten zwischen Kassiten und Elamern: eine verhängnisvolle Politik", *Orientalia*, *NOVA SERIES* 55/2 (1986), pp. 159 – 170; Peter Stein, *Die Mittel-und Neu-babylonischen Königsinschriften bis zum Ende der Assyrerherrschaft*, Jenaer Beiträge zum Vorderen Orient 3, Wiesbaden: Harrassowitz, 2000, p. 133; François Vallat, "L' hommage de l' élamite Untash-Napirisha au Cassite Burnaburiash", *Akkakdica* 114 – 115 (1999), p. 112; Daniel T. Potts, "Elamites and Kassites in the Persian Gulf", *Journal of Near Eastern Studies* 65/2 (2006), p. 117; Frans van Koppen, "Inscription of Kurigalzu I", in Mark William Chavalas (ed.), *The ancient Near East: Historical Sources in Translation*, Blackwell Publishing, 2006, pp. 140 – 141; Alan R. Schulman, "Diplomatic Marriage in the Egyptian New Kingdom", *Journal of Near Eastern Studies* 38/3 (1979), pp. 183 – 184.

[2]　Daniel T. Potts, *The Archaeology of Elam: Formation and Transformation of an Ancient Iranian State*, Cambridge: Cambridge University Press, 1999, p. 207.

[3]　Marc van de Mieroop, *A History of the Ancient Near East (ca. 3000 – 323 BC)*, Malden: Blackwell Publishing, 2004, p. 186.

前 1155 年灭亡了加喜特巴比伦。[①]

第三节　大国与小国之间的政治婚姻

大国与小国之间的政治婚姻主要是指埃及与赫梯两个大国与一系列小国或依附国之间的外交联姻。同前面大国之间的平等的外交婚姻相比，大国与小国之间的外交婚姻看似虽然也是平等的，但是实质上却是大国霸权的一种表现，同样也是小国为了自保的一种不得已的生存方式。

一　埃及与诸多小国的政治婚姻
（一）埃及与埃尼沙希的政治婚姻

据阿马尔那书信记载，公元前 1350—前 1335 年，埃尼沙希（Enisha-si）是位于黎巴嫩的贝喀（Beqaa）河谷的一个城市或城邦。[②] 在 382 封书信中，埃尼沙希只在 2 封中被提及，其中一封书信提及沙提亚是埃尼沙希城市的市长或城邦的统治者，另一封书信记录了该城另一位市长阿卜迪里沙（Abdi-Eisha）。[③] 阿蒙霍特普四世娶了埃尼沙希的统治者（或市长）沙提亚（Shatiya）的女儿。

（二）埃及与阿尔扎瓦的政治婚姻

阿尔扎瓦（Arzawa）是公元前 15—前 12 世纪位于小亚细亚西部的一个王国或城邦。根据赫梯文献，阿尔扎瓦的首都是阿帕萨（Apasa），即后来的

---

① Javier Álvarez-Mon, "Braids of Glory. Elamite Sculptural Reliefs from the Highlands：Kūl-e Farah Ⅳ"; Luca Peyronel, "Elam and Eshnunna：Historical and Archaeological Interrelations during the Old Babylonian Period"; Zsolt Gábor Lantos, "Essai d' application de la méthode de la psychologie environnementale à travers l' exemple de la ville méso-élamite de Dūr-untaš (Tchoga-zanbil, Iran), site inscrit au patrimoine mondial de l' Unesco"; Susanne Paulus, "Beziehungen zweier Groβmächte-Elam und Babylonien in der 2. Hälfte des 2. Jt. v. Chr. Ein Beitrag zur internen Chronologie", in Katrien de Graef and Jan Tavernier (eds.), *Susa and Elam, Archaeological, Philological, Historical and Geographical Perspectives：Proceedings of the International Congress Held at Ghent University, December 14 – 17, 2009*, Mémoires de la Délégation en Perse 58, Leiden and Boston：Brill, 2013.

② 郭丹彤：《论新王国时期埃及和巴勒斯坦地区的关系》，《东北师大学报》（哲学社会科学版）2004 年第 2 期；郭丹彤：《第十八王朝时期埃及在叙利亚和巴勒斯坦地区的统治》，《东北师大学报》（哲学社会科学版）2002 年第 2 期。

③ William L. Moran, *The Amarna Letters*, Baltimore：Johns Hopkins University Press, 1987.

以弗所（Ephesus）。① 它与赫梯的西部领土毗邻，是赫梯西部的主要对手。公元前15—前14世纪是阿尔扎瓦的发展高峰期，此时正值赫梯衰微，阿尔扎瓦通过外交联姻与埃及结盟，即埃及法老阿蒙霍特普三世娶了阿尔扎瓦国王塔尔浑塔拉巴（Tarhuntaraba 或 Tarhundaradu）的女儿，这次政治联姻被记录在所谓的阿尔扎瓦的书信中（阿马尔那书信的一部分，第31—32号）。

　　大约公元前1320年，阿尔扎瓦联合小亚细亚西部的米拉万塔（Millawanta）一起反抗赫梯，最终被赫梯国王苏皮鲁流马一世和穆尔西里二世所征服，从此阿尔扎瓦成了赫梯的附属国，赫梯将阿尔扎瓦划分成三个部分：南部叫做米拉（Mira），位于门德雷斯河（Maeander）流域，后来成为著名的卡里亚（Caria）；北部叫做舍哈河之地（Sheha，可能是今盖迪斯河 Gediz），后来成为吕底亚（Lydia）；东部叫做哈帕拉（Hapalla）。② 公元前12世纪，赫梯灭亡后，阿尔扎瓦地区成了吕底亚王国的一部分。

　　（三）埃及与乌加里特的政治婚姻

　　乌加里特是古代东地中海沿岸的一个城邦（今叙利亚拉塔基亚省的拉斯·沙姆拉 Ras Shamra 遗址），与赫梯帝国相毗邻，与埃及有贡赋往来，是两河流域到地中塞浦路斯（古称阿拉什亚）、爱琴海诸岛贸易商路的中转站，地理位置十分重要。在公元前14—前13世纪，乌加里特共有8位国王，处于埃及帝国的影响势力范围之内，同埃及保持着和平友好关系（见表5.4）。阿马尔那文献记载了埃及与乌加里特的外交联姻。公元前12世纪初，乌加里特受到"海上民族"的入侵而灭亡。乌加里特文明成为失落的文明，乌加里特文字很可能是世界上最早的字母文字。自1928年至1970年，法国考古队一直在乌加里特遗址进行发掘工作，出土了楔形文字泥板文献不计其数。③

---

① J. David Hawkins, "The Arzawa letters in recent perspective", *British Museum Studies in Ancient Egypt and Sudan* 14 (2009), pp. 73 – 83; S. Heinhold-Krahmer, *Arzawa: Untersuchungen zu seuner Geschichte nach den hethitischen Quellen*, Heidelberg: Universitätsverlag, 1977.

② J. David Hawkins, "Tarkasnawa King of Mira: Tarkendemos, Bogazköy Sealings, and Karabel", *Anatolian Studies* 48 (1998), pp. 1 – 31; J. Egbert, *A Companion to the Ancient Greek Language*, Chichester: John Wiley & Sons, 2010, pp. 217 – 218; Trevor Bryce, *The Kingdom of the Hittites*, Oxford: Oxford University Press, 2005.

③ Marguerite Yon, *The City of Ugarit at Tell Ras Shamr*, Singapore: Eisenbrauns, 2006, p. 15; Trevor Bryce, *Letters of the Great Kings of the Ancient Near East: The Royal Correspondence of the late Bronze Age*, London and New York: Routledge, 2003.

乌加里特的统治者尼科马杜二世（Niqmadu Ⅱ）娶了阿蒙霍特普三世的后宫女子（德语：Haremsdame）。

表 5.1　　　　　　　　尼科马杜二世的政治婚姻统计表

阿米塔姆如一世	Ammittamru Ⅰ	约公元前 1350 年
尼克马杜二世	Niqmaddu Ⅱ	约公元前 1350—前 1315 年 *
阿尔哈尔巴	Arhalba	约公元前 1315—前 1313 年
尼克美帕	Niqmepa	约公元前 1313—前 1260 年 **
阿米塔姆如二世	Ammittamru Ⅱ	约公元前 1260—前 1235 年 ***
伊比拉努	Ibiranu	约公元前 1235—前 1225 年
阿米塔姆如三世	Ammittamru Ⅲ	约公元前 1225—前 1215 年
阿穆拉皮	Ammurapi	约公元前 1200 年 ****

注意：　*　他和赫梯国王苏皮鲁流马一世处于同一时期。

　　　　**　他是尼克马杜二世之子，与赫梯国王穆尔西里二世签订条约。

　　　　***　他是尼克美帕之子，与阿穆如国王本提西那（Bentisina）处于同一时期。

　　　　****　他与埃及维齐尔巴伊（Bay）同时，乌伽利特灭亡。

（四）埃及与阿米亚的政治婚姻

阿米亚（Ammia）是位于今叙利亚地区的一个小王国。据阿马尔那书信记载，埃及法老阿蒙霍特普三世娶了阿米亚的统治者的女儿。[①] 阿米亚的统治者及其女儿的名字我们都不清楚。

二　赫梯与诸多小国的政治婚姻

（一）赫梯与米拉（阿尔扎瓦）的政治婚姻

米拉（公元前二千纪后半叶）是小亚西部的阿尔扎瓦王国的一个重要城邦，也称为米拉王国。米拉的统治者马什辉鲁瓦（Mashhuiluwa）娶了赫梯王苏皮鲁流马一世的女儿穆瓦提。

---

① Wolfram Grajetzki, *Ancient Egyptian Queens*：*A Hieroglyphic Dictionary*, London：Golden House Publications, 2005.

（二）　赫梯与阿兹－哈亚萨的政治婚姻

阿兹－哈亚萨（Azzi-Hayasa）或哈亚萨－阿兹（Hayasa-Azzi）是青铜时代晚期的一个联邦（约公元前 1500—前 1290 年），由亚美尼亚高原的两个王国组成：阿兹和哈亚萨。哈亚萨位于特拉普宗（Trabzon）的南部；阿兹位于幼发拉底河北部，哈亚萨的南部。阿兹－哈亚萨联邦在公元前 14 世纪与赫梯帝国相抗争，导致约公元前 1190 年哈梯（Hatti）的灭亡。

阿兹－哈亚萨的统治者胡喀那（Huqqana）娶了苏皮鲁流马一世的姐姐（或者妹妹）。

（三）　赫梯与舍哈河国的政治婚姻

舍哈是一个河名，又指该河流域的土地，位于安纳托利亚高原西部地中海沿岸。[1] 舍哈河国统治者马什图利（Mashturi）娶了赫梯国王穆尔西里二世的女儿玛莎纳乌孜（Mashshana-uzzi，或 Illi-IR-innas，是穆瓦塔里二世 Muwatalli II 的妹妹／姐姐）。这次联姻在穆尔西里三世（Murshili III）统治时结束。

马什图利是赫梯的附属国舍哈河国的国王（公元前 13 世纪中叶），他是马纳帕塔尔混塔（Manapa-Tarhunta）的儿子和继任者。在政治上，他支持哈图西里三世（Hattushili III），反对穆尔西里三世的合法统治权。马什图利去世后，舍哈的王位由塔尔浑纳拉杜（Tarhunnaradu）继承。[2]

（四）　赫梯与阿穆如的政治婚姻

阿穆如（Amurru）是古代黎巴嫩北部的一个小国，位于比布罗斯和乌加里特之间的地中海沿岸，北部与米坦尼接壤，依附于赫梯和埃及帝国。[3] 据已知文献记载，赫梯与阿穆如之间的政治婚姻一共有三次。

第一次，阿穆如国统治者本提西那（公元前 1280—前 1275 年，前 1260—前 1230 年第二次统治）娶了赫梯国王哈图西里三世的女儿伽舒利

---

① Susanne Hemhold-Krahmer, "Šeha（-Flussland）", *Reallexikon der Assyriologie und Vorderasiatischen Archäologie* 12（2009），pp. 350–352.

② Susanne Heinhold-Krahmer, "Mašturi", *Reallexikon der Assyriologie und Vorderasiatischen Archäologie* 7（1987–1990），p. 531.

③ Erich Ebeling, "Amurru", *Reallexikon der Assyriologie* 1（1932），pp. 99–101；Itamar Singer, "A Concise History of Amurru", in *Amurru Akkadian. A Linguistic Study*, Shlomo Izre'el（ed.），Harvard Semitic Studies 41/2, Atlanta：Scholars Press, 1991, pp. 164–171；Yuan Zhihui, "Amurru's Expansion and Egypt's Response in the Amarna Age", *Journal of ancient civilizations* 19（2004），pp. 21–31.

亚威亚（Gashshuliyawiya）。

第二次，赫梯国王哈图西里三世的儿子涅利卡里（Nerikkaili）娶了奔台施纳的女儿。

第三次，阿穆如统治者沙乌什加穆瓦（Shaushgamuwa）娶了哈图西里三世的女儿。他娶了他母亲的妹妹。

（五）赫梯与胡卡纳的政治婚姻

苏皮鲁流马把他的妹妹（或姐姐）嫁给了胡卡纳（Hukkana）王国的国王哈亚山（Hayasan）。

第四节　小国之间的政治婚姻

中亚述－中巴比伦时期的小国与小国之间的政治婚姻情况在文献中比较少见，针是由于这些小国的影响力不够，所以诸如阿马尔那书信这样的档案资料很少记录小国的事情，目前已知的这一时期小国之间的外交婚姻主要涉及乌加里特、阿穆如、阿拉拉赫、阿皮沙尔和埃卜拉等小国，它们都位于叙利亚巴勒斯坦地区，即东地中海沿岸区域，至于其他地区的小国情况，我们尚不清楚。

一　乌加里特与阿穆如的政治婚姻

乌加里特统治者尼科美帕（Niqmepa）娶了阿穆如统治者杜铁舒卜（DU-Teshub）的女儿阿哈特米尔库（Ahatmilku）。有关这次政治联姻的文献记载十分少，只见于阿哈特米尔库的文献与杜铁舒卜的印文中。[1] 丈夫去世后，阿哈特米尔库支持她最小的儿子阿米塔姆如二世（Ammittamru Ⅱ）继承王位。但是当她的两个儿子争夺王位时，她驱逐了两个儿子到阿拉什亚（塞浦路斯），自己摄政。[2]

---

[1] Jean Nougayrol, *Les Palais Royal d'Ugarit*, Ⅲ : *Textes Accadiens et Hourrites des Archives est*, *Ouest et Centrales*, Paris：Imprimerie Nationale, 1955, p. 182；Jean Nougayrol, *Le Palais Royal d' Ugarit*, Ⅳ : *Planches textes Accadiens des Archives sud*, Paris：Imprimerie Nationale, 1956, p. 120；C. F. A. Schaeffer, *Ugaritica. Mission de Ras Shamra* 3, Paris：Paul Geuthner, 1939, p. 28.

[2] Emmet J. Sweeney, *Empire of Thebes, or, Ages in Chaos Revisited*, New York：Algora Publishing, 2007, p. 128；Hennie J. Marsman, *Women in Ugarit & Israel：Their Social and Religious Position in the Context of the Ancient Near East*, Leiden：Brill, 2003, p. 660.

　　乌加里特与阿穆如之间第二次已知的政治婚姻是，乌加里特统治者阿米斯坦如二世（Ammistamru Ⅱ）娶了阿穆如统治者本提西那的女儿。关于这一次的外交婚姻，起源于乌特利沙如马（Utrisharruma）的王位继承问题，我们从保存好的离婚档案中得知。乌加里特的王后，即阿穆如国王本提西那的女儿（阿穆如的公主）因为对其丈夫"不忠"，所以被驱逐出乌加里特。她肯定带着结婚时的嫁妆离开了乌加里特，她的儿子（即乌加里特的王子）将决定是跟随着母亲离开乌加里特（放弃王位继承权），还是为了保住王位继承权而离开母亲，选择留在乌加里特。①

二　阿拉拉赫的外交婚姻

（一）阿拉拉赫与阿皮沙尔的政治婚姻

　　阿皮沙尔是位于叙利亚北部地区的一个小国。② 它很可能等同于早王朝时期埃卜拉文献中出现的城邦阿巴尔萨尔（Abarsal），③ 在阿卡德王国时期，纳拉姆辛曾经两次征服过阿皮沙尔，并且俘虏了其国王瑞什阿达德（Rish-Adad）。在古巴比伦时期的马里王室档案的一封由亚塔如姆（Yatarum）给亚斯马赫阿杜的信件中，④ 记载了阿皮沙尔的国王美库姆（Mekum）以及与小亚细亚城邦卡尔凯美什（Carkemish）之间的锡贸易情况，从这封信件中我们知道马里的前王亚赫顿林和阿皮沙尔的盟友关系，另外阿皮沙尔应该距离卡尔凯美什不远。据文献记载，阿拉拉赫的统治者阿米塔库娶了阿皮沙尔的摄政王的女儿。⑤

---

　　① Jean Nougayrol, *Le Palais Royal d'Ugarit*, Ⅳ: *Planches textes Accadiens des Archives sud*, Paris: Imprimerie Nationale, 1956, p. 125.

　　② Trevor R. Bryce, *The Routledge Handbook of the Peoples and Places of Ancient Western Asia*: *The Near East from the Early Bronze Age to the Fall of the Persian Empire*, London and New York: Routledge, 2009, pp. 51 – 52. 注意在乌尔第三王朝文献中也出现了一个叫做阿皮沙尔的地名，但是位于温马的附近，作为温马行省的一个区，可以肯定的是这两个阿皮沙尔并非指一个地方。

　　③ Marco Bonechi, *I nomi geografici dei testi di Ebla*, Répertoire Géographique des Textes Cunéiformes 12/1, Wiesbaden: Dr. Ludwig Reichert Verlag, 1993, pp. 9 – 10; Maria Vittoria Tonietti, "Le cas de Mekum: continuité ou innovation dans la traditio éblaïte entre le Ⅲe et le Ⅱe millénaires?", *Mari*, *Annales de Recherches Interdisciplinaires* 8 (1997), p. 233.

　　④ D. Charpin, N. Ziegler, "Mekum, roi d' Apišal", *MARI* 8 (1997), pp. 243 – 248.

　　⑤ D. J. Wiseman, *The Alalakh Tablets*, London: The British Institute of Archaeology at Ankara, 1953, p. 33, 106 – 107.

（二）阿拉拉赫与埃卜拉的政治婚姻

根据阿拉拉赫国王阿米塔库的一个年名记载，阿米塔库让其儿子娶了埃卜拉摄政王的女儿。这是发生在地中海沿岸的两个近邻小国之间的政治联姻。①

第五节　赫梯的内部政治婚姻

一　汉提里与穆尔西里一世之妹

根据《铁列平敕令》记载，汉提里（Hantili，公元前 1594—前 1464 年在位）原为赫梯国王穆尔西里一世（公元前 1604—前 1594 年在位）的王室持杯者（cup-bearer）。后来，汉提里娶了穆尔西里一世的妹妹（抑或姐姐）哈拉普西里（Harapshili）。② 在大概公元前 1594 年（中年代纪年，短年代纪年对应为公元前 1526 年），汉提里在其女婿孜丹塔（Zidanta）的帮助下，谋杀了穆尔西里一世，并且继承了赫梯王位。

二　铁列平与胡兹亚一世之妹

铁列平（Telipinu，公元前 1574—前 1554 年在位）娶了胡兹亚一世（Huzziya Ⅰ，公元前 16 世纪）的妹妹伊什塔帕里亚（Ishtapariya）。胡兹亚是赫梯古王国的统治者，共统治了 5 年。前任是其父阿穆那（Ammuna），继任是铁列平。根据《铁列平敕令》（*Telepinu Proclamation*）记载，当阿穆那去世后，刺客刺杀了提提亚（Titiya）和汉提里后，胡兹亚成为国王。基于此文献，大多数学者认为提提亚和汉提里是阿穆那的儿子，他们之所以被刺杀，主要是为了阿穆那的另一个儿子胡兹亚能够顺利继承大位。

胡兹亚有一个妹妹叫伊什塔帕里亚或伊斯帕拉亚，她嫁给了铁列平。根据特雷沃·布赖斯的观点，胡兹亚是一个篡位者，而铁列平是阿穆那的

---

① D. J. Wiseman, *The Alalakh Tablets*, London：The British Institute of Archaeology at Ankara, 1953, p. 43：*šanat Am-mi-ta-kum* LUGAL. E *i-nu-ma mārat amēl* ᵁᴿᵁ*Eb-la*ᵏⁱ *a-na* DUMU. A. NI *i-hi-ru* "国王阿米塔库让他的儿子娶了埃卜拉统治者的女儿为妻之年"。

② Edgar Sturtevant, George Bechtel, *A Hittite Chrestomathy*, Washington：Linguistic Society of America, 1935（*Telepinu Proclamation*, §10）.

儿子。[①] 最终，胡兹亚在铁列平统治时期被刺杀，但是他反对铁列平的命令。

中亚述－中巴比伦时期是整个中东国际关系的活跃时期，从埃及到伊朗高原，从小亚细亚到苏美尔地区，各城邦、国家之间为了自身的利益，或政治结盟，或征服战争，最终目的都是为了争霸东地中海这一地区。政治婚姻，特别是外交联姻作为国际关系中重要的手段，在这一时期突破了两河流域的界限，扩展到了赫梯、米坦尼、埃兰、叙利亚巴勒斯坦，甚至是埃及努比亚地区。在这些外交联姻中，大致可以分为两种类型：一种是所谓的"保护模式"，即大国和小国之间的外交联姻，通常是小国依附于大国，或者小国作为大国的附属国和保护国的身份，另一种是"兄弟模式"，即大国与大国、小国与小国之间平等的外交联姻。从阿马尔那书信等档案文献资料中，我们知道各国制定了彼此都要遵循的外交惯例，规范了国际关系和外交关系中的引渡和信使制度，被称为中东历史上继马里王室档案记录的古巴比伦前期之后的又一个外交盛世，而且是古代中东外交史上最活跃、最广泛的一个时代。"而且更为重要的是，晚期青铜时代国家间在外交活动中业已形成了非常规范的仪式规则和行为准则，或者说这一时期已经具有了'非常健全的外交体系'。据此，我们称晚期青铜时代为'第一次外交'或者'国际关系的开始'，尽管用当代的国际关系概念来衡量，晚期青铜时代的国际外交体系或许只是一个雏形而已，但是它却为当下国际关系的研究提供了一个遥远但却真实的范例。"[②]

---

① Trevor R. Bryce, *The Kingdom of the Hittites*, Oxford: Oxford University Press, 2005; Trevor R. Bryce, "Hattušili i and the Problems of the Royal Succession in the Hittite Kingdom", *Anatolian Studies* 31 (1981), pp. 9 – 17.

② 郭丹彤：《公元前 1600 年—前 1200 年古代东地中海世界的联盟和联姻》，《东北师大学报》（哲学社会科学版）2009 年第 6 期。

第六章　新亚述－新巴比伦时期的政治婚姻

新亚述时期（公元前 911—前 612 年）包括前后两个时期：新亚述强国（公元前 911—前 745 年，或新亚述前期）和新亚述帝国（公元前 744—前 612 年，或新亚述后期）。新巴比伦时期（公元前 625—前 539 年），又称为新巴比伦王国，是古代两河流域文明最后的一个历史时期，在它之后，两河流域进入到波斯帝国统治阶段，并且后来相继被希腊人、罗马人、帕提亚人、阿拉伯人统治。

第一节　新亚述－新巴比伦时期概况

公元前 911 年，亚述国王阿达德尼拉里二世（公元前 911—前 891 年）即位，亚述再次在中东历史舞台上活跃起来，在接下来的 300 多年里，亚述军队所向披靡，横扫整个中东地区，建立了地跨亚、非两大洲的亚述帝国，历史上将这一时代的中东称为"亚述的时代"（如图 6.1 所示）。

新亚述时期自阿达德尼拉里二世至阿舒尔乌巴里特二世为止，总共有 17 位国王，其中自阿达德尼拉里二世至阿舒尔尼拉里五世为止共计 9 位国王，自提格拉特帕拉萨尔三世至最后一王阿舒尔乌巴里特二世为止共计 8 位国王。

阿达德尼拉里二世统治时期，亚述摆脱了其他强敌的束缚，使亚述从沉寂中复苏，揭开了新亚述时代的大幕。阿舒尔那西尔帕二世时期，新亚述的霸权开始建立，从他身上我们可以总结亚述杰出国王的共同品质：雄心勃勃、残酷无情、坚韧不拔、具有无穷的精力和指挥才能。[①] 阿舒尔那

---

① 刘文鹏主编：《古代西亚北非文明》，中国社会科学出版社 1998 年版，第 291 页。

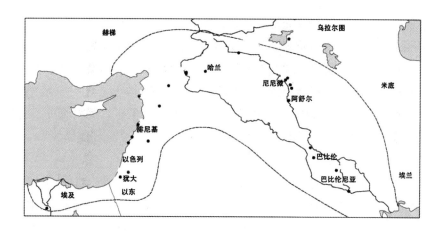

图 6.1　亚述帝国

资料来源：J. Macginnis，"Population and Identity in the Assyrian Empire：A Case Study"，in O. A. Cetrez，S. Donabed，A. Makko，eds.，*The Assyrian Heritage：Threads of Continuity and Influence*，Uppsala：Acta Universitatis Upsaliensis，2012，p. 132.

表 6.1　　　　　　　　　　　　新亚述统治者列表

阿达德尼拉里二世	Adad-nirari Ⅱ	公元前 911—前 891 年
图库尔提尼努尔塔二世	Tukulti-Ninurta Ⅱ	公元前 891—前 884 年
阿舒尔那西尔帕二世	Ashurnasirpal Ⅱ	公元前 883—前 859 年
沙勒马那沙尔三世	Shalmaneser Ⅲ	公元前 859—前 824 年
沙姆西阿达德五世	Shamshi-Adad Ⅴ	公元前 824—前 811 年
阿达德尼拉里三世	Adad-nirari Ⅲ	公元前 811—前 783 年
沙勒马那沙尔四世	Shalmaneser Ⅳ	公元前 783—前 773 年
阿舒尔丹三世	Ashur-dan Ⅲ	公元前 772—前 755 年
阿舒尔尼拉里五世	Ashur-nirari Ⅴ	公元前 755—前 745 年
提格拉特帕拉萨尔三世	Tiglath-Pileser Ⅲ	公元前 745—前 727 年
沙勒马那沙尔五世	Shalmaneser Ⅴ	公元前 727—前 722 年
萨尔贡二世	Sargon Ⅱ	公元前 721—前 705 年
辛那赫里布	Sennacherib	公元前 705—前 681 年
埃萨尔哈东	Esarhaddon	公元前 681—前 669 年
阿舒尔巴尼帕	Ashurbanipal	公元前 668—前 627 年
辛沙尔伊什昆	Sin-shar-ishkun	公元前 627—前 612 年
阿舒尔乌巴里特二世	Ashur-uballit Ⅱ	公元前 612—前 609 年

西尔帕二世在继位后，首先对亚述东北部山区进行了远征，征服了底格里斯河上游若干小国及小亚细亚穆什基人的土地，又南下平定了阿拉米人的叛乱。在平定东方之后，他又开始进军西方，征服幼发拉底河上游的比特阿迪尼王国以及叙利亚诸小国、赫梯和阿拉米一些领土，直到东地中海沿岸的西顿、比布罗斯、阿穆如等国。在其统治第 18 年，阿舒尔那西尔帕二世在阿舒尔城以北、底格里斯河东岸建立了新都卡拉赫（Kalhu 或Calah，今尼姆如德）。

阿达德尼拉里二世的儿子沙勒马那沙尔三世统治时期，对外征服战争更加频繁，他主要对西部叙利亚地区作战，征服了北叙利亚的卡尔凯美什、库木基（Kummukhi）、乌拉尔图、古尔古姆（Gurgum）、哈拉卜（Halab），叙利亚中部的哈马特（Hamath）和大马士革，叙利亚南部，巴勒斯坦、以色列、腓尼基和阿拉伯等地，以及小亚细亚南部塔巴勒（Tabal）等地区。沙勒马那沙尔三世之子沙姆西阿达德五世（公元前824—前811 年）在位初期主要是镇压国内的叛乱，后期致力于征服巴比伦和东部山区。

沙姆西阿达德五世之子阿达德尼拉里三世（公元前811—前783 年）在其统治时期，再次征服叙利亚地区的大马士革，收服赫梯、腓尼基、腓力斯丁、以色列和以东（Edom），对巴比伦采取和平相处，随着地方势力上涨，亚述随后陷入衰落。这时期巴比伦和叙利亚、赫梯等国衰微，相反在东部的米底和乌拉尔图力量逐渐强大，成为亚述统治后期最大的威胁。

亚述在国王提格拉特帕拉萨尔三世在其统治时期，开始奠定了亚述帝国发展的基础，他进行了卓有成效的改革，实行了强制移民政策，对外征服方面，他征服了叙利亚巴勒斯坦等地区，灭亡了以色列王国，插手巴比伦事务。萨尔贡二世很可能是一位篡位者，他统治时期，征服了叙利亚、巴勒斯坦和扎格罗斯山大部分地区，击败了强国乌拉尔图，但引来了斯基泰人，同埃及保持友好关系。在国内事务上，他在尼尼微以北 15 公里建立新都"萨尔贡堡"（Dur-Sharrukin，今豪尔萨巴德 Khorsabad），开创了亚述历史上的萨尔贡王朝。萨尔贡二世之子辛那赫里布征服巴比伦，毁灭巴比伦城，攻占犹太人和埃兰人许多地区，很可能建立了著名的"空中花园"。辛那赫里布最小的儿子埃萨尔哈东继位后，重建巴比伦城，入侵埃及并攻陷孟菲斯，征服了下埃及，在亚述东部击败米底军队，遏制了米底对亚述的渗入。

埃萨尔哈东的儿子阿舒尔巴尼帕统治时期，是亚述帝国最后也是最辉煌的时期。他继其父之后再次远征埃及，并且一直攻占了底比斯，将亚述的统治延伸至上埃及地区。在亚述帝国的北方和东方，阿舒尔巴尼帕同西马连人和米底人作战，同乌拉尔图和斯基泰保持着友好联盟的关系，三次出兵埃兰并且最终征服埃兰，平定巴比伦的叛乱，并且多次击退巴比伦、腓尼基、腓力斯丁、犹太和阿拉伯人组成的反亚述联盟。但是当阿舒尔巴尼帕去世之后，亚述帝国迅速进入衰微，一是帝国内部地方权贵势力强大对中央构成威胁，二是外部敌对民族如米底人、迦勒底人、西马连人和斯基泰人联合反抗亚述，并且最终于公元前 612 年迦勒底人那波帕拉萨尔（Nabopalassar）的新巴比伦王国联合米底人等军队攻克亚述首都尼尼微。公元前 609 年，最后一位亚述国王阿舒尔乌巴里特二世在失去哈兰城后，亚述作为一个政治实体已经结束。公元前 605 年，最后的亚述残余军队在埃及法老尼科二世指挥下兵败卡尔凯美什，亚述帝国至此彻底灭亡，新亚述时期也彻底结束，开始进入到了新巴比伦时期。

第二节　新亚述前期与巴比伦的政治婚姻

一　亚述国王阿达德尼拉里二世与巴比伦国王纳布舒马乌金一世之女

亚述国王阿达德尼拉里二世（Adad-narari Ⅱ，公元前 911—前 891 年）一般被认为是新亚述时期的第一位国王，其父亲是阿舒尔丹二世（Ashurdan Ⅱ，公元前 934—前 912 年）。在镇压了一些附属国的反叛之后，阿达德尼拉里二世继承其父成为亚述新国王，开启了新亚述的辉煌历史篇章。[①] 在巴比伦国王纳布舒马乌金一世统治初期，他和亚述国王阿达德尼拉里二世进行了一场战争，根据亚述史料记载，这场战争的结果是亚述大胜，但是可能这次战役双方都没有绝对的实力征服另一方，所以亚述国王在对待

---

① A. Kirk Grayson, *Assyrian Rulers of the Early First Millennium BC, I（1114－859 BC）*, The Royal Inscriptions of Mesopotamia Assyrian Periods, Volume 2, Toronto: University of Toronto Press, 1991, p. 142.

南方巴比伦的态度上，转而采取和平说服的方式，通过外交联姻形式和巴比伦结成了暂时的同盟关系。

据文献记载，阿达德尼拉里二世娶了巴比伦国王纳布舒马乌金一世（Nabu-shuma-ukin 或 Nabu-shuma-ishkun，他是沙马什穆达米克［Shamash-mudammiq］之子）的女儿。同时，两国君主还互相交换自己的女儿到另一国去作为公主。[①]

TCS 5 Chronicle 21 iii（Neo-Assyrian）

10）^{md}Adad-nērāri šar$_4$^{kur}Aš-šur it-ti ^{md}Nabû-šuma-iškun^{un}

11）šar$_3$^{kur}Kar-du-ni-aš$_2$ im-ta-hi-iş dabdâ-šu$_2$ iš-kun

12）［…］-ban-ba-la ^{uru}hu-da-［x］

13）［…］ālāni$^{meš\ ni}$ ma-'-du-ti

14）ik-šu-ud x šal-la-su-nu ma-' a-tu

15）a-na ^{kur}Aš-šur il-qa-a

16）［…］x ni ma ti māti-šu$_2$ lu e-sir-šu$_2$

17）［…］-hur-šu mārāti^{meš}-šu-nu a-na a-ha-meš id-di-nu

18）ţu-ub-ta su-lu-um-ma-a ga-ma-ra it-ti a-ha-meš iš-ku-nu

译文："亚述国王阿达德拉里（二世），与卡尔杜尼阿什的国王纳布舒马伊什昆（或纳布舒马乌金一世）作战，（并且）击败了他。【……】许多城市，【他征服了……】。他把大量的战利品带回亚述。他隔绝了他（纳布舒马伊什昆）。他们互相把自己的女儿赠给对方（作为对象的妻子进行通婚）。他们一起达成友好协议。"

这种政治联姻的方式在一定程度缓解了这一时期亚述和巴比伦的紧张关系，但是从长远来看，亚述的征服野心依旧不减，不久之后随着亚述帝国的到来，亚述军队在近东地区展开了势如破竹的征服战争，巴比伦再想通过和平的联姻方式到那时也为时已晚。

---

① Steven W. Holloway, "Assyria and Babylonia in the Tenth Century", in Lowell K. Handy（ed.）, *The Age of Solomon*：*Scholarship at the Turn of the Millennium*, Leiden：Brill, 1997, p. 210；Mark Healy, *The Ancient Assyrians*, New York：Osprey, 1991；Fei Chen, *Study on the Synchronistic King List from Ashur*, Leiden：Brill, 2020, p. 89.

二 亚述国王沙姆西阿达德五世与巴比伦国王马尔杜克扎吉尔舒米一世之女

巴比伦国王马尔杜克扎吉尔舒米一世（Marduk-zakir-shumi Ⅰ）是与亚述国王沙勒马那沙尔三世及其儿子沙姆西阿达德五世处于同时代的人。[①]据文献记载，他通过将自己的女儿（或亲属）、巴比伦公主沙穆拉马特（Shammuramat）嫁给了亚述国王沙姆西阿达德五世，从而与亚述结成同盟关系。公元前811年，沙姆西阿达德五世去世后，沙穆拉马特摄政，统治亚述五年，直到其子阿达德尼拉里三世继任。[②]

根据著名的沙勒马那沙尔三世的黑色方尖碑（Balck Obelisk of Shal-maneser Ⅲ）记载，当马尔杜克扎吉尔舒米一世的弟弟马尔杜克贝勒乌沙提（Marduk-bel-ushati）反叛他并且在迪亚拉河流域建立自己的政权时，亚述的沙勒马那沙尔三世应巴比伦王的求助，出兵帮助平叛。在其方尖碑铭文中，沙勒马那沙尔三世宣称他在巴比伦、波尔西帕和库特哈之地进行祭祀，另一块亚述浮雕画面展现了沙勒马那沙尔三世和马尔杜克扎吉尔舒米一世两人手握手，体现了亚述与巴比伦的友好关系。

第三节 亚述帝国时期的政治婚姻

亚述帝国时期的对外政策并不都是军事征服，同时还采取与其他国家或王朝外交联姻的方式，一方面是为了结成政治同盟来对付共同的敌人，另一方面也是为了保护贸易商路的经济目的。亚述帝国的主要政治联姻对象一是北部小亚细亚原赫梯地区的诸小国或城邦，二是帝国东方的斯基泰人。外交联姻在亚述帝国发挥着重要的作用，是亚述武力征服下的另一种有效的外交手段。

---

① A. Kirk Grayson, *Assyrian Rulers of the Early First Millennium BC*, Ⅱ (858–745 BC), The Royal Inscriptions of Mesopotamia Assyrian Periods, Volume 3, Toronto: University of Toronto Press, 1996, p. 180.

② Jamie Novotny and Heather D. Baker (ed.), *Sammu-rāmat or Sammu-ramāt*, Prosopography of the Neo-Assyrian Empire 3/1, Helsinki: The Neo-Assyrian Text Corpus Project, 2004, pp. 1083–1084.

一 塔巴勒与亚述的政治婚姻

塔巴勒王国（Tabal，又称 Bit-Burutash，位于今土耳其的开塞利 Kayseri 地区）是在赫梯帝国灭亡之后出现在小亚中南部的一个小王国，是一个说鲁维语的新赫梯王国。[①]

据萨尔贡二世的王铭记载，他把自己的一个女儿许配给了小亚细亚的塔巴勒王国的王子安巴里斯（Ambaris，约公元前721—前713在位）。虽然在萨尔贡二世的王铭中没有提到参与这次政治联姻的亚述公主的具体名字，但是萨尔贡二世的儿子与继承者辛那赫里布（也即这位公主的兄弟）给其父（即萨尔贡二世）的一封信中，记载有："他们从塔巴勒给我带来了一封信，这封信来自阿哈特阿比莎（Ahat-abisha）的管家纳布莱伊（Nabu-le'i）。因此我把它转送给国王陛下。"[②] 由此我们知道，这位出嫁到塔巴勒的亚述公主就是萨尔贡二世的女儿、辛那赫里布的姐姐（或妹妹）阿哈特阿比莎。

亚述公主阿哈特阿比莎的嫁妆礼是小亚细亚的希拉库王国（Hilakku，位于塔巴勒北部），即亚述将其属国希拉库作为公主的嫁妆也同时赐给了塔巴勒王国。安巴里斯通过与强大的亚述的政治联姻，一跃成为小亚细亚最重要的王国之一。与此同时，亚述通过此次政治联姻，将塔巴勒纳入到了自己帝国的势力范围之内，使其成为亚述同乌拉尔图与弗里吉亚（Phrygia，小亚细亚中部国家）作战的缓冲或过渡地带，缓解了亚述军队长线作战后援供应不足的弊端。不过，在公元前713年，塔巴勒的安巴里斯背叛了萨尔贡二世，加入同亚述的死对手乌拉尔图国王卢萨（Rusa）和弗里吉亚国王米塔（Mita）的同盟，共同反抗亚述。结果，他们的同盟被亚述击败，塔巴勒王国灭亡，并入到了亚述帝国的塔巴勒行省中，安巴里斯及其妻子、亚述公主阿哈特阿比莎连同塔巴勒的贵族们一同被驱逐到亚述。也

---

① Nana Khazaradze, *The Ethnopolitical Entities of Eastern Asia Minor in the First Half of the 1st Millennium BC*, Tbilisi, 1978, pp. 3 – 139; Kurt Bittel, *Hattusha: The Kingdom of the Hittites*, New York: Oxford University Press, 1970, p. 133; Trevor Bryce, *The World of the Neo-Hittite Kingdoms: A Political and Military History*, Oxford and New York: Oxford University Press, 2012.

② Simo Parpola, *The Correspondence of Sargon Ⅱ*, Part Ⅰ: *Letters from Assyria and the West*, State Archives of Assyria 1 (SAA 1), Helsinki: Helsinki University Press, 1987, p. 31.

许是因为作为亚述的驸马的特殊身份，被俘的安巴里斯没有被处死，而依旧和亚述公主生活在一起，在亚述度过了余生。

在亚述帝国的王铭中像这样的政治联姻事例记载得十分罕见，之所以记载这次政治联姻，很可能是为了突出安巴里斯的背叛以及背叛后的亡国下场，以警示后来人吸取教训，忠心于亚述的统治。不过，可以肯定的是，外交联姻这次方式是亚述帝国时期使用得比较多的对外关系手段，也是亚述和平外交手段的体现。

二　斯基泰与亚述的政治婚姻

斯基泰（Scythia，也译为西徐亚）位于亚欧草原中部地区，黑海北部和高加索山脉地区。斯基泰人属于亚欧游牧部落伊朗人一支，在我国古代文献中被称为塞人，其语言也属于伊朗语族东支。历史上，斯基泰人以驯马著称。斯基泰人最早出现在公元前 8 世纪的历史文献中，[1] 古希腊历史学家希罗多德（Herodotus）在其《历史》（Histories）中对斯基泰人有过详细的记载。大约公元前 7 世纪，斯基泰人穿越高加索山脉，来到中东地区，短暂统治过伊朗高原西部的米底。[2] 同亚述起先保持友好同盟关系，后来加入反亚述联盟，成为灭亡亚述的主要力量之一。新巴比伦王国灭亡后，斯基泰人长期同波斯人斗争，并分裂成西斯基泰和东斯基泰。西斯基泰人在公元前 4 世纪被马其顿打败，最终被伊朗另一部落萨尔马提亚人征服，东斯基泰人在公元前 2 世纪陆续被月氏人、乌孙人和匈奴人打败，最后迁移到南亚，成为印度－斯基泰人。[3]

在亚述国王埃萨尔哈东统治时期，东部的斯基泰人、西马连人等联合米底王国成为亚述的主要劲敌。为了改善亚述东部树敌太多的国际环境，亚述统治者试探性地选择采取政治联姻的方式同斯基泰结盟，从而试图达到瓦解反亚述同盟的目的。据亚述国王埃萨尔哈东时期的一块动物内脏占

---

① Oswald Szemerényi, "Four old Iranian ethnic names: Scythian; Skudra; Sogdian; Saka", *Sitzungsberichte der Österreichischen Akademie der Wissenschaften* 371 (1980), pp. 2051 – 2093.

② Christopher I. Beckwith, *Empires of the Silk Road: A History of Central Eurasia from the Bronze Age to the Present*, Princeton: Princeton University Press, 2009, p. 49.

③ Christopher I. Beckwith, *Empires of the Silk Road: A History of Central Eurasia from the Bronze Age to the Present*, Princeton: Princeton University Press, 2009, p. 85.

卜（脏卜）泥板记载，① 埃萨尔哈东询问了太阳神是否斯基泰国王巴尔塔图雅（Bartatua）将会效忠于他，如果他将女儿嫁给巴尔塔图雅的话。② 虽然这次脏卜的主旨是询问斯基泰是否会效忠于亚述，但是由此也引出了一桩政治联姻事件，即斯基泰国王巴尔塔图雅娶了亚述国王埃萨尔哈东的女儿。③

据史料记载，米底酋长卡什塔利提（Kashtariti）计划入侵亚述领土。他的盟友包括西马连人（Cimmerian）和曼纳人（Mannaean）。约公元前678 年，斯基泰国王伊什帕卡（Ishpaka）联合米底人，在约公元前675 年同亚述国王埃萨尔哈东的战役中战死，由巴尔塔图雅继承斯基泰王位。卡什塔利提的联盟旋即解散，亚述人挫败了卡什塔利提的实力。卡什塔利提假装要与亚述和平相处，公元前674 年④（或前676 年⑤），他把自己的一个女儿嫁于亚述王埃萨尔哈东。结果，巴尔塔图雅的斯基泰王国成为亚述帝国的附属国。最终，关于这次和亲虽然没有具体的文献证据，但是从亚述与斯基泰之间的联盟的建立可以窥见一二。⑥ 斯基泰人援助亚述人，在公元前653—前652 年征服了米底。作为对斯基泰人援助的回报，亚述国王把米底的控制权赐给了斯基泰。斯基泰人统治米底直到公元前625 年，

① 关于两河流域的脏卜论述，参见 Ulla Susanne Koch, *Secrets of Extispicy: The Chapter Multābiltu of the Baylonian Extispicy Series and Nisirti Bārûti Texts Mainly from Aššurbanipal's Library*, Alter Orient und Altes Testament 326, Münster: Ugarit-Verlag, 2005; Matthew T. Rutz, "The Archaeology of Mesopotamian Extispicy: Modeling Divination in the Old Babylonian Period", in Matthew T. Rutz and Morag M. Kersel (eds.), *Archaeologies of Text: Archaeology, Technology, and Ethics*, Oxford and Philadephia: Oxbow Books, 2014, pp. 97 – 120; 刘健：《脏卜与古代两河流域的史料学》，《世界历史》1999 年第2 期；马一舟、郭丹彤：《古代两河流域脏卜辞中的阿达德神》，《历史教学》2012 年第7 期；国洪更：《亚述帝国的占卜与军队的征战》，《军事历史研究》2015 年第4 期。

② Ivan Starr, *Queries to the Sungod: Divination and Politics in Sargonid Assyria*, State Archives of Assyria 4 (SAA 4), Helsinki: Helsinki University Press, 1990, pp. 24 – 26.

③ 有关这次脏卜询问的分析，参见 Parsa Daneshmand, "Neo-Assyrian Diplomatic Marriage and Divination: A Case Study", *DABIR: Digital Archive of Brief notes & Iran Review* 1/3 (2017), pp. 15 – 25.

④ Kathryn Hinds, *Barbarians! Scythians and Sarmatians*, Tarrytown: Marshall Cavendish, 2010.

⑤ John I. Boardman, *The Cambridge Ancient History III*, Part 2: *The Assyrian and Babylonian Empires and Other States of the Near East, from the Eighth to the Sixth Centuries B. C.*, Cambridge: Cambridge University Press, 1991, p. 565.

⑥ John I. Boardman, *The Cambridge Ancient History III*, Part 2: *The Assyrian and Babylonian Empires and Other States of the Near East, from the Eighth to the Sixth Centuries B. C.*, Cambridge: Cambridge University Press, 1991, p. 565 – 566.

这一年米底国王基亚克萨雷斯（Cyaxares）的兴起，斯基泰人被迫放弃对米底的统治。斯基泰国王巴尔塔图雅死于公元前 645 年，由他的儿子马蒂斯（Madys）继承大位。

三　亚述国王与外国女子的政治婚姻

除了远嫁公主到外国，亚述国王自己也娶外国公主或贵族女子为妻来与外国进行政治联姻。从提格拉特帕拉萨尔三世的妻子亚巴（Yaba）与萨尔贡二世的妻子阿塔里亚（Atalia，很可能是来自犹大王国的公主）的名字，可以推知她们并不是亚述本土人，而是来自西部某国家的公主或者贵族女子。

此外，据说埃萨尔哈东的母亲那齐娅（Naqia）是巴比伦的阿拉米人。在萨尔贡二世统治之后，中东的许多地区都被纳入到了亚述帝国的版图中，原先的外国领土变成了亚述的土地，原来的外交关系转变成亚述的内部事务，所以相对来说亚述后期政治联姻的数量就显得更加稀罕了。

四　埃及王子与亚述公主的政治婚姻

两国间进行政治联姻时，一般情况下是公主远嫁到男方国家居住，但是在亚述帝国时期，也有一种情况是公主出嫁后和外国丈夫一起居住在亚述国内甚至亚述宫廷里，而其外国丈夫（通常是外国的王子）作为王室人质被"扣押"在亚述国内。其中一位这样的外国王子叫做示撒（Shosheng，或舒散库 Shusanqu），是埃及法老的儿子，他被作为埃及王室人质被扣押在亚述。而根据尼尼微出土的一篇公元前 692 年的法律文献记载，他的身份是国王的女婿。

SAA 6 142（Neo-Assyrian，Nineveh）

正面

1）ṣu-pur ^{m}Lugal-lu-da$_3$-ri

2）ṣu-pur ^{m}A-tar-su-ru

3）ṣu-pur ^{mi2}A-mat-^{d}Su-u-la

4）mi$_2$-šu$_2$ ša ^{m}En-bad$_3$ lu$_2$ 3-šu$_2$ ša a-rit

5）en e₂ sum-*an*

6）e₂ *ep-šu₂ a-di* ^{giš}ur₃^{meš}-*šu₂*

7）*a-di* ^{giš}ig^{meš}*-šu₂* tur₃

8）*ina* ^{uru}*Ni-nu-u-a* suhur e₂ ^m*Man-nu-ki*-pab-meš

9）suhur e₂ ^(m)Dingir-ki-*ia*

10）suhur *su-qa-qi* u₂*-piš-ma*

11）^mGiš-mi-*Aš-šur* lu₂-a-ba

12）lu₂ *mu*ṣ*u-ra-a-a*

13）*ina* ša₃ 1 ma-na ku₃-ud *ša* lugal

背面

1）ta igi ^mLugal-*lu-da₃-ri*

2）ta igi ^{mi2}*A-tar-su-ru*

3）ta igi ^{mi2}*A-mat-su-u-la* mi₂*-šu₂ ša* ^mEn-bad

4）*il-qi kas-pu gam-mur ta-din*

5）e₂ *šu₂-a-tu₂ za-rip* ti

6）*tu-a-ru de-e-ni u* dug₄-dug₄

7）*la-aš₂-šu man-nu ša ina ur-kiš*

8）*ina ma-te-ma lu* lu₂-meš-*e an-nu-ti*

9）*ša de-ni u* dug₄-dug₄

10）ta ^mṢil-Aš-*šur ub-ta-u-u-ni*

11）10 ma-na ku₃-ud sum-*an*

12）igi ^m*Šu-sa-an-qu ha-at-na* man

13）igi ^m*Har-ma*ṣ*a* lu₂-3-*šu₂*

14）igi^m*Ra-su-u* lu₂-gal-ma₂-du-du

15）igi ^{md}Pa-bad₃-pab lu₂-*mu-ri-ba-nu*

16）igi ^m*Har-ma*ṣ*a* lu₂-gal-ma₂-du-du

17）igi ^{md}30-man-pab igi ^m*Zi-it-ti*

印文

1）iti sig₄ u₄ 16-kam *lim-me* ^m*Za-za-a*

2）lu₂-gar-kur ^{uru}*Ar₂-pad-da* igi ^{md}Utu-gin-pab

3）igi ^m*Mi-tu-ru* igi ^{md}Pa-mu-aš

译文："沙如卢达里的指甲，阿塔尔苏如的指甲，持盾"第三人"贝尔杜里的妻子阿马特苏拉的指甲，（他们是）被卖房子的主人。这个在尼尼微的已建房子有横梁、门和一个院子，毗邻曼努吉阿赫的房子、伊鲁伊希亚的房子和街道。埃及书吏茨里阿舒尔签订契约，从沙如卢达里、阿塔尔苏如和贝尔杜里的妻子阿马特苏拉那里支付 1 米纳白银买下了它（房子）。钱款已经全部支付。这个房子已经被购买了、被取得了。任何撤销、诉讼或起诉都是无效的。无论谁在将来的任何时候，不管是这些人（还是其他任何人），想要诉讼和起诉茨里阿舒尔的话，都要支付 10 米纳白银。证人舒散库，国王（辛那赫里布）的女婿；证人哈尔马沙，'第三人'；证人拉乌，船工领头；证人纳布杜如乌簇尔，驯马师；证人哈尔马沙，船工领头；证人辛沙如乌簇尔；证人孜提。第 3 月第 16 日，阿尔帕德的总督扎扎亚为名年官之年。证人沙马什凯努乌簇尔。证人米图如。证人纳布舒姆伊丁那。"

另据一篇埃萨尔哈东统治时期的法律文献记载，示撒娶的是亚述的公主、国王辛那赫里布的女儿沙迪图（Shadditu）。

SAA 6 251（Neo-Assyrian，Nineveh）

正面

4）［……］mi$_2$-šu$_2$ u$_2$-piš-ma ^{mi2}Kur-i-tu$_2$

5）dumu-munus ^{md}30-pab-meš-su man ^{kur}Aš-šur nin-su

6）ša ^{m}Aš-šur-pab-aš man ^{kur}Aš-šur-ma ina ša$_3$-bi 8 ma-na ku$_3$-ud

7）ina ma-ne$_2$-e ša ^{uru}Gar-ga-mis il-qi

译文："亚述国王辛那赫里布的女儿、亚述国王埃萨尔哈东的姐妹沙迪图，已经签订契约，支付 8 米纳（卡尔凯米什标准）白银买下了它（土地）。"

示撒很可能是在公元前 701 年亚述军队对战库什和埃及军队之后到达尼尼微的，这次战役的战场在巴勒斯坦南部、靠近阿克隆（Ekron）的腓力斯丁（Philistine）城不远的埃尔台凯赫（Eltekeh）。根据辛那赫里布的铭文，他俘虏了埃及法老的儿子（DUMU. MEŠ LUGAL. MEŠ KUR. *mu-uṣ-ra-a-a*），而示撒很可能就是这些埃及王子中的一员。辛那赫里布采取的这种通过与扣押在亚述的外国王子们外交联姻的方式，不仅在形式上牢笼了外国王室的心，而且也防止了这些国家结成反亚述同盟，至少在亚述征服埃及的历史过程中，这种政策还是十分有效的，亚述统治者不把这些外国王室的人质作为战俘或囚犯，相反给予极高的礼遇，将亚述的公主嫁给了他们，这不能不说是亚述处理同其他国家（尤其是埃及和库什）的一种十分有效而特殊的外交政策。

第四节　新巴比伦时期的政治婚姻

新巴比伦王国（公元前626—前539年）是由两河流域南部的塞姆族迦勒底人首领那波帕拉沙尔（Nabopalassar）建立，公元前612年他联合米底灭亡了亚述帝国，成为两河流域的新主人，新巴比伦王国也是古代两河流域文明的最后一个王朝，共历6位国王：那波帕拉沙尔、尼布甲尼撒二世（Nebuchadnezzar Ⅱ）、阿美尔马尔杜克（Amel-Marduk）、涅利格里萨尔（Neriglissar）、拉巴施马尔杜克（Labashi-Marduk）和那波尼德（Nabonidus），公元前539年，新巴比伦王国被波斯帝国国王居鲁士所灭（如图6.2所示）。

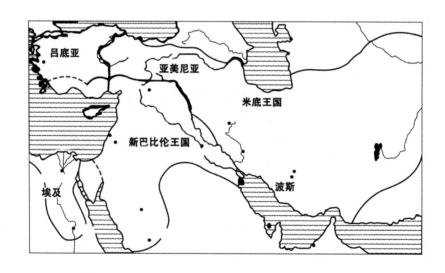

图 6.2　新巴比伦王国

资料来源：M. Liverani, *The Ancient Near East*: *History*, *society and economy*, London and New York: Routledge, 2014, p. 561.

尼布甲尼撒二世娶了米底末王阿斯提阿格斯（Astyages）的女儿阿

密提斯（Amyitis 或 Amytis）。① 据说，尼布甲尼撒二世为这位米底公主建造了著名的"空中花园"②。阿斯提阿格斯是米底王国最后一位国王（公元前585—前550年），是西拉克拉里斯（Cyaxares）的儿子。公元前550年，他的孙子居鲁士夺取王位，建立波斯帝国，并且最终成为新巴比伦王国的掘墓人。此外，尼布甲尼撒二世的女婿是波尔西帕的奈里格里萨尔（Neriglissar），③ 可见巴比伦也与其治下的波尔西帕建立了内部政治联姻。

---

① M. Brosius, *Women in Ancient Persia: 559 – 331 BC*, Oxford: Oxford University Press, 1996, pp. 43 – 45.

② George Yost, "A New Look at Milton's Paradise", *Milton Studies* 10 (1977), pp. 77 – 91; Robert Rollinger, "Berossos and the Monuments: City Walls, Sanctuaries, Palaces and the Hanging Garden", in Johannes Haubold, et al (eds.), *The World of Berossos: Proceedings of the 4th International Colloquium on "The Ancient Near East between Classical and Ancient Oriental Traditions"*, Hatfield College, Durham 7th-9th July 2010, Classica et Orientalia 5, Wiesbaden: Harrassowitz, 2013, pp. 137 – 162.

③ G. van Driel, "Neriglissar (Nergal-šarra-uṣur)", *Reallexikonder Assyriologie und Vorderasiatischen Archäologie* 9 (1998), pp. 228 – 229; Michael Jursa, "The Neo-Babylonian Empire", in M. Gehler, R. Rollinger (eds.), *Imperien und Reiche in der Weltgeschichte. Epochenübergreifende und globalhistorische Vergleiche*, Wiesbaden: Harrassowitz, 2014, p. 132.

结　　论

古代两河流域文明绵延三千年的发展历史，产生了无数对政治联姻的例子，虽然这些政治婚姻都是特定历史条件下政治目的的产物，但是它们有着不同的类型、不同的特征，古代两河流域的政治婚姻有些与古代中国的和亲形式很相似，有些与和亲则全然不同。古代两河流域作为丝绸之路沿线国家和地区，是"一带一路"倡议的重要组成部分，研究它们的政治外交史，对于深入认识和揭露古代两河流域文明的发展特征以及古代世界历史规律的认识有着深远的影响意义。

一　古代两河流域政治婚姻类型

古代两河流域的政治婚姻由于不同的发展时期，不同的地区文化差异，所以不只是有一种类型，而是有多种不同的类型。通过对古代两河流域乃至中东地区所发生的政治婚姻资料的编辑整理与研究，古代两河流域的政治婚姻共有两大类型：王朝外部政治婚姻和王朝内部政治婚姻。第一种婚姻形式也可以称为国与国（或者王朝与王朝）之间的外交婚姻；第二种婚姻形式又可以细分为两小类，即中央王朝与地方政权之间的政治婚姻以及中央王朝王室内部的政治婚姻。

第一，国与国之间的外交婚姻是外部政治婚姻的最主要的一种形式，它又可以进一步细分为三种次形式，即大国与大国之间、大国与小国之间、小国与小国之间的外交联姻。这里所谓的大国和小国也是相对而言，大国主要指在一定的区域内有影响力的国家和王朝，小国主要指依附于大国的附属国或卫星国，虽然受制于大国，但是小国也保留有独立的国君和国家体制。大国与大国之间的外交婚姻是平等的政治婚姻关系，大国之间为了各自的政治利益和目的，通过外交婚姻建立联盟，抑或是为了长期保持和平友好关系，抑或是为了对付共同的敌人。其中最为典型的要属中亚述－中巴比伦时期的中东大国关系，包括埃及、赫梯、米坦尼、亚述和巴比伦五个大国之间围绕着争夺中东霸权的目的，彼此之间建立了错综复杂的双边或多边的外交关系，而外交婚姻是其中重要的一种手段。当然，这种大国之间的外交婚姻也不是亘古不变的，虽然结盟目的的结束，或者新的政治局势的趋势，大国的一方或双方会毫不犹豫地撕毁之前的外交联姻以及联盟关系，而瞬间演变成敌对的双方。大国与小国之间的外交婚姻多是依附关系或隶属关系，这里的小国很多情况下就是大国的附属国或保护国，依靠大国来维持其统治，免遭其他大国的威胁，所以小国通过政治婚姻和所依附的大国建立姻亲关系，这是巩固它们之间结盟的有效手段。比如阿卡德帝国与乌尔凯什之间的外交婚姻，以及中亚述－中巴比伦时期东地中海沿岸（叙利亚巴勒斯坦地区）的诸多小国，它们要么依附于埃及，要么依附于赫梯、米坦尼等大国，这些小国也算是在夹缝中生存，随着其所依附的大国实力的强弱，它们也势必受到影响，而且小国也根据瞬息演变的国际局势，往往改换门庭，投靠更加强大的大国，反而与之前的所依附的大国为敌。小国与小国之间的外交婚姻情况最为复杂，由于文献资料对这些小国的记载相对匮乏，对于它们之间的外交婚姻更是只留下了只言片语，所以导致我们对于小国与小国之间的政治婚姻缺乏详细的论述，只能从仅有的资料来推论这些政治婚姻的内容及影响。

第二，中央王朝与地方政权之间的政治联姻作为古代两河流域政治婚姻的第二种形式，是统一王朝内政方针的一种有效手段。这里大致可以细分为两类：中央王朝的国王娶了地方权贵的女儿为妻，从而将地方权贵家族纳入到了中央王朝王室成员当中，壮大了王室的实力，更加密切了中央和地方的关系；中央王朝国王的女儿（即公主）被嫁给了地方权贵（如地方行省的总督）或者其儿子。这些类型的政治婚姻在乌尔第三王朝时期最为典型，作为统一的中央集权制王朝，乌尔第三王朝对地方行省的统治也采取政治联姻的手段，加强同地方权贵的姻亲关系，一是防止地方离心主义的滋长，二是加强地方行省的向心力，通过姻亲这条线牵住地方。乌尔国王很善于运用政治联姻这一手段，来巩固自己的统治，比如乌尔国王阿马尔辛将自己的十几个女儿中的大多数都许配给了地方行省的权贵和精英，同时给予这些驸马们位置极高的权力，牢笼他们进入乌尔王室的大家庭来，共同管理王朝的统治，从这一点来看，乌尔第三王朝与其说是"国天下"，倒不如说是"家天下"的代表，乌尔王室成员拥有王朝最高的权力分配，这样的集权有利于王朝的稳定与长久统治，防止地方分裂势力的威胁。而地方权贵势力也利用与王室成员联姻的机会，扩大自己的影响范围，提高自己的身份地位，同时可以享受作为王室成员的特殊待遇，通常会被国王委任关键的职位，比如乌尔第三王朝的"大苏卡尔"阿拉德南那通过其儿子娶了国王的女儿，与国王结成了亲家，才从一个地方官员一跃成为乌尔第三王朝"一人之下万人之上"的类似于丞相地位的高级官员，同时身兼数职，由此可见与王室政治联姻的好处所在。

第三，中央王朝王室成员内部的政治联姻发生在古代两河流域历史的特殊阶段，不具有普遍性，属于特例情况。这是属于近亲联姻的一种特殊婚姻方式，甚至有可能涉及乱伦的因素成分。这种政治婚姻的政治目的性不如前两种联姻那么明显，更多带有普通婚姻的特点，但是对于统治者而言，通过在王室成员中近亲联姻从而可以达到巩固王室血脉纯正的目的。

二 古代两河流域政治婚姻特征

古代两河流域的政治婚姻在其历史发展过程中具有自身的时代特征以及独特的区域特色，它既有一般政治婚姻的普遍特性，又有自己的特殊性。

第一，由城邦之间的政治婚姻向国家之间的外交婚姻转变。古代两河流域的政治婚姻起源于早王朝时期，即苏美尔城邦时期，最初的政治婚姻都是发生在城邦与城邦之间，不存在大邦和小邦之分，所以都是平等地位关系的政治联姻，根据文献记载，这些政治婚姻的政治性不是特别显著，而且对于这些政治婚姻的结果和影响作用文献资料中也没有提及，所以很可能这些政治婚姻仅仅是两个城邦之间的普通联姻，只是起到了维持和平友好的关系，而对于结盟的政治目的不是很明显。在阿卡德帝国之后，尤其是古亚述-古巴比伦时期和中亚述-中巴比伦时期，外交婚姻从城邦与城邦之间发展成为国家与国家之间或者王朝与王朝之间，由此也衍生出大国与大国之间、大国与小国之间、小国与小国之间三种外交婚姻，而国家之间的外交婚姻不同于早期城邦之间的外交婚姻，前者具有极强的政治目的性，甚至是国家间外交关系的最主要体现。同时，文献资料对于国家之间，尤其是大国与大国之间的外交婚姻记载得比较详细，从婚姻的发源、经过、结果及其影响都有详细的记录，可见当时对于这样的政治婚姻的重视程度。比如在古巴比伦时期，马里国王金瑞林和叙利亚大国延哈德之间的外交联姻，从出土的马里王室档案中有十分详细的记载，尤其是有关迎亲、聘礼、礼仪等涉及婚礼的事宜有着详细的描述，通过两国之间的书信通话，协商这次政治婚姻的内容与过程，足见对其的重视程度。同样，大国与小国之间的政治婚姻也是有比较详细的描述，只是相比于大国之间的政治婚姻在详细性方面略逊一筹。

第二，政治婚姻具有时效性与不稳定性。政治婚姻与其他婚姻形式最大的不同点就是它的政治性，而这种政治性是具有一定的时代特征，并且依据所处的社会背景。古代两河流域的政治婚姻除了具有这种普遍的政治性之外，还具有自身的特色，即政治婚姻的时效性与不稳定性。政治婚姻，尤其是国家或王朝之间的外交婚姻受到政治背景的制约，随着政治双方关系的变化而变化，所以并不是一成不变的。乌尔第三王朝的诸多外交婚姻，很多都没有起到稳定的联盟作用，根据乌尔第三王朝第二位国王舒尔吉的年名记录，在其统治的第 30 年，国王舒尔吉将自己的女儿、乌尔第三王朝的公主嫁给了伊朗高原西部埃兰地区的国家安山的统治者，[①] 但是在 4 年后（即舒尔吉统治第 34 年）的年名中记录国王舒尔吉毁灭了安山国。[②] 古代两河流域政治婚姻的不稳定性决定了进行婚姻的双方在联姻时各自的政治立场，也体现了古代两河流域国际关系的复杂多变性，正是由于两河流域地处的复杂政治地理环境，在中东地区大国、小国林立的国际大环境下，任何双方缔结的政治联姻都无法做到永久牢固，结盟和敌对关系很可能就是转瞬之间发生的转变，而作为参与政治婚姻的当事人自身是无法决定婚姻的走向，只有他们背后所代表的政治集团利益才是他们婚姻稳定与否的关键因素，而这样的婚姻又何谈其幸福与否？政治婚姻的时

---

　　① 原文：mu dumu-munus lugal ensi$_2$ An-ša-an^{ki}-ke$_4$ ba-an-tuku，"安山的恩西娶了（乌尔）国王（舒尔吉）的女儿为妻之年"。

　　② 原文：mu An-ša-an^{ki} ba-hul，"安山被毁之年"。

效性除了表现在结盟的双方因为某种原因解除联盟关系而变为敌对关系后，原来的姻亲关系也随之解体，还表现在缔结政治婚姻的双方中一方转投了另一方的敌国，以至于成了原来联姻方的敌国，从而导致之前的姻亲关系解体，这种情况尤其发生在小国与大国之间的外交婚姻，小国根据国际形势，转投另外一个大国作为依靠或者成了另一大国的附属国，而背离了之前有姻亲关系的大国，这样的外交婚姻也势必会解体。由此可见，政治婚姻只是作为国家间或国家之内的一种政治工具和手段而已，它能够保持多久的时间，并不是取决于参与婚姻的男女双方的感情好坏，而取决于婚姻双方背后所代表的利益集体的政治方向与政治立场的持续时间。

第三，王朝内部政治婚姻具有双面性与双向性。古代两河流域的王朝内部婚姻一方面是巩固王朝统治的有效手段和措施，另一方面也是导致王朝灭亡的诱因所在。中央王朝的统治者为了维护自己的统治利益，将公主嫁给了朝中的大臣或地方权贵，初衷是为了牢笼人心，将臣下笼络到自己的身边，易于管理和管控。但是这样的初衷是没有问题的，只是事实并非都是按照他们的想法进行，地方权贵一旦掌握了朝廷大权，又依仗着自己与王室成员的姻亲关系，自然助长了其势力，同时也带来了谋反与叛乱的潜在因素，如果遇到时机成熟，这种潜在的威胁一旦爆发，小则推翻当政者的统治或者给予统治者沉重的打击，大则直接推翻王朝，建立新王朝。而原先的政治婚姻就自然成了王朝灭亡的最初因素。正是王朝内部政治婚姻的这种双面性和双向性特征，王朝的统治者在决定内部政治婚姻时，显得十分谨慎和警惕，同时选人的标准往往是任人唯亲，选择与自己亲近的、身边的人作为公主政治婚姻的夫君，即王朝的驸马，这样的选择虽然也是出于政治目的的考虑，但是更多的是统治者自身的选择，带有十分明显的主观成分在内。

古代两河流域的政治婚姻史是一部国际关系史，一部政治外交史，也是一部两河流域文化与文明史。政治婚姻不是出于婚嫁男女双方本人的意愿，而是听从于他们的父亲或其他长辈，为了一定的政治目的，作为了这种政治手腕的牺牲品。在两三千年的古代两河流域政治婚姻发展史中，绝大多数的联姻都是男女双方没有爱情的结果，他们的结合与其说是两个人的结合，倒不如说是两个国家、两个政治实体的结合。当我们从文献史料中见到这些男娶女嫁的联姻事实的时候，我们大多只会联想到他们背后所代表的政治势力以及他们联姻所带来的政治影响，而不会从婚嫁男女双方的本人利益出发，设身处地为他们想一想，这是作为历史学家的职业特征决定的，更是长期传统思维培养下的惯性想法与做法，假若我们不是作为历史学术专著来记录这些政治婚姻，而是从婚姻本身来纪实报道新郎新娘对于结婚这一人生大事的憧憬以及两人结合后对未来婚姻生活的设想与愿望，那么我们可能会有另一番不同的见解甚至不同的结论。

附　录

附录一　古代两河流域历史框架

巴比伦尼亚			亚述	
时期	朝代	时间	时期	时间
古苏美尔时期	早王朝	约公元前 3200—前 2350 年		
	早王朝Ⅰ期	约公元前 2900—前 2700 年		
	早王朝Ⅱ期	约公元前 2700—前 2600 年		
	早王朝Ⅲa 期	约公元前 2600—前 2500 年		
	早王朝Ⅲb 期	约公元前 2600—前 2350 年		
	阿卡德王国	公元前 2334—前 2154 年		
	库提王朝	约公元前 2210—前 2119 年		
新苏美尔时期	拉伽什第二王朝（古地亚王朝）	约公元前 2200—前 2110 年		
	乌鲁克第五王朝	公元前 2119—前 2112 年		
	乌尔第三王朝	公元前 2112—前 2004 年		

续表

巴比伦尼亚			亚述	
时期	朝代	时间	时期	时间
古巴比伦时期	伊新王朝	公元前 2017—前 1794 年		
	拉尔萨王朝	公元前 2025—前 1763 年	古亚述/阿淑尔城邦	约公元前 2000—前 1809 年
	巴比伦第一王朝/古巴比伦王国	公元前 1894—前 1595 年	上美索不达米亚王国	公元前 1809—前 1741 年
	巴比伦第二王朝/海国王朝	公元前 1732—前 1460 年	米坦尼王国	约公元前 1500—前 1335 年
中巴比伦时期	巴比伦第三王朝/加喜特王朝	公元前 1570—前 1157 年		
	巴比伦第四王朝/伊新第二王朝	公元前 1156—前 1025 年	中亚述	约公元前 1400—前 1050 年
	巴比伦第五王朝	公元前 1024—前 1004 年		
	巴比伦第六王朝	公元前 1003—前 984 年		
	巴比伦第七王朝	公元前 983—前 978 年		
	巴比伦第八王朝	公元前 977—前 941 年		
	巴比伦第九王朝	公元前 977—前 732 年	新亚述	公元前 934—前 612 年
	亚述统治时期	公元前 731—前 627 年		
新巴比伦时期	巴比伦第十王朝/新巴比伦王国	公元前 626—前 539 年		

资料来源：A. L. Oppenheim, *Ancient Mesopotamia*, Chicago and London：The University of Chicago Press, 1964.；G. Roux, *Ancient Iraq*, Middlesex：Penguin Books, 1966；M. Van de Mieroop, *A History of the Ancient Near East（ca. 3000 - 323 BC）*, Malden：Blackwell Publishing, 2004；D. O. Edzard, *Geschichte Mesopotamiens：Von den Sumerern bis zu Alexander dem Großen*, München：Verlag C. H. Beck, 2004.

附录二　古代两河流域政治婚姻简表

表1　　　　　　　　　　　　　　古苏美尔时期

男方（新郎）	女方（新娘）	备注（出处）
【温马】吉沙基杜（恩西埃安达姆亚之孙）①	【温马】巴拉伊尔努（恩西埃安达姆亚之孙女）	1.2②
【布尔曼】恩尔哈拉玛（国王）	【埃卜拉】孜米尼巴尔库（国王之女）	1.3.1
【鲁姆南】（国王）	【埃卜拉】达提图（公主）	1.3.2
【鲁姆南】（国王）	【埃卜拉】塔格穆尔达穆（公主）	1.3.2
【亚普】（国王）	【埃卜拉】（国王提什台达穆之女）	1.3.3
【阿舒】（国王伊巴拉之子）	【埃卜拉】扎奈西马瑞（国王之女）	1.3.4
【尼拉尔】（国王）	【埃卜拉】（公主）	1.3.5
【哈兰】（国王）	【埃卜拉】朱加卢姆（公主）	1.3.6
【杜鲁】（国王）	【埃卜拉】塔穆尔达西努（维齐尔伊卜利温之侄女）	1.3.7
【那加尔】乌勒吞胡胡（王子）	【埃卜拉】塔格利什达穆（国王伊沙尔达穆之女）	1.3.8
【基什】（国王）	【埃卜拉】希尔杜特（国王之女）	1.3.9
【埃马尔】（国王）	【埃卜拉】提莎琳（公主）	1.3.10
【马里】伊卜鲁勒伊勒（国王）	【埃卜拉】帕巴（公主?）	1.3.11

---

① "【温马】"表示所指人物所在的国家或城邦；"吉沙基杜"表示所指人物；"（恩西埃安达姆亚之孙）"表示所指人物的身份；下同。

② "1.2"表示："第一章/第一节"；下同。

男方（新郎）	女方（新娘）	备注（出处）
【埃卜拉】卢孜马利克（维齐尔阿鲁坤之子）	【埃卜拉】伊提穆特（国王伊尔卡卜达穆之女）	1.4.1
【埃卜拉】伊拉格达穆（国王伊萨尔达穆之子、王储）	【埃卜拉】扎雅舍（维齐尔伊比孜吉尔之女）	1.4.2
【埃卜拉】伊尔奈（国王伊萨尔达穆之舅舅之子、表兄弟）	【埃卜拉】提阿伊沙尔（国王伊萨尔达穆之女）	1.4.3
【埃卜拉】莱伊图（公主）	【埃卜拉】卢孜马利克（大臣之子？）	1.4.4
【埃卜拉】朱杜（国王之子）	【埃卜拉】阿尔扎图（国王私生女？）	1.4.5

表2　　　　　　　　　　　　　阿卡德王朝时期

男方（新郎）	女方（新娘）	备注（出处）
【乌尔凯什】图普里什（君主）	【阿卡德】塔兰阿卡德（国王纳拉姆辛之女）	2.2.1
【乌尔凯什】图普里什（君主）或提什阿塔勒（君主）	【阿卡德】乌科尼图姆（公主）	2.2.2
【乌尔凯什】（国王）	【阿卡德】图塔沙尔里比什（公主）	2.2.3
【阿卡德】纳拉姆辛（国王）	【阿万】（国王希塔之女、公主）	2.3.1
【阿卡德】沙尔卡里沙里（国王）	【马尔哈西】（公主）	2.3.2

表3　　　　　　　　　　　　　新苏美尔时期

男方（新郎）	女方（新娘）	备注（出处）
【拉伽什】古地亚（后成为君主）	【拉伽什】宁阿拉（君主乌尔巴乌之女）	3.2.1
【拉伽什】乌尔伽尔（后成为君主）	【拉伽什】（君主乌尔巴乌之女）	3.2.2
【拉伽什】乌尔伽尔	【拉伽什】宁卡吉娜（君主卡库之女）	3.2.3
【拉伽什】纳姆哈尼（后成为君主）	【拉伽什】宁海杜（乌尔巴乌之女）	3.2.4

续表

男方（新郎）	女方（新娘）	备注（出处）
【拉伽什】乌尔宁吉尔苏二世？（古地亚之子与继承人）	【乌鲁克】（公主、可能乌图赫伽尔之女）？	3.3
【乌尔】乌尔纳姆（后成为乌尔第三王朝第一位国王）	【乌鲁克】（公主、国王乌图赫伽尔之女）	3.4
【乌尔】舒尔吉（第二位国王）	【马里】塔兰乌兰（统治者阿皮尔金之女）	3.5.1.1
【乌尔】阿马尔辛（第三位国王）	【马里】阿比西姆提（贵族伊丁达干之女）	3.5.1.2
【西马农】（王子或君主）	【乌尔】昆西马图姆（国王舒辛之女、公主）	3.5.2
【乌尔】舒辛（第四位国王）	【尼尼微】提阿马特巴什提（公主）	3.5.3
【乌尔比隆】（贵族？那尼卜阿塔尔贵族之子）	【乌尔】米吉尔宁利尔图姆（公主？）	3.5.4
【扎卜沙里】（统治者）	【乌尔】图金哈提米格丽莎（国王伊比辛之女、公主）	3.5.5
【哈马兹】（统治者乌尔伊什库尔之子）	【乌尔】塔布尔哈图姆（公主？）	3.5.6
【西格里什】（统治者）	【乌尔】舒尔吉尼伊尼卜马马（国王舒尔吉之女、公主）	3.5.7
【马尔哈西】（国王）	【乌尔】李维米塔舒（国王舒尔吉之女、公主）	3.5.8
【安山】（统治者）	【乌尔】（国王舒尔吉之女、公主）	3.5.9.1
【安山】（统治者）	【乌尔】（国王舒辛之女？）	3.5.9.2
【帕西美】舒达巴尼（统治者）	【乌尔】塔兰舒尔吉（国王舒尔吉之女、公主）	3.5.10
【阿丹顿】（统治者？）	【乌尔】（国王之女、公主）	3.5.11
【乌尔】舒尔吉（国王）	【埃什努那】舒尔吉西姆提（贵族或公主）	3.5.12

男方（新郎）	女方（新娘）	备注（出处）
【乌扎利米隆】（统治者？）	【乌尔】宁利莱马那格（国王阿马尔辛之女、公主）	3.5.13
【乌尔】舒卡卜塔	【乌尔】美伊什塔兰（国王阿马尔辛之女、公主）	3.6.1
【乌尔】（阿拉德南那之子）	【乌尔】吉美埃安娜（国王阿马尔辛之女、公主）	3.6.2
【乌尔】尼尔达伽尔（将军，可能来自埃兰附近地区）	【乌尔】（国王阿马尔辛之女、公主）	3.6.3
【乌尔】（布乌杜之子）	【乌尔】吉美南娜（国王阿马尔辛之女、公主）	3.6.4
【乌尔】卢伽尔马古莱（将军）	【乌尔】（国王阿马尔辛之女、公主）	3.6.5
【乌尔】沙如巴尼（阿皮亚克省总督）	【乌尔】（国王阿马尔辛之女、公主）	3.6.6
【乌尔】卢南那（将军或神庙主管乌尔尼加尔之子）	【乌尔】（国王阿马尔辛之女、公主）	3.6.7
【乌尔】（大苏卡尔）	【乌尔】沙特马米（国王阿马尔辛之女、公主）	3.6.8
【乌尔】（阿拉帕省将军哈希卜阿塔尔之子）	【乌尔】宁海杜（国王阿马尔辛之女、公主）	3.6.9
【乌尔】阿米尔舒尔吉（国王阿马尔辛之子、王子）	【乌尔】（达达之女）	3.6.10
【乌尔】乌尔巴巴（国王阿马尔辛之子、王子）	【乌尔】（天神安神庙主管卢宁舒布尔之女）	3.6.11
【乌尔】伊尼姆南那（国王阿马尔辛之子、王子）	【乌尔】（将军胡巴亚之女）	3.6.12

表4 　　　　　　　　　　　　　　　古亚述－古巴比伦时期

男方（新郎）	女方（新娘）	备注（出处）
【埃兰】伊什杜姆金（统治者胡特兰坦提之孙、胡巴西姆提之子）	【伊新】利布尔尼如姆（国王伊什比埃拉之女、公主）	4.2
【乌鲁克】辛卡施德（国王）	【巴比伦】沙鲁尔图姆（国王苏穆拉埃勒之女、公主）	4.3.1
【埃什努那】茨里辛（国王）	【巴比伦】（国王汉谟拉比之女）	4.3.2
【亚述】穆塔斯库尔（国王沙姆西阿达德一世之孙、伊什美达干之子）	【图如库】（国王扎兹亚之女）	4.4.1
【亚述】亚斯马赫阿杜（国王沙姆西阿达德一世之子、马里总督）	【喀特那】贝尔图姆（统治者伊什黑阿达德之女、阿穆特皮埃尔之姐妹）	4.4.2
【马里】金瑞林（国王）	【喀特那】达姆胡拉西（公主）	4.5.1
【马里】金瑞林（国王）	【延哈德】施卜图（国王亚瑞姆林一世之女、公主）	4.5.2
【卡拉那】阿斯库尔阿达德（国王萨穆阿达德之子、王子）	【马里】（国王金瑞林之女、公主）	4.5.3
【马里】金瑞林（国王）	【伊兰苏拉】西马图姆（国王哈亚苏穆之女、公主）	4.5.4
【马里】阿斯库杜姆（占卜师）	【马里】亚马马（国王金瑞林之妹、公主）	4.5.5
【埃兰】坦如胡拉提尔（统治者）	【埃什努那】西马特库比（国王俾拉马之女、公主）	4.6.1
【腊皮库】（统治者）	【埃什努那－沙杜普】（头领辛阿布舒之女）	4.6.3
【曼基苏】（统治者）	【埃什努那－沙杜普】（头领辛阿布舒之女）	4.6.4
【阿皮沙尔】（统治者那瓦尔阿塔尔之子）	【阿拉拉赫】阿米喀图姆（统治者阿米塔库之女）	4.7.1
【阿拉拉赫】（统治者阿米塔库之子）	【埃卜拉】（公主）	4.7.2

续表

男方（新郎）	女方（新娘）	备注（出处）
【舒沙拉之附属国】（统治者瓦尼之子）	【舒沙拉】（统治者库瓦里之女）	4.7.3
【哈那】帕吉如姆、基米尔宁卡拉克、普朱如姆、雅斯马赫达干四大家族	【哈那】帕吉如姆、基米尔宁卡拉克、普朱如姆、雅斯马赫达干四大家族	4.7.4

表5　　　　　　　　　　　中亚述－中巴比伦时期

男方（新郎）	女方（新娘）	备注（出处）
【巴比伦】布尔纳布里亚什二世（国王）	【亚述】穆巴利塔特舍鲁娅（国王阿舒尔乌巴里特一世之女、公主）	5.2.1.1
【亚述】阿舒尔贝尔卡拉（国王）	【巴比伦】（国王阿达德阿颇拉伊丁那之女）	5.2.1.2
【埃及】图特摩斯四世（国王）	【米坦尼】（国王阿尔塔塔玛一世之女）	5.2.2.1
【埃及】阿蒙霍特普三世（国王）	【米坦尼】吉鲁海帕（国王舒塔尔纳二世之女）	5.2.2.2
【埃及】阿蒙霍特普三世（国王）	【米坦尼】达杜海帕（国王图什拉塔之女）	5.2.2.3
【埃及】阿蒙霍特普三世（国王）	【巴比伦】（国王库里加尔朱一世之女）	5.2.3.1
【埃及】阿蒙霍特普三世（国王）	【巴比伦】（国王卡达什曼恩利勒一世之女）	5.2.3.2
【埃及】埃赫那吞（国王）	【巴比伦】（国王布尔纳布里亚什二世之女）	5.2.3.3
【赫梯】苏皮鲁流马一世（国王）	【巴比伦】玛丽格纳尔（国王布尔纳布里亚什二世之女）	5.2.4
【米坦尼】库尔提瓦扎（国王）	【赫梯】（国王苏皮鲁流马一世之女）	5.2.5
【赫梯】（国王苏皮鲁流马一世之子、王子）	【埃及】达卡蒙朱（已故国王图坦卡蒙之妻、王后）	5.2.6.1
【埃及】拉美西斯二世（国王）	【赫梯】普度海帕（国王哈图西里三世子女、公主）	5.2.6.2

185

续表

男方（新郎）	女方（新娘）	备注（出处）
【埃兰】帕希尔伊山（国王）	【巴比伦】（国王库里加尔朱一世之妹或之女、公主）	5.2.7.1
【埃兰】胡姆班努美那（国王帕希尔伊山继承人）	【巴比伦】（国王库里加尔朱一世之女、公主）	5.2.7.2
【埃兰】温塔什那皮里沙（国王胡姆班努美那之子）	【巴比伦】（国王布尔纳布里亚什二世之女、公主）	5.2.7.3
【埃兰】舒特如克那浑特（国王）	【巴比伦】（国王美里施帕克之女）	5.2.7.4
【埃及】阿蒙霍特普四世（国王）	【埃尼沙希】（头领或市长沙提亚之女）	5.3.1.1
【埃及】阿蒙霍特普三世（国王）	【阿尔扎瓦】（国王塔尔浑塔拉巴之女）	5.3.1.2
【乌加里特】尼科马杜二世（统治者）	【埃及】（国王阿蒙霍特普三世之后宫女子）	5.3.1.3
【埃及】阿蒙霍特普三世（国王）	【阿米亚】（统治者之女）	5.3.1.4
【米拉/阿尔扎瓦】马什辉鲁瓦（统治者）	【赫梯】穆瓦提（国王苏皮鲁流马一世之女、公主）	5.3.2.1
【阿兹－哈亚萨】胡喀那（统治者）	【赫梯】（国王苏皮鲁流马一世之姐妹）	5.3.2.2
【舍哈河】马什图利（统治者）	【赫梯】玛莎纳乌孜（国王穆尔西里二世之女、公主）	5.3.2.3
【阿穆如】本提西纳（统治者）	【赫梯】伽舒利亚威亚（国王哈图西里三世之女、公主）	5.3.2.4.1
【赫梯】涅利卡里（国王哈图西里三世之子、王子）	【阿穆如】（统治者本提西纳之女）	5.3.2.4.2
【阿穆如】沙乌什加穆瓦（统治者）	【赫梯】（国王哈图西里三世之女、公主）	5.3.2.4.3
【胡卡纳】哈亚山（国王）	【赫梯】（国王苏皮鲁流马一世之姐妹）	5.3.2.5
【乌加里特】尼科美帕（统治者）	【阿穆如】阿哈特米尔库（统治者杜铁舒卜之女）	5.4.1.1
【乌加里特】阿米斯坦如二世（统治者）	【阿穆如】（统治者本提西纳之女）	5.4.1.2

男方（新郎）	女方（新娘）	备注（出处）
【阿拉拉赫】阿米塔库（统治者）	【阿皮沙尔】（摄政王之女）	5.4.2.1
【阿拉拉赫】（统治者阿米塔库之子）	【埃卜拉】（摄政王之女）	5.4.2.2
【赫梯】汉提里（大臣，后成为国王）	【赫梯】哈拉普西里（国王穆尔西里一世之姐妹、公主）	5.5.1
【赫梯】铁列平（后成为国王）	【赫梯】伊什塔帕里亚（国王胡兹亚一世子女、公主）	5.5.2

表6　　　　　　　　　　　**新亚述－新巴比伦时期**

男方（新郎）	女方（新娘）	备注（出处）
【亚述】阿达德尼拉瑞（国王）	【巴比伦】（国王纳布舒马乌金一世之女、公主）	6.2.1
【亚述】沙姆西阿达德五世（国王）	【巴比伦】沙穆拉马特（公主、可能是国王马尔杜克扎吉尔舒米一世之女）	6.2.2
【塔巴勒】安巴里斯（统治者）	【亚述】阿哈特阿比莎（国王萨尔贡二世之女）	6.3.1
【斯基泰】巴尔塔图雅（国王）	【亚述】（国王埃萨尔哈东之女、公主）	6.3.2
【巴比伦】尼布甲尼撒二世（国王）	【米底】阿密提斯（国王阿斯提阿格斯之女、公主）	6.4

附录三 缩写词

AAICAB	J. -P. Grégoire, *Archives Administratives et Inscriptions Cunéiformes: Ashmolean Museum Bodleian Collection Oxford*, I/1 – 4 (Paris, 1996 – 2002)
AAS	J. -P. Grégoire, *Archives administratives sumériennes* (Paris 1970)
ABTR	W. R. Arnold, *Ancient-Babylonian temple records in the Columbia University library* (New York, 1896)
Aegyptus	Aegyptus: Rivista italiana di Egittologia e di Papirologia
Aevum	Aevum
AfO	Archiv für Orientforschung
Akkadica	Akkadica. Périodique bimestriel de la Fondation Assyriologique Georges Dossin
Aleppo	M. Touzalin, *L'Administration palatiale à l'époque de la troisième dynastie d'Ur: Textes inédits du Musée d'Alep* (Thèse de doctorat de troisième cycle soutenue à l'Université de Tours, 1982)
Amherst	Th. G. Pinches, *The Amherst Tablets. Part I : Texts of the Period extending to and including the reign of Bur-Sin* (London, 1908)
Anavian	Anavian Gallery-Islamic Art and Ancient Art Gallery
AnOr	Analecta Orientalia
AnOr 1	N. Schneider, *Die Drehem-und Djoha-Urkunden: Der Strassburger Universitäts- und Landesbibliothek* (Roma, 1931)
AnOr 7	N. Schneider, *Die Drehem-und Djohatexte: Im Kloster Montserrat (Barcelona)* (Roma, 1932)
AOAT	Alter Orient und Altes Testament

AOAT 240	M. Dietrich and O. Loretz, eds. , *Vom Alten Orient Zum Alten Testament*: *Festschrift für Wolfram Freiherrn von Soden zum 85. Geburtstag am 19. Juni 1993* (Neukirchen-Vluyn, 1995)
ARES	Archivi reali di Ebla. Studi
ARET	Archivi reali di Ebla. Testi
ARM	Archives royales de Mari
ARMT	Archives royales de Mari, traduction
ArOr	Archiv Orientalni
AR RIM	Annual Review of the Royal Inscriptions of Mesopotamia Project
ASJ	Acta Sumerologica
A. T.	Tel Atshana (Alalakh) Text
Atiqot	Journal of the Israel Department of Antiquities
AUCT	Andrews University Cuneiform Texts
AUCT 1	M. Sigrist, *Neo-Sumerian Account Texts in the Horn Archaeological Museum*, Volume 1 (Berrien Springs, 1984)
AUCT 2	M. Sigrist, *Neo-Sumerian Account Texts in the Horn Archaeological Museum*, Volume 2 (Berrien Springs, 1988)
AUCT 3	M. Sigrist, *Neo-Sumerian Account Texts in the Horn Archaeological Museum*, Volume 3 (Berrien Springs, 1988)
AuOr	Aula Orientalis
BA	Beiträge zur Assyriologie
Babyloniaca	Babyloniaca: Études de philologie assyrobabylonienne
BAOM	Bulletin of the Ancient Orient Museum
BBVO	Berliner Beiträge zum Vorderer Orient
BBVO 11	R. L. Zettler, *The Ur III Temple of Inanna at Nippur*: *The Operation and Organization of Urban Religious Institutions in Mesopotamia in the Late Third Millennium B. C.* (Berlin, 1992)
BCT	Catalogue of cuneiform tablets in Birmingham City Museum

续表

BCT 1	P. J. Watson, *Neo-Sumerian Texts from Drehem* (Warminster, 1986)
BCT 2	P. J. Watson, *Neo-Sumerian Texts from Umma and Other Sites* (Warminster, 1993)
Berens	G. T. Pinches, *The Babylonian Tablets of the Berens Collection* (= Asiatic Society Monographs 16, 1915)
BIN	Babylonian Inscriptions in the Collection of J. B. Nies
BIN 3	C. E. Keiser, *Neo-Sumerian Account Texts from Drehem* (New Haven and London, 1971)
BIN 5	G. G. Hackman, *Temple Documents of the Third Dynasty of Ur from Umma* (New Haven and London, 1937)
BIN 9	V. E. Crawford, *Sumerian Economic Texts from the First Dynasty of Isin* (New Haven and London, 1954)
BJPL	Bulletin of the John Rylands Library
BM Messenger	M. Sigrist, *Messenger Texts from the British Museum* (Ann Arbor, 1990)
BMC Roma	Bollettino dei Musei Comunali di Roma
BPOA	Biblioteca del Proximo Oriente Antiguo
BPOA 1	T. Ozaki, M. Sigrist, *Ur III Administrative Tablets from the British Museum. Part One* (Madrid, 2006)
BPOA 2	T. Ozaki, M. Sigrist, *Ur III Administrative Tablets from the British Museum. Part Two* (Madrid, 2006)
BPOA 6	M. Sigrist, T. Ozaki, *Neo-Sumerian Administrative Tablets from the Yale Babylonian Collection. Part One* (Madrid, 2009)
BPOA 7	M. Sigrist, T. Ozaki, *Neo-Sumerian Administrative Tablets from the Yale Babylonian Collection. Part Two* (Madrid, 2009)
BRM	Babylonian Records in the Library of J. Pierpont Morgan
BRM 3	C. E. Keiser, *Cuneiform Bullae of the Third Millennium B. C.* (New Haven, 1914)
CDLB	Cuneiform Digital Library Bulletin

CDLJ	Cuneiform Digital Library Journal
CDLN	Cuneiform Digital Library Notes
CHEU	G. Contenau, *Contribution à l' histoire économique d' Umma* (Paris, 1915)
CM	Cuneiform Monographs
CM 26	T. M. Sharlach, *Provincial taxation and the Ur III state* (Leiden, 2004)
CST	T. Fish, *Catalogue of Sumerian Tablets in the John Rylands Library* (Manchester 1932)
CT	Cuneiform Texts from Babylonian Tablets in the British Museum
CT 9	L. W. King, *Cuneiform Texts from Babylonian Tablets, &c., in the British Museum, Part IX (CT 9)* (London, 1900)
CT 32	L. W. King, *Cuneiform Texts from Babylonian Tablets, &c., in the British Museum, Part XXXII (CT 32)* (London, 1912)
CTMMA	Corpus of Cuneiform Texts in the Metropolitan Museum of Art
CTMMA 1	I. Spar, *Cuneiform Texts in the Metropolitan Museum of Art, Volume I : Tablets, Cones, and Bricks of the Third and Second Millennia B. C.* (New York, 1988)
CTPSM	Cuneiform Texts in the Collection of the Pushkin State Museum of Fine Arts
CTPSM 1	B. Perlov, Y. Saveliev, *Cuneiform Texts in the Collection of the Pushkin State Museum of Fine Arts. I. Administrative Texts from Tello from the Ur III Period* (Moscow, 2014)
CUSAS	Cornell University Studies in Assyriology and Sumerology
CUSAS 3	D. I. Owen and R. H. Mayr, *The Garšana Archives* (Bethesda, 2007)
CUSAS 15	A. Gadotti and M. Sigrist, *Cuneiform Texts in the Carl A. Kroch Library, Cornell University* (Bethesda, 2011)
CUSAS 16	S. J. Garfinkle, H. Sauren, M. Van De Mieroop, *Ur III Tablets from the Columbia University Library* (Bethesda, 2010)
DAS	B. Lafont, *Documents Administratifs Sumériens, provenant du site de Tello et conservés au Musée du Louvre* (Paris, 1985)
Dissertation Cooper	M. Cooper, *Studies in Neo-Sumerian Administrative Procedures*, Ph. D. Diss., (University of Minnesota, 1979)

续表

DoCu	J. -M. Durand, *Documents cunéiformés de la Ive Section de l' École pratique des Hautes Etudes*, vol. 1: *catalogue et copies cunéiformés* (Geneva, 1982)
ENES	B. Buchanan, *Early Near Eastern Seals im the Yale Babylonian Collection* (New Haven 1981)
Frühe Schrift	H. Nissen, P. Damerow, R. Englund, *Frühe Schrift und Techniken der Wirtschaftsverwaltung im alten Vorderen Orient* (Berlin, 1990)
Fs Hruška	L. Vacín (ed.), *U4 du11-ga-ni sá mu-ni-ib-du11. Ancient Near Eastern Studies in Memory of Blahoslav Hruška* (Dresden, 2011)
Fs Klengel	J. M. Córdoba (ed.), *Actas del I Symposium Internacional "Una década de estudios sobre el Oriente antiguo (1986 – 1996)". Homenaje al Prof. Dr. Horst Klengel*, ISIMU 1 (Madrid, 1998)
Fs Leichty	A. K. Guinan, et al. (eds.), *If a Man Builds a Joyful House: Assyriological Studies in Honor of Erle Verdun Leichty* (Leiden, 2006)
Fs Lenoble	V. Rondot, F. Alpi, F. Villeneuve (eds.), *La pioche et la plume. Autour du Soudan, du Liban et de la Jordanie. Hommages archéologiques à Patrice Lenoble* (Paris, 2011)
Fs Sigrist	Piotr Michalowski (ed.), *On the Third Dynasty of Ur: Studies in Honor of Marcel Sigrist* (Boson, 2008)
Fs Součková-Siegelová	Š. Velhartická (ed.), *Audias fabulas veteres. Anatolian Studies in Honor of Jana Součková-Siegelová* (Leiden, 2016)
Georgica	M. Civil, *The Farmer's Instructions. A Sumerian Agricultural Manual*, Aula Orientalis-Supplementa 5 (Sabadell, 1994)
Hirose	T. Gomi, Y. Hirose, K. Hirose, *Neo-Sumerian Administrative Texts of the Hirose Collection* (Potomac, 1990)
HSS	Harvard Semitic Series
HSS 4	M. I. Hussey, *Sumerian Tablets in the Harvard Semitic Museum (Ⅱ) from the Time of the Dynasty of Ur* (Cambridge, 1915)
HUCA	Hebrew Union College Annual
IOS	Israel Oriental Studies
ITT	Inventaire des Tablettes de Tello conservées au Musée Impérial Ottoman

ITT 2	H. de Genouillac, *Textes de l' Époque d' Agadé et de l' Époque d' Ur* (Paris, 1910)
ITT 3	H. de Genouillac, *Textes de l' Époque d' Ur* (Paris, 1912)
ITT 5	H. de Genouillac, *Époque Présargonique, Époque d' Agadé, Époque d' Ur* (Paris, 1921)
JANES	Journal of the Ancient Near Eastern Society
JAOS	Journal of the American Oriental Society
JCS	Journal of Cuneiform Studies
JNES	Journal of Near Eastern Studies
JRAS	Journal of the Royal Asiatic Society of Great Britain and Ireland
JSOR	Journal of the Society of Oriental Research
Kyoto	Y. Nakahara, *The Sumerian Tablets in the Imperial Library of Kyoto* (Tokyo 1928)
LAOS	Leipziger Altorientalische Studien
LAOS 1	M. P. Streck (ed.), *Die Keilschrifttexte des Altorientalischen Instituts der Universität Leipzig* (Wiesbaden, 2011)
L' uomo	G. Pettinato, *L' uomo cominciò a scrivere. Iscrizioni cuneiformi della Collezione Michail* (Milan, 1997)
MCS	Manchester Cuneiform Studies
MDP	Mémoires de la Délégation en Perse
MDP 10	V. Scheil, *Textes Élamites-Sémitiques. Quatrième Série* (Paris, 1908)
MVN	Materiali per il Vocabulario Neosumerico
MVN 1	G. Pettinato, H. Waetzoldt, *La collezione Schollmeyer*, Materiali per il Vocabolario Neosumerico 1 (Rome, 1974)
MVN 2	H. Sauren, *Wirtschaftsurkunden des Musée d'Art et d'Histoire in Genf*, Materiali per il Vocabolario Neosumerico 2 (Rome, 1975)
MVN 3	D. I. Owen, *The John Frederick Lewis Collection*, Materiali per il Vocabolario Neosumerico 3 (Rome, 1975)

MVN 4	L. Cagni, G. Pettinato, *La collezione del Pontificio Istituto Biblico-Rome. La collezione della Collegiata dei SS. Pietro e Orso-Aosta*, Materiali per il Vocabolario Neosumerico 4（Rome, 1976）
MVN 5	E. Sollberger, *The Pinches Manuscript*, Materiali per il Vocabolario Neosumerico 5（Rome, 1978）
MVN 6	G. Pettinato, *Testi economici di Lagaš del Museo di Istanbul. Parte I*：*La. 7001 - 7600*, Materiali per il Vocabolario Neosumerico 6（Rome, 1977）
MVN 7	G. Pettinato, S. A. Picchioni, *Testi economici di Lagash del Museo di Istanbul. Parte II*：*La. 7601 - 8200*, Materiali per il Vocabolario Neosumerico 7（Rome, 1978）
MVN 8	D. Calvot, G. Pettinato, S. A. Picchioni, F. Reschid, *Textes économiques du Selluš-Dagan du Musée du Louvre et du College de France*（D. Calvot）; *Testi economici dell' Iraq Museum Baghdad*（G. Pettinato-S. A. Picchioni-F. Reschid）, Materiali per il Vocabolario Neosumerico 8（Rome, 1979）
MVN 9	D. C. Snell, *The E. A. Hoffman Collection and Other American Collections*, Materiali per il Vocabolario Neosumerico 9（Rome, 1979）
MVN 10	J. -P. Grégoire, *Inscriptions et archives administratives cunéiformes-Ie Partie*, Materiali per il Vocabolario Neosumerico 10（Rome, 1981）
MVN 11	D. I. Owen, *Selected Ur III Texts from the Harvard Semitic Museum*, Materiali per il Vocabolario Neosumerico 11（Rome, 1982）
MVN 12	T. Gomi, *Wirtschaftstexte der Ur III -Zeit aus dem British Museum*, Materiali per il Vocabolario Neosumerico 12（Rome, 1982）
MVN 13	M. Sigrist, D. I. Owen, G. D. Young, *The John Frederick Lewis Collection-Part II*, Materiali per il Vocabolario Neosumerico 13（Rome, 1984）
MVN 14	F. Yildiz, H. Waetzoldt, H. Renner, *Die Umma-Texte aus den Archäologischen Museen zu Istanbul. Nr. 1 - 600*, Materiali per il Vocabolario Neosumerico 14（Rome, 1988）
MVN 15	D. I. Owen, *Neo-Sumerian Texts from American Collections*, Materiali per il Vocabolario Neosumerico 15（Rome, 1991）
MVN 16	H. Waetzoldt, F. Yildiz, *Die Umma-Texte aus den Archäologischen Museen zu Istanbul. Band II . Nr. 601 - 1600*, Materiali per il Vocabolario Neosumerico 16（Rome, 1994）

MVN 17	G. Pettinato, *Testi economici Neo-Sumerici del British Museum* (*BM 12230 – BM 12390*), Materiali per il Vocabolario Neosumerico 17 (Rome, 1993)
MVN 18	M. Molina, *Tablillas administrativas neosumerias de la Abadía de Montserrat* (*Barcelona*). *Copias Cuneiformes*, Materiali per il Vocabolario Neosumerico 18 (Rome, 1993)
MVN 19	P. Mander, *Testi economici Neo-Sumerici del British Museum* (*BM 12600 – 12750*), Materiali per il Vocabolario Neosumerico 19 (Rome, 1995)
MVN 20	F. D'Agostino, *Testi amministrativi della III Dinastia di Ur dal Museo Statale Ermitage San Pietroburgo-Russia*, Materiali per il Vocabolario Neosumerico 20 (Rome, 1997)
MVN 21	N. Koslova, *Neusumerische Verwaltungstexte aus Umma aus der Sammlung der Ermitage zu St. Petersburg-Rußland*, Materiali per il Vocabolario Neosumerico 21 (Rome, 2000)
MVN 22	M. Molina, *Testi amministrativi neosumerici del British Museum. BM 13601 – 14300*, Materiali per il Vocabolario Neosumerico 22 (Rome, 2003)
NABU	Nouvelles Assyriologiques Brèves et Utilitaires
NATN	D. l. Owen, *Neo-Sumerian Archival Texts primarily from Nippur* (Winona Lake, 1982)
Nebraska	N. W. Forde, Nebraska Cuneiform Texts of the Sumerian Ur III Dynasty (Lawrence, 1967)
Nik 2	M. Nikol'skij, *Dokumenty chozjajstvennoj otcetnosti drevnejšej epochi Chaldei iz sobranija N. P. Lichaceva cast' II : Epoch dinastii Agade i epocha dinastii Ura*, *Drevnosti Vostocnya* 5 (Moskou, 1915)
Nisaba	Nisaba : Studi Assiriologici Messinesi
Nisaba 3/1	M. E. Milone, G. Spada, M. Capitani, *Umma Messenger Texts in the British Museum*, Part Two (*UMTBM 2*). *Girsu Messenger Texts in the British Museum* (Messina, 2003)
Nisaba 6	F. al-Rawi, F. D'Agostino, *Neo-Sumerian Administrative Texts from Umma kept in the British Museum. Part One* (*NATU I*) (Messina, 2005)
Nisaba 8	J. Politi and L. Verderame, *The Drehem Texts in the British Museum* (*DTBM*) (Messina, 2005)

Nisaba 9	M. Molina, M. Such-Gutiérrez, *Neo-Sumerian Administrative Texts in the British Museum. BM 107926-108315* (Messina, 2005)
Nisaba 11	F. al-Rawi, L. Verderame, *Documenti amministrativi neo-sumerici da Umma conservati al British Museum* (*NATU II*) (Messina, 2006)
Nisaba 13	P. Notizia, *Testi amministrativi Neo-Sumerici da Girsu nel British Museum* (*BM 98119 – BM 98240*) (Messina, 2006)
Nisaba 15	D. I. Owen, *Cuneiform Texts Primarily from Iri-Sagrig/Āl-Šarrākī and the History of the Ur III Period. 2. Catalogue and Texts* (Bethesda, 2013)
Nisaba 17	F. Pomponio, L. Verderame, *Neo-Sumerian Girsu Texts of Barley and Cereal Products, kept in the British Museum* (*with an Appendix by E. Santagati, and Cylinder Seal Impresions by S. Altavilla*) (Messina, 2007)
Nisaba 18	A. Anastasi, F. Pomponio, *Neo-Sumerian Girsu Texts of Various Contents kept in the British Museum* (*with an Appendix of Stefania Altavilla*) (Messina, 2009)
Nisaba 23	F. al-Rawi, L. Verderame, *Neo-Sumerian Administrative Texts from Umma kept in the British Museum. Part Three* (*NATU III*) (Messina, 2009)
Nisaba 24	F. al-Rawi, F. D'Agostino, J. Taylor, *Neo-Sumerian Administrative Texts from Umma kept in the British Museum, Part Four* (*NATU IV*) (Messina, 2009)
Nisaba 26	F. al-Rawi, F. Gorello, P. Notizia, *Neo-Sumerian Administrative Texts from Umma kept in the British Museum. Part Five* (*NATU V*) (Messina, 2013)
Nisaba 30	D. I. Owen, *The Nesbit Tablets* (Winona Lake, 2016)
NYPL	H. Sauren, *Les tablettes cunéiformes de l'époque d'Ur des collections de la New York Public Library*, Publications de l'Institut Orientaliste de Louvain 19 (Louvain, 1978)
OBO	Orbis Biblicus et Orientalis
OBO 200	H. Keel-Leu, B. Teissier, *Die vorderasiatischen Rollsiegel der Sammlungen "Bibel + Orient" der Universität Freiburg Schweiz*, Orbis Biblicus et Orientalis 200 (Göttingen, 2004)
OIP	Oriental Institute Publications
OIP 43	H. Frankfort, S. Lloyd and T. Jacobsen, *The Gimilsin Temple and the Palace of the Rulers at Tell Asmar* (Chicago, 1940)

OIP 115	M. Hilgert, *Cuneiform Texts from the Ur III Period in the Oriental Institute*, vol. 1: *Drehem Administrative Documents from the Reign of Šulgi*, Oriental Institute Publications 115 (Chicago, 1998)
OIP 121	M. Hilgert, *Cuneiform Texts from the Ur III Period in the Oriental Institute*, vol. 2: *Drehem Administrative Documents from the Reign of Amar-Suena*, Oriental Institute Publications 121 (Chicago, 2003)
OLP	Orientalia Lovaniensia Periodica
OLZ	Orientalistische Literaturzeitung
OMRO	Oudheidkundige Mededelingen uit het Rijksmuseum van Oudheden te Leiden
Ontario 1	M. Sigrist, *Neo-Sumerian Texts from the Royal Ontario Museum. I. The Administration at Drehem* (Bethesda, 1995)
Ontario 2	M. Sigrist, *Neo-Sumerian Texts from the Royal Ontario Museum. II. Administrative Texts Mainly from Umma* (Bethesda, 2004)
Orient	Orient. Report of the Society for Near Eastern Studies in Japan
OrNS	Orientalia, NS = Nova Series
OrSP	Orientalia, SP = Series Prior
OTR 3	R. Lau, *Old Babylonian Temple Records*, Columbia University Oriental Studies 3 (New York, 1906)
P	Cuneiform Digital Library Initiative, Number
PBS	University of Pennsylvania, Publications of the Babylonian Section
PDT 1	M. Çig, H. Kizilyay, A. Salonen, *Die Puzriš-Dagan-Texte der Istanbuler Archäologischen Museen Teil I: Nrr. 1 – 725* (Helsinki, 1954)
PDT 2	F. Yildiz, T. Gomi, *Die Puzriš-Dagan-Texte der Istanbuler Archäologischen Museen II : Nr. 726 – 1379*, Freiburger Altorientalische Studien 16 (Stuttgart, 1988)
PPAC	Periodic Publications on Ancient Civilisations
PPAC 4	T. Ozaki, M. Sigrist, *Tablets in Jerusalem: Sainte-Anne and Saint-Étienne* (Changchun, 2010)
PPAC 5	M. Sigrist, T. Ozaki, *Administrative Ur III Texts in the British Museum (AUT-BM)* (Changchun, 2013)

续表

Prima del' alfabeto	F. M. Fales, *Prima dell' alfabeto La storia della scrittura attraverso testi cunei- formi inediti* (Venice, 1989)
Princeton 1	M. Sigrist, *Tablettes du Princeton Theological Seminary. Époque d' Ur Ⅲ*, Occasional Publications of the Samuel Noah Kramer Fund 10 (Philadelphia, 1990)
Princeton 2	M. Sigrist, *Tablets from the Princeton Theological Seminary. Ur Ⅲ Period. Part 2.* Occasional Publications of the Samuel Noah Kramer Fund 18 (Phila- delphia, 2005)
RA	Revue d' Assyriologie et d' Archéologie Orientale
RIME	The Royal Inscriptions of Mesopotamia, Early Periods
RIME 1	D. Frayne, *Presargonic Period (2700 - 2350 BC)* (Toronto - Buffalo - London, 1998)
RIME 2	D. Frayne, *Sargonic and Gutian Periods (2334 - 2113 BC)* (Toronto - Buf- falo - London, 1993)
RIME 3/1	D. O. Edzard, *Gudea and His Dynasty* (Toronto - Buffalo - London, 1997)
RIME 3/2	D. Frayne, *Ur Ⅲ Period (2112 - 2004 BC)* (Toronto - Buffalo - London, 1997)
RIME 4	D. Frayne, *Old Babylonian Period (2003 - 1595 BC)* (Toronto - Buffalo - London, 1990)
Rochester	M. Sigrist, *Documents from Tablet Collections in Rochester, New York* (Bethes- da, Maryland 1991)
RSO	Rivista degli Studi Orientali
RTC	F. Thureau-Dangin, *Recueil des tablettes chaldéennes* (Paris, 1903)
SA	C. -F. Jean, *Shumer et Akkad, contribution a l' histoire de la civilisation dans la Basse-Mésopotamie* (Paris, 1923)
SAA	State Archives of Assyria
SAA 4	I. Starr, *Queries to the Sungod: Divination and Politics in Sargonid Assyria* (Helsinki, 1990)
SAA 6	T. Kwasman and S. Parpola, *Legal Transactions of the Royal Court of Nineveh Part Ⅰ: Tiglath-Pileser Ⅲ through Esarhaddon* (Helsinki, 1991)

续表

SACT 1	S. T. Kang, *Sumerian Economic Texts from the Drehem Archive*, *Sumerian and Akkadian Cuneiform Texts in the Collection of the World Heritage Museum of the University of Illinois I* (Urbana-Chicago-London, 1972)
SACT 2	S. T. Kang, *Sumerian Economic Texts from the Umma Archive*, *Sumerian and Akkadian Cuneiform Texts in the Collection of the World Heritage Museum of the University of Illinois Ⅱ* (Urbana-Chicago-London, 1973)
SAKF	K. Oberhuber, *Sumerische und akkadische Keilschriftdenkmäler des Archäologischen Museums zu Florenz* (Innsbruck, 1958 - 1960)
Santag 6	N. Koslova, *Ur Ⅲ-Texte der St. Petersburger Eremitage*, Santag 6 (Wiesbaden, 2000)
Santag 7	T. Ozaki, *Keilschrifttexte aus japanischen Sammlungen*, Santag 7 (Wiesbaden, 2002)
SAT 1	M. Sigrist, *Texts from the British Museum*, Sumerian Archival Texts 1 (Bethesda, 1993)
SAT 2	M. Sigrist, *Texts from the Yale Babylonian Collections. Ⅰ*, Sumerian Archival Texts 2 (Bethesda, 2000)
SAT 3	M. Sigrist, *Texts from the Yale Babylonian Collections. Ⅱ*, Sumerian Archival Texts 3 (Bethesda, 2000)
SET	T. B. Jones, J. W Snyder, *Sumerian Economic Texts from the Third Ur Dynasty* (Minneapolis, 1961)
SNAT	T. Gomi, S. Sato, *Selected Neo-Sumerian Administrative Texts from the British Museum* (Chiba, 1990)
South Dakota	N. W. Forde, *Neo-Sumerian texts from South Dakota University*, *Luther and Union Colleges* (Lawrence, 1987)
STA	E. Chiera, *Selected Temple Accounts* (*from Telloh*, *Yokha and Drehem*) (Philadelphia, 1922)
StOr	Studia Orientalia
StOr 9 - 1	A. Holma, A. Salonen, *Some Cuneiform Tablets from the Time of the Third Ur Dynasty* (*Holma Collection Nos. 11 - 39*), Studia Orientalia 9/1 (Helsinki, 1940)
STU	C. L. Bedale, *Sumerian tablets from Umma in the John Rylands Library* (New York, 1915)

Syracuse	M. Sigrist, *Textes Économiques Néo-Sumeriens de l'Université de Syracuse*, ERC 29 (Paris, 1983)
TAD	S. Langdon, *Tablets from the Archives of Drehem* (Paris, 1911)
Tavolette	G. Boson, *Tavolette cuneiformi sumere, degli archivi di Drehem e di Djoha, dell'Ultima Dinastia di Ur*, Publicazioni della Università Catholica del Sacro Cuore 2 (Milan, 1936)
TCBI 2	F. Pomponio, M. Stol, A. Westenholz, *Tavolette cuneiformi di varia provenienza delle collezioni della Banca d'Italia* (Rome, 2006)
TCL	Textes cunéiformes, Musées du Louvre
TCL 2	H. de Genouillac, *Tablettes de Drehem publiées avec inventaire et tables*, Textes Cunéiformes-Musée du Louvre 2 (Paris, 1911)
TCL 5	H. de Genouillac, *Textes économiques d'Oumma à l'époque d'Our*, Textes Cunéiformes du Musée du Louvre 5 (Paris, 1922)
TCNU	A. Archi, F. Pomponio, G. Bergamini. *Testi Cuneiformi Neo-Sumerici da Umma, NN. 0413 - 1723. Catalogo del Museo Egizio di Torino. Serie seconda. Collezioni 8.* (Torino, 1995)
TCS	Texts from Cuneiform Sources
TCS 1	E. Sollberger, *The Business and Administrative Correspondence under the Kings of Ur*, Texts from Cuneiform Sources 1 (Locust Valley, 1966)
TCTI 2	B. Lafont, F. Yildiz, *Tablettes cunéiformes de Tello au Musée d'Istanbul, datant de l'époque de la IIIe Dynastie d'Ur. Tome II. ITT II /1, 2544 - 2819, 3158 - 4342, 4708 - 4714*, PIHANS 77 (Leiden, 1996)
TCUR	L. Boulay, *Mémoire sur des Tablettes de la 3e Dynastie d'Ur à Rouen* (Rouen, 1920)
TEL	C. Virolleaud, M. Lambert, *Tablettes écomomiques de Lagash* (Paris, 1968)
TJA	E. Szlechter, *Tablettes juridiques et administratives de la IIIe Dynastie d'Ur et de la Ière dynastie de Babylone, conservées au Musée de l'Université de Manchester, à Cambridge, au Musée Fitzwilliam, à l'Institut d'Études Orientales et à l'Institut d'Egyptologie* (Paris, 1963)
TLB	Tabulae Cuneiformes a F. M. Th. de Liagre Böhl collectae
TLB 3	W. W. Hallo, *Sumerian Archival Texts*, Tabulae Cuneiformes a F. M. Th. de Liagre Böhl Collectae, Leidae Conservatae 3 (Leiden, 1963)

TM. 75	Find siglum Tell Mardikh
TMH NF 1 – 2	A. Pohl, *Rechts-und Verwaltungsurkunden der Ⅲ . Dynastie von Ur*, *Neue Folge 1 – 2* (Leipzig, 1937)
TRU	L. Legrain, *Le temps des rois d'Ur*, Bibliothèque de l'École des Hautes Études 199 (Paris, 1912)
TSU	H. Limet, *Textes sumériens de la Ⅲe dynastie d'Ur*, Documents du Proche Orient Ancien-Épigaphie 1 (Gembloux, 1973)
TUT	G. Reisner, *Tempelurkunden aus Telloh* (Berlin, 1901)
UCP 9 – 2	H. Lutz, *Sumerian Temple Records of the Late Ur Dynasty*, University of California Publications in Semitic Philology 9/2 , 1 – 2 (Berkeley, 1928)
UDT	J. Nies, *Ur Dynasty Tablets. Texts Chiefly from Tello and Drehem Written during the Reigns of Dungi*, *Bur-Sin*, *Gimil-Sin and Ibi-Sin* (Leipzig, 1920)
UET	Ur Excavations Texts
UET 3	L. Legrain, *Business Documents of the Third Dynasty of Ur*, Ur Excavations Texts 3 (London, 1937)
UET 9	D. Loding, *Economic Texts from the Third Dynasty*, Ur Excavations Texts 9 (Pennsylvania – London, 1976)
Umma	G. Contenau, *Umma sous la dynaste d'Ur* (Paris, 1916)
UNT	H. Waetzoldt, *Untersuchtungen zur neusumerischen Textilindustrie* (Rome, 1972)
UTI 3	F. Yildiz, T. Gomi, *Die Umma-Texte aus den Archäologischen Museen zu Istanbul. Band Ⅲ* (*Nr. 1601 – 2300*) (Bethesda, 1993)
UTI 4	T. Gomi, F. Yildiz, *Die Umma-Texte aus den Archäologischen Museen zu Istanbul. Band Ⅳ* (*Nr. 2301 – 3000*) (Bethesda, 1997)
UTI 5	F. Yildiz, T. Ozaki, *Die Umma-Texte aus den Archäologischen Museen zu Istanbul. Band V* (*Nr. 3001 – 3500*) (Bethesda, 2000)
UTI 6	F. Yildiz, T. Ozaki, *Die Umma-Texte aus den Archäologischen Museen zu Istanbul. Band Ⅵ* (*Nr. 3501 – 3834*) (Bethesda, 2001)
VAT	Museum siglum of the Vorderasiatisches Museum, Berlin (Vorderasiatische Abteilung. Tontafeln)

续表

VDI	Vestnik drevnej istorii
ViOr	Vicino Oriente. Annuario dell'Istituto di Studi del Vicino Oriente, Università; di Roma
YNER	Yale Near Eastern Researches
YNER 8	D. C. Snell, *Ledgers and Prices: Early Mesopotamian Merchant Accounts*, Yale Near Eastern Researches 8, (New Haven – London, 1982)
YOS	Yale Oriental Series, Babylonian Texts
YOS 4	C. E. Keiser, *Selected Temple Documents of the Ur Dynasty*, Yale Oriental Series 4 (New Haven, 1919)
YOS 15	A. Goetze, *Cuneiform Texts from Various Collections*, Yale Oriental Series 15 (New Haven – London, 2009)
YOS 18	D. C. Snell, C. Lager, *Economic Texts from Sumer*, Yale Oriental Series 18 (New Haven – London, 1991)
ZA	Zeitschrift für Assyriologie und Vorderasiatische Archäologie

参考文献

一 外文参考书目

Adler, H-P. , *Das Akkadische des Königs Tušratta von Mitanni*, Kevelaer: Butzon und Bercker & Neu-kirchen-Vluyn: Neukirchener Verlag, 1976.

Ahmed, K. M. , *The beginning of Ancient Kurdistan (c. 2500 – 1500 BC)：A Historical and Cultural Synthesis*, PhD dissertation, Universiteit Leiden, 2012.

Algaze, G. , *The Uruk World System*, Chicago: University of Chicago Press, 1993.

Alivernini, S. , *La Struttura Amministrativa del Mar-sa nella Documentazione della Ⅲ Dinastia di Ur*, Pisa and Roma: Fabrizio Serra Editore, 2013.

Andersson, J. , *Kingship in the Early Mesopotamian Onomasticon 2800 – 2200 BCE*, Uppsala: Uppsala Universitet, 2012.

Arnaud, D. , *Assurbanipal, roi d'Assyrie*, Paris: Fayard, 2007.

Aruz, J. , Benzel, K. , Evans, J. M. , *Beyond Babylon: Art, Trade, and Diplomacy in the Second Millennium B. C.* , New Haven and London: Yale University Press, 2008.

Asher-Greve, J. M. , *Frauen in altsumerischer Zeit*, Malibu: Undena Publications, 1985.

Bahrani, Z. , *Women of Babylon: Gender and Representation in Mesopotamia*, London: Routledge, 2001.

Barbanes, E. , *Heartland and province: Urban and Rural Settlement in the Neo-Assyrian Empire*, PhD dissertation, University of California, Berkeley, 1999.

Batto, B. F. , *Studies on Women at Mari*, Baltimore and London: The Johns Hopkins University Press, 1974.

Beaulieu, P-A. , *The Reign of Nabonidus, King of Babylon (556 – 539 B. C.)*,

PhD dissertation, Yale University, 1985.

Beaulieu, P-A. , *A History of Babylon: 2200 BC-AD 75*, West Sussex: Wiley Balckwell, 2018.

Beckman, G. M. , *Hittite Diplomatic Texts*, Altanta: Scholars Press, 1999.

Beckman, G. , Hoffner, H. A. , *Hittite Diplomatic Texts*, New York: Scholars Press, 1996.

Beckwith, C. I. , *Empires of the Silk Road: A History of Central Eurasia from the Bronze Age to the Present*, Princeton: Princeton University Press, 2009.

Beld, S. G. , *The Queen of Lagash: Ritual Economy in a Sumerian State*, PhD dissertation, University of Michigan, 2002.

Bertman, S. , *Handbook to Life in Ancient Mesopotamia*, Oxford: Oxford University Press, 2003.

Bidmead, J. , *The Akītu Festical: Religious Continuity and Royal Legitimation in Mesopotamia*, Piscataway: Gorgias Press, 2002.

Bienkowski, P. , Millard, A. , *Dictionary of the Ancient Near East*, Philadelphia: University of Pennsylvania Press, 2000.

Biga, M. G. , *Babilonia*, Roma: Carocci, 2004.

Birot, M. , *Correspondances des gouverneurs de Qattunan*, Paris: Éditions Recherches sur les Civilisations, 1993.

Bittel, K. , *Hattusha: The Kingdom of the Hittites*, New York: Oxford University Press, 1970.

Black, J. , et al. , *The Literature of Ancient Sumer*, Oxford: Oxford University Press, 2004.

Boardman, J. I. , *The Cambridge Ancient History Ⅲ , Part 2: The Assyrian and Babylonian Empires and Other States of the Near East, from the Eighth to the Sixth Centuries B. C.* , Cambridge: Cambridge University Press, 1991.

Bodi, D. , *The Michal Affair from Zimri-lim to the Rabbis*, Sheffield: Sheffield Phoenix Press, 2005.

Bonechi, M. , *I nomi geografici dei testi di Ebla*, Wiesbaden: Dr. Ludwig Reichert Verlag, 1993.

Braun-Holzinger, E. A. , *Das Herrscherbild in Mesopotamien und Elam: Spätes*

4. bis frühes 2. Jt. v. Chr. , Münster: Ugarit-Verlag, 2007.

Brinkman, J. A. , *A Political History of Post-Kassite Babylonia, 1158 - 722 B. C.* , Rome: Pontificium Institutum Biblicum, 1968.

Brinkman, J. A. , *Materials for the Study of Kassite History*, Vol. Ⅰ , Chicago: Oriental Institute of the University of Chicago, 1976.

Brunke, H. , *Essen in Sumer: Metrologie, Herstellung und Terminologie nach Zeugnis der Ur Ⅲ -zeitlichen Wirtschaftsurkunden*, München: Herbert Utz Verlag, 2011.

Bryce, T. R. , *The Kingdom of the Hittites*, Oxford: Oxford University Press, 1999.

Bryce, T. R. , *Letters of the Great Kings of the Ancient Near East: The Royal Correspondence of the Late Bronze Age*, London and New York: Routledge, 2003.

Bryce, T. R. , *The Routledge Handbook of the Peoples and Places of Ancient Western Asia: The Near East from the Early Bronze Age to the Fall of the Persian Empire*, London and New York: Routledge, 2009.

Bryce, T. R. , *The World of the Neo-Hittite Kingdoms: A Political and Military History*, Oxford and New York: Oxford University Press, 2012.

Bryce, T. R. , *Ancient Syria: A Three Thousand Year History*, Oxford: Oxford University Press, 2014.

Buccellati, G. , *The Amorites of the Ur Ⅲ Period*, Naples: Istituto Orientale di Napoli, 1966.

Burney, C. , *The Ancient Near East*, Ithaca: Cornell University Press, 1977.

Cagni, L. , *Ebla 1975 - 1985: Dieci anni di studi linguistici e filologici*, Napoli: Istituto Universitario Orientale, 1987.

Carter, E. , Stolper, M. W. , *Elam: Surveys of Political History and Archaeology*, Berkeley and Los Angeles: University of California Press, 1984.

Cassin, H. , *Babylonien unter den Kassiten und das mittlere assyrische Reich*, Frankfurt: Fischer Verlag, 1993.

Caubet, A. , Pouyssegur, P. , *The Origins of Civilization: The Ancient Near East*, Paris: Finest/Terrail, 1998.

Charpin, D. , *Le clergé d'Ur au siècle d'Hammurabi*, Genève and Paris: Librairie Droz, 1986.

Charpin, D. , *Hammu-Rabi de Babylone*, Paris: Presses Universitaires de France, 2003.

Charpin, D. , *Hammurabi of Babylon*, London and New York: I. B. Tauris, 2012.

Charpin, D. , Ziegler, N. , *Florilegium marianum V: Mari et le Proche-Orient à l'Époque Amorrite Essai d'Histoire Politique*, Paris: SÉPOA, 2003.

Charvát, P. , *Mesopotamia before History*, London and New York: Routledge, 2005.

Chavalas, M. W. , *Emar: The History, Religion, and Culture of a Syrian Town in the Late Bronze Age*, Bethesda: CDL Press, 1996.

Chavalas, M. W. , *Women in the Ancient Near East*, London and New York: Routledge, 2014.

Chavalas, M. W. , Hayes, J. L. , *New Horizons in the Study of Ancient Syria*, Malibu: Undena Publications, 1992.

Cline, E. H. , Graham, M. W. , *Ancient Empires: From Mesopotamia to the Rise of Islam*, Cambridge: Cambridge University Press, 2011.

Cohen, R. , Westbrook, R. , *Amarna Diplomacy: The Beginnings of International Relations*, Baltimore and London: The Johns Hopkins University Press, 2000.

Cohen, Y. , *The Scribes and Scholars of the City of Emar in the Late Bronze Age*, Winona Lake: Eisenbrauns, 2009.

Collins, B. J. , *The Hittites and Their World*, Atlanta: Society of Biblical Literature, 2007.

Cooper, J. S. , *The Curse of Agade*, Baltimore and London: The Johns Hopkins University Press, 1983.

Crawford. H. , *Sumer and the Sumerians*, Melbourne: Cambridge University Press, 2004.

Dahl, J. L. , *The Ruling Family of Ur III Umma: A Prosopographical Analysis of an Elite Family in Southern Iraq 4000 Years Ago*, Leiden: Nederlands Instituut voor het Nabije Oosten, 2007.

Dalley, S. , *Mari and Karana, two Old Babylonian Cities*, New Jersey: Gorgias Press, 2002.

Danti, M. D. , *Early Bronze Age Settlement and Land Use in the Tell es Sweyhat Region, Syria*, PhD dissertation, University of Pennsylvania, 2000.

De Blois, L. , Van der Spek, R. J. , *An Introduction to the Ancient World*, London and New York: Routledge, 1997.

De Boer, R. , *Amorites in the Early Old Babylonian Period*, PhD dissertation, Universiteit Leiden, 2014.

De Graef, K. , Tavernier, J. , *Susa and Elam. Archaeological, Philological, Historical and Geographical Perspectives: Proceedings of the International Congress held at Ghent University, December 14 – 17, 2009*, Leiden and Boston: Brill, 2013.

Dinçol, A. , Dinçol, B. , *Die Prinzen-und Beamtensiegel aus der Oberstadt von Bogazköy-Hattuša vom 16. Jahrhundert bis zum Ende der Grossreichszeit*, Mainz: Verlag Philipp von Zabern, 2008.

Dodson, A. , Hilton, D. , *The Complete Royal Families of Ancient Egypt*, London: Thames & Hudson, 2004.

Donbaz, V. , Yoffee, N. , *Old Babylonian Texts from Kish: Conserved in the Istanbul Archaeological Museums*, Malibu: Undena Publications, 1986.

Driver, G. R. , Miles, J. C. , *The Assyrian Laws*, Darmstadt: Scientis Verlag Aalen, 1975.

Durand, J-M. , *La Femme dans le Proche-Orient Antique*, Paris: Recherche Sur Les Civilisations, 1987.

Durand, J-M. , *Les documents épistolaires du palais de Mari*, *I -III*, Paris: Les Éditions du Cerf, 1997 – 2000.

Duru, R. , *A Forgotten Capital City: Tilmen*, Istanbul: Türsab Cultural Publications, 2003.

Draffkorn-Kilmer, A. , *Hurrians and Hurrian at Alalah: An Ethno-Linguistic Analysis*, Ph. D. dissertation, University of Pennsylvania, 1959.

Edzard, D. O. , *Die "Zweite Zwischenzeit" Babyloniens*, Wiesbaden: Otto Harrassowitz, 1957.

Edzard, D. O. , *Gudea and His Dynasty*, Toronto: University of Toronto Press, 1997.

Edzard, D. O. , *Geschichte Mesopotamiens: Von den Sumerern bis zu Alexander dem Großen*, München: Verlag C. H. Beck, 2004.

Egbert, J. , *A Companion to the Ancient Greek Language*, Chichester: John Wiley & Sons, 2010.

Eidem, J. , *The Shemshāra Archives 2: The Administrative Texts*, Copenhagen: Munksgaard, 1992.

Eidem, J. , Læssøe, J. , *The Shemshara archives, Volume 23, The Royal Danish Academy of Sciences and Letters*, Copenhague: Historik-filosofiske Skrifter, 2001.

Eidem, J. , Læssøe, J. , *The Shemshara Archives, vol. 1, The Letters*, Copenhague: Historik-filosofiske Skrifter, 2001.

Faist, B. , *Der Fernhandel des assyrischen Reiches zwischen dem 14. und dem 11. Jahrhundert vor Christus*, Münster: Ugarit Verlag, 2001.

Falkenstein, A. , *Die Inschriften Gudeas von Lagaš*, Roma: Pontificium Institutum Biblicum, 1966.

Finet, A. , *L'Accadien des Lettres de Mari*, Bruxelles: Palais des Academies, 1954.

Fitzgerald, M. A. , *The Rulers of Larsa*, PhD dissertation, Yale University, 2002.

Fletcher, J. , *Chronicle of a Pharaoh-The Intimate Life of Amenhotep Ⅲ*, Oxford: Oxford University Press, 2000.

Foster, B. R. , *Umma in the Sargonic Period*, Hamden: Archon Books, 1982.

Foster, B. R. , Polinger, F. K. , *Civilizations of Ancient Iraq*, Princeton and Oxford: Princeton University Press, 2009.

Frankfort, H. , *Tell Asmar, Khafaje and Khorsabad: Second Preliminary Report of the Iraq Expedition*, Chicago: The Oriental Institute of the University of Chicago, 1933.

Frankfort, H. , *Iraq Excavations of the Oriental Institute 1932/33: Third Preliminary Report of the Iraq Expedition*, Chicago: The Oriental Institute of the University of Chicago, 1934.

Frankfort, H. , *Oriental Institute Discoveries in Iraq, 1933/34: Fourth Preliminary Report of the Iraq Expedition*, Chicago: The Oriental Institute of the University of Chicago, 1935.

Frankfort, H. , *Progress of the Work of the Oriental Institute in Iraq, 1934/35: Fifth Preliminary Report of the Iraq Expedition*, Chicago: The Oriental Institute of the University of Chicago, 1936.

Frankfort, H. , *Sculpture of the Third Millennium B. C. from Tell Asmar and Khafajah* , Chicago: The Oriental Institute of the University of Chicago , 1939.

Frankfort, H. , Lloyd, S. , Jacobsen, T. , *The Gimilsin Temple and the Palace of the Rulers at Tell Asmar* , Chicago: The Oriental Institute of the University of Chicago , 1940.

Frankfort, H. , Jacobsen, T. , Preusser, C. , *Tell Asmar and Khafaje: The First Season's Work in Eshnunna 1930/31* , Chicago: The Oriental Institute of the University of Chicago , 1932.

Frayne, D. , *Sargonic and Gutian Periods (2334 – 2113 BC)* , Toronto: University of Toronto Press , 1993.

Frayne, D. , *Ur III Period (2112 – 2004 BC)* , Toronto: University of Toronto Press , 1997.

Freu, J. , *Histoire du Mitanni* , Paris: Association KUBABA , 2003.

Freu, J. , *Histoire Politique du Royaume d'Ugarit* , Paris: Association KUBABA , 2006.

Furlong, P. , *Aspects of Ancient Near Eastern Chronology (c. 1600 – 700 BC)* , Piscataway: Gorgias Press , 2010.

Garfinkle, S. , Molina, M. , *From the 21st Century B. C. to the 21st Century A. D. : Proceedings of the International Conference on Sumerian Studies Held in Madrid 22 – 24 July 2010* , Winona Lake: Eisenbrauns , 2013.

Gasche, H. , et al. , *Dating the Fall of Babylon: A Reappraisal of Second-Millennium Chronology* , Ghent and Chicago: University of Ghent and the Oriental Institute of the University of Chicago , 1998.

George, A. , *The Babylonian Gilgamesh Epic, 2 vols* , Oxford: Oxford University Press , 2003.

Ghashghai, H. R. , *Chronicle of Early Iran History* , Tehran: Avegan press , 2011.

Giacumakis, G. , *The Akkadian of Alalah* , The Hague and Paris: Mouton , 1970.

Glassner, J-J. , *Mesopotamian Chronicles* , Atlanta: Society of Biblical Literature , 2004.

Grajetzki, W. , *Ancient Egyptian Queens: A Hieroglyphic Dictionary* , London: Golden House Publications , 2005.

Grayson, A. K. , *Assyrian and Babylonian Chronicles*, Locust Valley: J. J. Augustin, 1975.

Hall, M. G. , *A Study of the Sumerian Moon-God*, *Nann/Su'en*, PhD dissertation, University of Pennsylvania, 1985.

Hallo, W. W. , Simpson, W. K. , *The Ancient Near East: A History*, Belmont: Wadsworth/Thomson, 1998.

Harrak, A. , *Assyria and Hanilgalbat*, *A Historical Reconstruction of the Bilateral Relations from the Middle of the 14th to the end of the 12th centuries BC*, Hildesheim: Olms, 1987.

Harris, R. , *Aging and Gender in Mesopotamia: The Gilgamesh Epic and Other Ancient Literature*, Norman: University of Oklahoma Press, 2000.

Healy, M. , *The Ancient Assyrians*, New York: Osprey, 1991.

Heimpel, W. , *Letters to the King of Mari: A New Translation, with Historical Introduction, Notes, and Commentary*, Winona Lake: Eisenbrauns, 2003.

Heinhold-Krahmer, S. , *Arzawa: Untersuchungen zu seuner Geschichte nach den hethitischen Quellen*, Heidelberg: Universitätsverlag, 1977.

Hilgert, M. , *Akkadisch in der Ur III -Zeit*, Münster: Rhema, 2002.

Hinds, K. , *Barbarians! Scythians and Sarmatians*, Tarrytown: Marshall Cavendish, 2010.

Horsnell, M. , *The Year-Names of the First Dynasty of Babylon*, *I -II* , McMaster: McMaster University Press, 1999.

Hunt, C. , *The History of Iraq*, Westport and London: Greenwood Press, 2005.

Jacobsen T. *The Sumerian King List*, Chicago: The Oriental Institute of the University of Chicago, 1939.

Jean, C-F. , *Šumer et Akkad: Contribution a l'histoire de la civilisation dans la Basse-Mésopotamie*, Paris: Librairie Orientaliste Paul Geuthner, 1923.

Jones, T. B. , *The Sumerian Problem*, New York: John Wiley, 1969.

Jones, T. B. , Snyder, J. W. , *Sumerian Economic Texts from the Third Ur Dynasty: A Catalogue and Discussion of Documents from Various Collections*, Minneapolis: University of Minnesota Press, 1961.

King, L. W. , *A History of Sumer and Akkad*, New York: Greenwood Press, 1968.

Klengel, H. , *Syria 3000 to 300 B. C.* : *A Handbook of Political History*, Berlin: Akademie Verlag, 1992.

Koch, U. S. , *Secrets of Extispicy*: *The Chapter Multābiltu of the Baylonian Extispicy Series and Nisirti Bārûti Texts Mainly from Aššurbanipal's Library*, Münster: Ugarit-Verlag, 2005.

Kontopoulos, G. I. , *Diplomatic Marriage in New Kingdom Egypt*: *The Foreign Wives of the Pharaohs and the Diplomatic Correspondence around them*, MA thesis, University of Liverpool, 2012.

Kramer, S. N. , *The Sumerians*: *Their History, Culture, and Character*, Chicago and London: The University of Chicago Press, 1963.

Kramer, S. N. , *The Sacred Marriage Rite*: *Aspects of Faith, Myth, and Ritual in Ancient Sumer*, Bloomington: Indiana University Press, 1969.

Kramer, S. N. , *History Begins at Sumer*: *Thirty-Nine Firsts in Man's Recorded History*, Philadelphia: The University of Pennsylvania Press, 1981.

Kuhrt, A. , *The Ancient Near East c. 3000 – 330 BC, 2 volumes*, New York: Routledge, 1995.

Kuiper, K. , *Mesopotamia*: *The World's Earliest Civilization*, New Work: Britannica Educational Publishing, 2011.

Kupper, J-R. , *Lettres royales du temps de Zimri-Lim*, Paris: Éditions Recherches sur les Civilisations, 1998.

Laessøe, J. , *The Shemshāra Tablets*, Kopenhagen, 1959.

Lamberg-Karlovsky, C. C. , Sabloff, J. A. , *Ancient Civilizations*: *The Near East and Mesoamerica*, Illinois: Waveland Press, 1979.

Leemans, W. F. , *Foreign Trade in the Old Babylonian Period*, Leiden: E. J. Brill, 1960.

Leick, G. , *Sex and Eroticism in Mesopotamian Literature*, London and New York: Routledge, 1994.

Leick, G. , *Who's Who in the Ancient Near East*, London and New York: Routledge, 1999.

Leick, G. , *Historical Dictionary of Mesopotamia*, Lanham-Toronto-Plymouth: The Scarecrow Press, 2010.

Lesko, B. S. , *Women's Earliest Records from Ancient Egypt and Western Asia: Proceedings of the Conference on Women in the Ancient Near East Brown University, Providence Rhode Island November 5 – 7, 1987*, Atlanta: Scholars Press, 1989.

Levin, J. , *Hammurabi*, New York: Chelsea House, 2009.

Lion, B. , Michel, C. , *The Role of Women in Work and Society in the Ancient Near East*, Berlin and Boston: De Gruyter, 2016.

Liu, C. , *Organization, Administrative Practices and Written Documentation in Mesopotamia during the Ur Ⅲ Period (c. 2112 – 2004 BC): A Case Study of Puzriš-Dagan in the Reign of Amar-Suen*, Münster: Ugarit-Verlag, 2017.

Liu, C. , *The Ur Ⅲ Administrative Texts from Puzrish-Dagan Kept in the Harvard Museum of the Ancient Near East*, Leiden: Brill, 2021.

Liverani, M. , *Prestige and Interest*, Padua: Sargon, 1990.

Liverani, M. , *International Relations in the Ancient Near East, 1600 – 1100 BC*, New York: Palgrave, 2001.

Liverani, M. , *Israel's History and the History of Israel*, London: Equinox Publishing, 2003.

Liverani, M. , *The Ancient Near East: History, society and economy*, London and New York: Routledge, 2014.

Macqueen, J. G. , *The Hittites and Their Contemporaries in Asia Minor*, London: Thames and Hudson, 1975.

Mallowan, M. , *Early Mesopotamia and Iran*, London: Thames and Hudson, 1965.

Marquez Rowe, I. , *The Royal Deeds of Ugarit. A Study of Ancient Near Eastern Diplomatics*, Münster: Ugarit-Verlag, 2006.

Masterson, M. , Rabinowitz, N. S. , Robson, J. , *Sex in Antiquity: Exploring Gender and Sexuality in the Ancient World*, London and New York: Routledge, 2015.

Matthews, V. H. , *Pastoral nomadism in the Mari Kingdom (ca. 1830 – 1760 B. C.)*, Boston: American Schools of Oriental Research, 1978.

Mayer. W. , *Assyrien und Urartu*, Münster: Ugarit-Verlag, 2013.

McIntosh, J. R. , *Ancient Mesopotamia: New Perspectives*, Santa Barbara: ABC-CLIO, 2005.

Melville, S. C. , *The Role of Naqia/Zakutu in Sargonid Politics*, Helsinki: The Neo-Assyrian Text Corpus Project, 1999.

Michaël, G. , *Archives royales de Mari XXXI : La vaisselle de luxe des rois de Mari*, Paris: Édition recherche sur les civilisations, 2005.

Michalowski, P. , *The Correspondence of the Kings of Ur: An Epistolary History of an Ancient Mesopotamian Kingdom*, Winona Lake: Eisenbrauns, 2011.

Miglio, A. E. , *Tribe and State: The Dynamics of International Politics and the Reign of Zimri-Lim*, Piscataway: Gorgias Press, 2014.

Mokhtar, G. , *General History of Africa, II : Ancient Civilizations of Africa*, Berkeley: University of California Press, 1981.

Moran, W. L. , *The Amarna Letters*, Baltimore: The Johns Hopkins University Press, 1987.

Murnane, W. J. , *Texts from the Amarna Period in Egypt*, Atlanta: Scholars Press, 1995.

Mynářová, J. , *Language of Amarna-Language of Diplomacy: Perspectives on the Amarna Letters*, Prague: Czech Institute of Egyptology, Faculty of Arts, Charles University in Prague, 2007.

Nemet-Nejat, K. R. , *Daily Life in Ancient Mesopotamia*, Peabody: Hendrickson Publishers, 1998.

Nielsen, J. P. , *Sons and Descendants: A Social History of Kin Groups and Family Names in the Early Neo-Babylonian Period*, PhD dissertation, University of Chicago, 2008.

Nissen, H. J. , *The Early History of the Ancient Near East 9000 – 2000 B. C.*, Chicago: The University of Chicago Press, 1988.

Nissen, H. J. , Heine, P. , *From Mesopotamia to Iraq: A Concise History*, Chicago and London: The University of Chicago Press, 2009.

Nissen, H. J. , Renger, J. , *Mesopotamien und seine Nachbarn. Politische und kulturelle Wechselbeziehungen im Alten Orient vom 4. bis 1. Jahrtausend v. Chr.*, Berlin: Reimer, 1982.

Nougayrol, J. , *Les Palais Royal d'Ugarit, III : Textes Accadiens et Hourrites des Archives est, Ouest et Centrales*, Paris: Imprimerie Nationale, 1955.

Nougayrol, J. , *Le Palais Royal d'Ugarit*, *IV : Planches textes Accadiens des Archives sud*, Paris: Imprimerie Nationale, 1956.

Oates, D. , *Studies in the Ancient History of Northern Iraq*, London: The British Academy, 1968.

Oates, D. , Oates, J. , McDonald, H. , *Excavations at Tell Brak*, *Volume 2: Nagar in the third millennium BC*, Cambridge: McDonald Institute for Archaeological Research, 2001.

Oliva, J. , *Textos para un Historia política de Siria-Palestina*, Madrid: Trotta, 2008.

Oppenheim, A. L. , *Ancient Mesopotamia*, Chicago and London: The University of Chicago Press, 1964.

Owen, D. I. , *Garšana Studies*, Bethesda: CDL Press, 2011.

Owen, D. I. , Mayr, R. H. , *The Garšana Archives*, Bethesda: CDL Press, 2007.

Parpola, S. , *The Correspondence of Sargon II* , *Part I : Letters from Assyria and the West*, Helsinki: Helsinki University Press, 1987.

Patterson, D. , *Elements of the Neo-Sumerian Military*, PhD dissertation, University of Pennsylvania, 2018.

Pettinato, G. , *Ebla: Nuovi orizzonti della storia*, Milano: Rusconi, 1986.

Pettinato, G. , *Ebla*, *a new look at history*, Baltimore: Johns Hopkins University Press, 1991.

Pintore, F. , *Il Matrimonio Interdinastico nel Vicino Oriente durante I Secoli XV- XIII* , Roma: Istituto per l'Oriente, Centro per le Antichità e la Storia dell'Arte del Vicino Oriente, 1978.

Podany, A. H. , *The Land of Hana: Kings, Chronology, and Scribal Tradition*, Bethesda: CDL Press, 2002.

Podany, A. H. , *Brotherhood of Kings: How International Relations Shaped the Ancient Near East*, Oxford: Oxford University Press, 2012.

Pollock, S. , *Ancient Mesopotamia: The Eden that Never Was*, Cambridge: Cambridge University Press, 1999.

Pomponio, F. , *Testi Amministrativi: Assegnazioni Mensili di Tessuti Periodo di Ar-*

rugum, Roma: Missione Archeologica Italiana in Siria, 2008.

Popko, M. , *Religions of Asia Minor*, Warsaw: Academic Publications Dialog, 1995.

Porter, A. , *Mobile Pastoralism and the Formation of Near Eastern Civilizations: Weaving Together Society*, Cambridge: Cambridge University Press, 2012.

Postgate, N. , *Early Mesopotamia: Society and Economy at the Dawn of History*, London and New York: Routledge, 1992.

Potts, D. T. , *Dilmun: New Studies in the Archaeology and Early History of Bahrain*, Berlin: Dietrich Reimer Verlag, 1983.

Potts, D. T. , *The Archaeology of Elam: Formation and Transformation of an Ancient Iranian State*, Cambridge: Cambridge University Press, 2004.

Reichel, C. , *Political Changes and Cultural Continuity in the Palace of the Rulers at Eshnunna (Tell Asmar): From the Ur III Period to the Isin-Larsa Period (CA. 2070 – 1850 B. C.)*, PhD dissertation, University of Chicago, 2001.

Ristvet, L. , *Ritual, Performance, and Politics in the Ancient Near East*, Cambridge: Cambridge University Press, 2014.

Römer, W. , *Die Zylinderinschriften von Gudea*, Münster: Ugarit-Verlag, 2010.

Roth, M. T. , *Law Collections from Mesopotamia and Asia Minor*, Atlanta: Scholars Press, 1997.

Roux, G. , *Ancient Iraq*, Middlesex: Penguin Books, 1992.

Sallaberger, W. , *Der kultische Kalender der Ur III -Zeit*, Berlin and New York: Walter de Gruyter, 1993.

Sallaberger, W. , Westenholz, A. , *Mesopotamien: Akkade-Zeit und Ur III -Zeit*, Freiburg: Universitätsverlag & Göttingen: Vandenhoeck und Ruprecht, 1999.

Schaeffer, C. , *Ugaritica. Mission de Ras Shamra 3*, Paris: Paul Geuthner, 1939.

Schipper, B. U. , *Israel und Ägypten in der Königszeit: Die kulturellen Kontakte von Salomo bis zum Fall Jerusalems*, Freiburg: Universitätsverlag & Göttingen: Vandenhoeck & Ruprecht, 1999.

Schniedewind, W. M. , *The El-Amarna Correspondence: A New Edition of the Cuneiform Letters from the Site of El-Amarna based on Collations of all Extant Tablets, Volume 1*, Leiden and Boston: Brill, 2015.

Servadio, G. , *Ancient Syrian Writings: Syrian Preclassical and Classical Texts*,

Damascus: General Secretariat of Damascus Arab Capital of Culture, 2008.

Sharlach, T. M. , *Provincial Taxation and the Ur III State*, Leiden and Boston: Brill-Styx, 2004.

Sharlach, T. M. , *An Ox of One's Own: Royal Wives and Religion at the Court of the Third Dynasty of Ur*, Berlin and Boston: De Gruyter, 2017.

Sigrist, M. , *Isin Year Names*, Berrien Springs: Andrews University Press, 1988.

Sigrist, M. , *Larsa Year Names*, Berrien Springs: Andrews University Press, 1990.

Sigrist, M. , *Drehem*, Bethesda: CDL Press, 1992.

Sigrist, M. , Gomi, T. , *The Comprehensive Catalogue of Published Ur III Tablets*, Bethesda: CDL Press, 1991.

Snell, D. C. , *Life in the Ancient Near East 3100 – 332 B. C. E.* , New Haven: Yale University Press, 1997.

Snell, D. C. , *A Companion to the Ancient Near East*, Malden: Blackwell Publishing, 2005.

Starr, I. , *Queries to the Sungod: Divination and Politics in Sargonid Assyria*, Helsinki: Helsinki University Press, 1990.

Steible, H. , *Die Altsumerischen Bau-und Weihinschriften*, Stuttgart: Franz Steiner Verlag, 1982.

Steible, H. , *Die Neusumerischen Bau-und Weihinschriften: Teil 2 Kommentar zu den Gudea-Statuen Inschriften der III . Dynastie von Ur Inschriften der IV . und "V. " Dynastie von Uruk Varia*, Stuttgart: Franz Steiner Verlag, 1991.

Stein, P. , *Die Mittel-und Neu-babylonischen Königsinschriften bis zum Ende der Assyrerherrschaft*, Wiesbaden: Harrassowitz, 2000.

Steinkeller, P. , *Sale Documents of the Ur III Period*, Stuttgart: Franz Steiner Verlag, 1989.

Steinkeller, P. , *History, Texts and Art in Early Babylonia: Three Essays*, Berlin and Boston: De Gruyter, 2017.

Stol, M. , *Birth in Babylonia and the Bible: Its Mediterranean Setting*, Groningen: Styx, 2000.

Sturtevant, E. , Bechtel, G. , *A Hittite Chrestomathy*, Washington: Linguistic Society of America, 1935.

Svärd, S. , *Power and Women in the Neo-Assyrian Palaces*, PhD dissertation, University of Helsinki, 2012.

Thureau-Dangin, F. , *Die sumerischen und akkadischen Königsinschriften*, Leipzig: Hinrichs, 1907.

Vacin, L. , *Šulgi of Ur: Life, Deeds, Ideology and Legacy of a Mesopotamian Ruler as Reflected Primarily in Literary Texts*, PhD dissertation, University of London, 2011.

Van de Mieroop, M. , *A History of the Ancient Near East (ca. 3000 – 323 BC)*, Malden: Blackwell Publishing, 2004.

Van de Mieroop, M. , *King Hammurabi of Babylon: A Biography*, Malden: Blackwell Publishing, 2005.

Van Dijk, J. , *Literarische Texte aus Babylon*, Berlin: Akademie-Verlag, 1987.

Virolleaud, C. , *Tablettes Économiques de Lagash (Époque de la IIIe Dynastie d'Ur): Copiées en 1900 au Musée Impérial Ottoman*, Paris: Imprimerie Nationale, 1968.

Vivante, B. , *Women's Roles in Ancient Civilizations: A Reference Guide*, Westport and London: Greenwood Press, 1999.

Von Dassow, E. , *Social Stratification of Alalah under the Mittani Empire*, PhD. dissertation, New York University, 1997.

Wang, X. , *The Metamorphosis of Enlil in Early Mesopotamia*, Münster: Ugarit-Verlag, 2011.

Weiershäuser, F. , *Die königlichen Frauen der III. Dynastie von Ur*, Göttingen: Universitätsverlag Göttingen, 2008.

Whiting, R. M. , *Old Babylonian Letters from Tell Asmar*, Chicago: The Oriental Institute of the University of Chicago, 1987.

Wilhelm, G. , *The Hurrians*, Warminster: Aris & Phillips, 1989.

Wiseman, D. J. , *The Alalakh Tablets*, London: The British Institute of Archaeology at Ankara, 1953.

Wu, Y. , *A Political History of Eshnunna, Mari and Assyria during the Early Old Babylonian Period (from the end of Ur III to the death of Šamši-Adad)*, Changchun: Institute of History of Ancient Civilizations Northeast Normal University, 1994.

Yon, M. , *The City of Ugarit at Tell Ras Shamr*, Singapore: Eisenbrauns, 2006.

Ziegler, N. , *La population féminine des palais d'après les archives royales de Mari: Le Harem de Zimrî-Lîm*, Paris: SEPOA, 1999.

Zimmerer, N. , *The Chronology of Genesis: A Complete History of the Nefilim*, Kempton: Adventures Unlimited Press, 2003.

二 外文参考论文

Abbas. M. , "A Survey of the Diplomatic Role of the Charioteers in the Ramesside Period", Veldmeijer A J, Ikram S. , eds. , *Chasing Chariots: Proceedings of the First International Chariot Conference (Cairo 2012)*, Leiden: Sidestone Press, 2013, pp. 17 – 27.

Albenda, P. , "Western Asiatic Women in the Iron Age: Their Image Revealed", *The Biblical Archaeologist*, 46/2 (1983), pp. 82 – 88.

Alster, B. , "Marriage and Love in the Sumerian Love Songs", Cohen, M. E. , Snell, D. C. , Weisberg, D. B. , eds. , *The Tablet and the Scroll: Near Eastern Studies in Honor of William W. Hallo*, Bethesda: CDL Press, 1993, pp. 15 – 27.

Álvarez-Mon, J. , "Braids of Glory. Elamite Sculptural Reliefs from the Highlands: Kūl-e Farah Ⅳ", De Graef, K. , Tavernier, J. , eds. , *Susa and Elam. Archaeological, Philological, Historical and Geographical Perspectives: Proceedings of the International Congress Held at Ghent University, December 14 – 17, 2009*, Leiden and Boston: Brill, 2013: 207 – 248.

Archi, A. , "Kis nei testi di Ebla", *Studi Eblaiti* 4 (1981), pp. 77 – 87.

Archi, A. , "Ebla and Eblaite", Gordon, C. H. , Rendsburg, G. A. , Winter, N. H. , eds. , *Eblaitica: Essays on the Ebla Archives and Eblaite Language, Volume I*, Winona Lake: Eisenbrauns, 1987: 7 – 18.

Archi, A. , "Gifts for a Princess", Gordon, C. H. , Rendsburg, G. A. , Winter, N. H. , eds. , *Eblaitica: Essays on the Ebla Archives and Eblaite Language, Volume I*, Winona Lake: Eisenbrauns, 1987, pp. 115 – 124.

Archi, A. , "Harran in the Ⅲ Millennium B. C. ", *Ugarit Forschungen* 20 (1988), pp. 1 – 8.

Archi, A. , "Imâr au Ⅲème Millénaire d'après les archives d'Ebla", *MARI* 6 (1990), pp. 21 – 38.

Archi, A. , "Five Tablets from the Southern Wing of Palace G-Ebla", *Syro-Meso-potamian Studies* 5/2 (1993), pp. 23 – 26.

Archi, A. , "Les comptes rendus annuels de métaux", Durand, J-M. , Amurru, I. , eds. , *Mari, Ebla et les Hourrites. Dix ans de travail. Première Partie. Actes du colloque international (Paris, mai 1993)*, Paris, 1996, pp. 73 – 79.

Archi, A. , "The Regional State of Nagar according to the Texts of Ebla", *Subartu* 4/2 (1998), pp. 1 – 15.

Archi, A. , "Nawar-tahe, King of Purušhanda", *Nouvelles Assyriologiques Brèves et Utilitaires* 2000/61.

Archi, A. , "Jewels for the Ladies of Ebla", *Zeitschrift für Assyriologie und Vorderasiatische Archäologie* 92 (2002), pp. 161 – 199.

Archi, A. , "The Role of Women in the Society of Ebla", Parpola, S. , Whiting, R. M. , eds. , *Sex and Gender in the Ancient Near East. Proceedings of the XL Ⅶ ᵉ Rencontre Assyriologique Internationale, Helsinki*, Helsinki: Neo-Assyrian Text Corpus, 2002, pp. 1 – 9.

Archi, A. , "Considerations on a Delivery of Spearheads from Ebla", *Journal of Cuneiform Studies* 60 (2008), pp. 1 – 5.

Archi, A. , "In Search of Armi", *Journal of Cuneiform Studies* 63 (2011), pp. 5 – 34.

Archi, A. , Biga, M. G. , "A Victory over Mari and the Fall of Ebla", *Journal of Cuneiform Studies* 55 (2003), pp. 1 – 44.

Artzi, P. , "The Influence of Political Marriages on the International Relations of the Amarna-Age", Durand, J-M. , ed. , *La Femme dans le Proche-Orient Antique: Compte Rendu de la XXXⅢ ᵉ Rencontre Assyriologique Internationale (Paris, 7 – 10 Juillet 1986)*, Paris: Editions Recherche sur les Civilisations, 1987, pp. 23 – 26.

Astour, M. C. , "The Partition of the Confederacy of Mukiš-Nuhašše-Nii by Šuppululiuma, *Orientalia Nova Series* 38 (1969), pp. 381 – 414

Astour, M. C. , "Hattusiliš, Halab, and Hanigalbat", *Journal of Near Eastern*

Studies 31/2（1972），pp. 102 – 109.

Astour, M. C. , "The Geographical and Political Structure of the Ebla Empire", Waetzoldt, H. , Hauptmann, H. , eds. , *Wirtschaft und Gesellschaft von Ebla: Akten der Internationalen Tagung Heidelberg 4. – 7. November 1986*, Heidelberg: Heidelberger Orientverlag, 1988, pp. 139 – 158.

Astour, M. C. , "An Outline of the History of Ebla（Part 1）", Gordon, C. H. , *Eblaitica: Essays on the Ebla Archives and Eblaite Language, Volume 3*, Winona Lake: Eisenbrauns, 1992, pp. 3 – 82.

Astour, M. C. , "A Reconstruction of the History of Ebla（Part 2）", Gordon, C. H. , Rendsburg, G. A. , *Eblaitica: Essays on the Ebla Archives and Eblaite Language, Volume 4*, Winona Lake: Eisenbrauns, 2002, pp. 57 – 196.

Bachvarova, M. R. , "Sumerian Gala Priests and Eastern Mediterranean Returning Gods: Tragic Lamentation in Cross-Cultural Perspective", Suter, A. , ed. , *Lament: Studies in the Ancient Mediterranean and Beyond*, Oxford: Oxford University Press, 2008, pp. 18 – 52.

Baqir, T. , "Excavations at Tell Harmal II: Tell Harmal, A Preliminary Report", *Sumer* 2（1946），pp. 22 – 30.

Baqir, T. , "Excavations at Harmal", *Sumer* 4（1948），pp. 137 – 139.

Baqir, T. , "An important mathematical problem text from Tell Harmal", *Sumer* 6（1950），pp. 39 – 54.

Baqir, T. , "Another important mathematical text from Tell Harmal", *Sumer* 6（1950），pp. 130 – 148.

Baqir, T. , "Some more mathematical texts from Tell Harmal", *Sumer* 7（1951），pp. 28 – 45.

Becker, A. , "Neusumerische Renaissance? Wissenschaftsgeschichtliche Untersuchungen zur Philologie und Archäologie", *Baghdader Mitteilungen* 16（1985），pp. 229 – 316.

Beckman, G. M. , "Foreigners in the Ancient Near East", *Journal of the American Oriental Society* 133/2（2013），pp. 203 – 216.

Ben-Barak, Z. , "The Queen Consort and the Struggle for Succession to the Throne", Durand, J-M. , ed. , *La Femme dans le Proche-Orient Antique:*

Compte Rendu de la XXXIIIe Rencontre Assyriologique Internationale (*Paris*, *7 – 10 Juillet 1986*), Paris: Editions Recherche sur les Civilisations, 1987, pp. 33 – 40.

Beyer, D. , Charpin, D. , "Le sceau de Zaziya, roi des Turukkéens", *Mari Annales de Recherches Interdisciplinaires* 6 (1990), pp. 625 – 628.

Biga, M. G. , "Femmes de la Famille Royale d'Ebla", Durand, J-M. , ed. , *La Femme dans le Proche-Orient Antique: Compte Rendu de la XXXIIIe Rencontre Assyriologique Internationale* (*Paris*, *7 – 10 Juillet 1986*), Paris: Editions Recherche sur les Civilisations, 1987, pp. 41 – 47.

Biga, M. G. , "Prosopographie et datation relative des textes d'Ebla", Durand, J-M. , ed. , *Amurru I, Mari, Ebla et les Hourrites. Dix ans de travail. Première Partie. Actes du colloque international* (*Paris*, *mai 1993*), Paris, 1996, pp. 29 – 72.

Biga, M. G. , "The Marriage of Eblaite Princess Tagriš-Damu with a Son of Nagar's King", *Subartu* 4/2 (1998), pp. 17 – 22.

Biga, M. G. , "The Reconstruction of a Relative Chronology for the Ebla Texts", *Orientalia* 72 (2003), pp. 345 – 367.

Biga, M. G. , "Au-delà des frontières: guerre et diplomatie à Ébla", *Orientalia* 77/4 (2008), pp. 289 – 334.

Biga, M. G. , "More on Relations between Ebla and Harran at the Time of the Eblaite Royal Archives (24th Century BC)", Dönmez, S. , ed. , *Veysel Donbaz'a Sunulan Yazilar DUB. SAR É. DUB. BA. A: Studies Presented in Honour of Veysel Donbaz*, Istanbul: Ege Publications, 2010, pp. 159 – 165.

Biga, M. G. , "The Marriage of an Eblaite Princess with the King of Dulu", Salvatore, G. , ed. , *From Source to History Studies on Ancient Near Eastern Worlds and Beyond: Dedicated to Giovanni Battista Lanfranchi on the Occasion of His 65th Birthday on June 23, 2014*, Münster: Ugarit-Verlag, 2014, pp. 73 – 79.

Biga, M. G. , "Inherited Space – Third Millennium Political and Cultural Landscape", Cancik-Kirschbaum, E. , Brisch, N. , Eidem, J. , eds. , *Constituent, Confederate, and Conquered Space in Upper Mesopotamia: The Emergence* of the Mittani State, Berlin and Boston: De Gruyter, 2014, pp. 93 – 110.

Biga, M. G., Pomponio, F., "Elements for a Chronological Division of the Administrative Documentation of Ebla", *Journal of Cuneiform Studies* 42/2 (1990), pp. 179 – 201.

Biggs, R. D., "Šulgi in Simurrum", Young, G. D., Chavalas, M. W., Averbeck, R. E., eds., *Crossing Boundaries and Linking Horizons: Studies in Honor of Michael C. Astour on His 80th Birthday*, Bethesda: CDL Press, 1997, pp. 169 – 178.

Boese, J., Sallaberger, W., "Apil-kin von Mari und die Könige der Ⅲ. Dynastie von Ur", *Altorientalische Forschungen* 23 (1996), pp. 24 – 39.

Bonechi, M., "I 'regni' dei testi degli archivi di Ebla", *Aula Orientalis* 8 (1990), pp. 157 – 174.

Bonechi, M., "Les serments de femmes à Mari", *Méditerranées: Revue de l'association Méditerranées* 10 – 11 (1996), pp. 97 – 104.

Bonechi, M., "Remarks on the 'Road to Zamua' ", *Nouvelles Assyriologiques Brèves et Utilitaires* 1996/92.

Bonechi, M., "Remarks on the Ⅲ Millennium Geographical Names of the Syrian Upper Mesopotamia", *Subartu* 4/1 (1998), pp. 219 – 241.

Bonechi, M., "A Tool at Ebla, Mari and Ugarit", *Quaderni del Dipartimento di Linguistica – Università di Firenze* 9 (1998 – 1999), pp. 277 – 282.

Bryce, T. R., "Ḫattušili i and the Problems of the Royal Succession in the Hittite Kingdom", *Anatolian Studies* 31 (1981), pp. 9 – 17.

Buccellati, G., "Ebla and the Amorites", Gordon, C. H., ed., *Eblaitica: Essays on the Ebla Archives and Eblaite Language, Volume Ⅲ*, Winona Lake: Eisenbrauns, 1992, pp. 83 – 104.

Buccellati, G., Kelly-Buccellati, M., "The Royal Palace at Urkesh and the Daughter of Naram-Sin", *Les Annales Archéologiques Arabes Syriennes: Revue d'Archéologie et d'Histoire* 44 (2001), pp. 63 – 69.

Buccellati, G., Kelly-Buccellati, M., "Tar'am-Agade, Daughter of Naram-Sin, at Urkesh", Werr, L. A., Curtis, J., Martin, H., eds., *Of Pots and Plans: Papers on the Archaeology and History of Mesopotamia and Syria Presen-*

ted to David Oates in Honour of his 75th Birthday, London: Nabu Publications, 2002, pp. 11 – 31.

Buccellati, G. , Kelly-Buccellati, M. , "Urkesh and the Question of the Hurrian Homeland", Bulletin of the Georgian National Academy of Sciences 175/2 (2007), pp. 147 – 148.

Carroué, F. , "La Situation Chronologique de Lagaš II -Un Elément du Dossier", Acta Sumerologica 16 (1994), pp. 47 – 75.

Carroué, F. , "La Chronologie Interne du Règne de Gudea, Partie I", Acta Sumerologica 19 (1997), pp. 19 – 52.

Cate, P. , ten Houwink, H. J. , "The Hittite Dynastic Marriages of the Period between ca. 1258 and 1244 B. C. ", Altorientalische Forschungen 23/1 (1996), pp. 40 – 75.

Chambon, G. , "Apišal, un Royaume du Nord-Ouest", Cancik-Kirschbaum, E. , Ziegler, N. , eds. , Entre deux fleuves-I: Untersuchungen zur historischen Geographie Obermesopotamiens im 2. Jahrtausend, Gladbeck: PeWe-Vrlag, 2009, pp. 1 – 15.

Charpin, D. , "La dot de la Princesse Mariote Inbatum", Tarhan, T. , Tibet, A. , Konyar, E. , eds. , Muhibbe Darga Armagam, Istanbul: Sadberk Hanim Muzesi, 2008, pp. 159 – 172.

Charpin, D. , Durand, J. , "S'il y avait eu des porteurs, je t'aurais offert davantage… Échanges de présents entre dignitaires d'Alep et de Mari", Loretz, O. , Metzler, K. A. , Schaudig, H. , eds. , Ex Mesopotamia et Syria Lux: Festschrift für Manfried Dietrich zu seinem 65. Geburtstag, Münster: Ugarit-Verlag, 2002, pp. 95 – 104.

Charpin, D. , Ziegler, N. , "Mekum, Roi d'Apišal", MARI, Annales de Recherches Interdisciplinaires 8 (1997), pp. 243 – 247.

Civil, M. , "Enlil and Ninlil: The Marriage of Sud", Journal of the American Oriental Society 103/1 (1983), pp. 43 – 66.

Civil, M. , " 'Adamdun,' the Hippopotanus, and the Crocodile", Journal of Cuneiform Studies 50 (1998), pp. 11 – 14.

Collon, D. , "The life and times of Teheš-atal", Revue d'Assyriologie et d' *archéologie orientale* 84（1990），pp. 129 – 136.

Dalley, S. , Teissier, B. , "Tablets from the Vicinity of Emar and Elsewhere", *Iraq* 54（1992），pp. 83 – 111.

Daneshmand, P. , "Neo-Assyrian Diplomatic Marriage and Divination: A Case Study", *DABIR: Digital Archive of Brief notes & Iran Review* 1/3（2017），pp. 15 – 25.

De Graef, K. , "Annus Simaškensis: L'Usage des Noms d'Année Pendant la Période Simaškéenne（ca. 1930 – 1880 AV. Notre Ère）à Suse", *Iranica Antiqua* 43（2008），pp. 67 – 87.

De Graef, K. , "Dual power in Susa: Chronicle of a transitional period from Ur Ⅲ via Šimaški to the Sukkalmas", *Bulletin of the School of Oriental and African Studies* 75/3（2012），pp. 525 – 546.

De Martino, S. , "The Hittite Queen Hata（n）duhepa", Fincke, J. C. , ed. , *Festschrift für Gernot Wilhelm: anläßlich seines 65. Geburtstages am 28. Januar 2010*, Dresden: ISLET, 2010, pp. 91 – 98.

De Martino, S. , "Hittite Diplomacy: The Royal Messengers", Corò, P. , et al. , eds. , *Libiamo ne'lieti calici: Ancient Near Eastern Studies Presented to Lucio Milano on the Occasion of his 65th Birthday by Pupils, Colleagues and Friends*, Münster: Ugarit-Verlag, 2016, pp. 365 – 376.

De Roos, J. , "Materials for a Biography: The Correspondence of Puduhepa with Egypt and Ugarit", Van den Hout, T. , ed. , *The Life and Times of Hattušili Ⅲ and Tuthaliya Ⅳ: Proceedings of a Symposium Held in Honour of J. de Roos, 12 – 13 December 2003, Leiden*, Leiden: Nederlands Instituut voor het Nabije Oosten, 2006, pp. 17 – 26.

Dossin, G. , "Sibtu, reme de Mari", *Actes du XXIᵉ Congrès International des Orientalistes: Paris, 23 – 31 juillet 1948*, Paris: Société asiatique de Paris, 1949, pp. 42 – 43.

Ebeling, E. , "Amurru", *Reallexikon der Assyriologie* 1（1932），pp. 99 – 101.

Eidem, J. , "The Kingdom of Šamšī-Adad and its Legacies", Cancik-Kirschbaum, E. , Brisch, N. , Eidem, J. , eds. , *Constituent, Confederate, and Conquered Space in Upper Mesopotamia: The Emergence of the Mittani State*,

Berlin: De Gruyter, 2014, pp. 137 – 146.

Eidem, J. , Warburton, D. , "In the Land of Nagar: A Survey around Tell Brak", *Iraq* 58 (1996), pp. 51 – 64.

Ellis, M. deJ. , "Old Babylonian Economic Texts and Letters from Tell Harmal", *Journal of Cuneiform Studies* 24/3 (1972), pp. 43 – 69.

Ellis, M. deJ. , "An Old Babylonian Adoption Contract from Tell Harmal", *Journal of Cuneiform Studies* 27/3 (1975), pp. 130 – 151.

Falkenstein, A. , "Enheduanna, die Tochter Sargons von Akkade", *Revue d'Assyriologie et d'Archéologie Orientale* 52 (1958), p. 129.

Fisher, M. , "A Diplomatic Marriage in the Ramesside Period: Maathorneferure, Daughter of the Great Ruler of Hatti", Collins, B. J. , Michalowski, P. , eds. , *Beyond Hatti: A Tribute to Gary Beckman*, Atlanta: Lockwood Press, 2013, pp. 75 – 119.

Frame, G. , "A New Wife for Šu-Sîn", *Annual Review of the RIM Project* 2 (1988), pp. 3 – 4.

Frayne, D. R. , "The Zagros Campaigns of the Ur Ⅲ Kings", *The Canadian Society for Mesopotamian Studies* 3 (2008), pp. 33 – 56.

Francfort, H-P. , Tremblay, X. , "Marhaši et la Civilisation de l'Oxus", *Iranica Antiqua* 45 (2010), pp. 51 – 224.

Gaal, E. , "The economic role of Hanilgalbat at the beginning of the Neo-Assyrian expansion", Nissen, H-J. , Renger, J. , eds. , *Mesopotamien und seine Nachbarn. Politische und kulturelle Wechselbeziehungen im Alten Orient vom 4. bis 1. Jahrtausend v. Chr.* , Berlin: Reimer, 1982, pp. 349 – 354.

Gansell, A. R. , "Women in Ancient Mesopotamia", James, L. J. , Dillon, S. , eds. , *A Companion to Women in the Ancient World*, Hoboken: Wiley-Blackwell, 2012, pp. 11 – 24.

Garcia-Ventura, A. , Zisa, G. , "Gender and Women in Ancient Near Eastern Studies: Bibliography 2002 – 2016", *Akkadica* 138 (2017), pp. 37 – 67.

Garelli, P. , "Les Dames de l'empire assyrien", Prosecký, J. , ed. , *Intellectual Life in the Ancient Near East: Papers Presented at the 43rd Rencontre assyriologique internationale Prague, July 1 – 5, 1996*, Prague: Academy of Sciences of the Czech Republic Oriental Institute, 1998, pp. 175 – 181.

Gelb, I. J. , "Studies in the Topography of Western Asia", *The American Journal of Semitic Languages and Literatures* 55/1 (1938), pp. 66 – 85.

Ghazaryan, R. P. , "The North-Western Region (The Upper Land) of the Armenian Highland within the Hittite State", *Fundamental Armenology* 2 (2015), pp. 1 – 11.

Glazer, E. K. , "Urbanizacijski procesi na prostoru Sirije u rano brončano doba", *Povijesni prilozi* 45 (2013), pp. 7 – 44.

Goetze, A. , "A mathematical compendium from Tell Harmal", *Sumer* 7 (1951), pp. 126 – 155.

Goetze, A. , "An Old Babylonian Itinerary", *Journal of Cuneiform Studies* 7 (1953), pp. 51 – 72.

Goetze, A. , "Šakkanakkus of the Ur III Empire", *Journal of Cuneiform Studies* 17 (1963), pp. 1 – 31.

Gordon, C. H. , "Eblaitica", Gordon, C. H. , Rendsburg, G. A. , Winter, N. H. , eds. , *Eblaitica: Essays on the Ebla Archives and Eblaite Language*, *Volume I*, Winona Lake: Eisenbrauns, 1987, pp. 19 – 28.

Goren, Y. , et al. , "The Location of Alashiya: New Evidence from Petrographic Investigation of Alashiyan Tablets from El-Amarna and Ugarit", *American Journal of Archaeology* 107/2 (2003), pp. 233 – 255.

Grajevsky, A. L. , "De quelques réformes des droits de la femme juive-a travers les âges", *Revue Internationale de Droit Comparé* 15/1 (1963), pp. 55 – 61.

Grayson, A. K. , "Königlisten und Chroniken", *Reallexikon der Assyriologie* 6 (1938), pp. 102 – 120.

Graziani, S. , Pomponio, F. , "Tre tavolette di messaggeri da Umma", *AION* 58/1 – 2 (1998), pp. 143 – 153.

Hallo, W. W. , "Zāriqum", *Journal of Near Eastern Studies* 15/4 (1956), pp. 220 – 225.

Hallo, W. W. , "The House of Ur-Meme", *Journal of Near Eastern Studies* 31/2 (1972), pp. 87 – 95.

Hallo, W. W. , "Women of Sumer", Schmandt-Besserat, D. , ed. , *The Legacy of Sumer*: *Invited lectures on the Middle East at the University of Texas at Austin*, Malibu: Undena Publications, 1976, pp. 23 – 34.

Hansman, J. , "Elamites, Achaemenians and Anshan", *Iran* 10 (1972), pp. 101 – 124.

Harris, R. , "On Foreigners in Old Babylonian Sippar", *Revue d'Assyriologie et d'archéologie orientale* 70/2 (1976), pp. 145 – 152.

Hawkins, J. D. , "Tarkasnawa King of Mira: Tarkendemos, Boğazköy Sealings, and Karabel", *Anatolian Studies* 48 (1998), pp. 1 – 31.

Hawkins, J. D. , "The Arzawa letters in recent perspective", *British Museum Studies in Ancient Egypt and Sudan* 14 (2009), pp. 73 – 83.

Heffron, Y. , "Testing the middle ground in Assyro-Anatolian marriages of the kārum period", *Iraq* 79 (2017), pp. 71 – 83.

Heinhold-Krahmer, S. , "Mašturi", *Reallexikon der Assyriologie und Vorderasiatischen Archäologie* 7 (1987 – 1990), p. 531.

Hemhold-Krahmer, S. , "Šeha (-Flussland)", *Reallexikon der Assyriologie und Vorderasiatischen Archäologie* 12 (2009), pp. 350 – 352.

Henkelman, W. , "Šilhak-Inšušinak I. , Ⅱ", *Reallexikon der Assyriologie und Vorderasiatischen Archäologie* 12 (2009 – 2011), pp. 492 – 495.

Hennerbichler, F. , "The Origin of Kurds", *Advances in Anthropology* 2/2 (2012), pp. 64 – 79.

Hinz, W. , "Elams Vertrag mit Narām-Sîn von Akkade", *Zeitschrift für Assyriologie und Vorderasiatische Archäologie* 58 (1967), pp. 66 – 103.

Holloway, S. W. , "Assyria and Babylonia in the Tenth Century", Handy, L. K. , ed. , *The age of Solomon: scholarship at the turn of the millennium*, Leiden: Brill, 1997, pp. 202 – 216.

Hrouda, B. , "Wassukanni, Urkis, Subat-Enlil", *Mitteilungen der Deutschen Orient-gesellschaft zu Berlin* 90 (1958), pp. 22 – 35.

Huber, P. J. , "Astronomical dating of Babylon Ⅰ and Ur Ⅲ", *Monographic Journals of the Near East* 41 (1982), pp. 3 – 84.

Hussein, L. M. , Miglus, P. A. , "Tell Harmal. Die Frühjahrskampagne 1997", *Baghdader Mitteilungen* 29 (1998), pp. 35 – 46.

Hussein, L. M. , Miglus, P. A. , "Tall Harmal. Die Herbstkampagne 1998", *Baghdader Mitteilungen* 30 (1999), pp. 101 – 113.

Hussein, A. M. , et al. , eds. , "Tell Abu Sheeja/Ancient Pašime: Report on the First Season of Excavations, 2007", *Akkadica* 131/1 (2010), pp. 47 – 103.

Jankowska, T. , "The Mitannian Šattiwasa in Arraphe", *Societies and Languages of the Ancient Near East: Studies in Honour of I. M. Diakonoff*, Warminster: Aris & Phillips, 1982, pp. 138 – 149.

Jursa, M. , "The Neo-Babylonian Empire", Gehler, M. , Rollinger, R. , eds. , *Imperien und Reiche in der Weltgeschichte. Epochenübergreifende und globalhistorische Vergleiche*, Wiesbaden: Harrassowitz, 2014, pp. 121 – 148.

Kelly-Buccellati, M. , "Uqnitum and Tar'am-Agade Patronage and Portraiture at Urkesh", Fincke, J. C. , ed. , *Festschrift für Gernot Wilhelm: anläßlich seines 65. Geburtstages am 28. Januar 2010*, Dresden: ISLET, 2010, pp. 185 – 202.

Klein, J. , "From Gudea to Šulgi: Continuity and Change in Sumerian Literary Tradition", Behrens, H. , Loding, D. , Roth, M. T. , eds. , *DUMU-E₂-DUB-BA-A: Studies in Honor of Åke W. Sjöberg*, Philadelphia: The University Museum, 1989, pp. 289 – 302.

Klein, J. , "Šeleppitum, a Hitherto Unknown Ur III Princess", *Zeitschrift für Assyriologie und Vorderasiatische Archäologie* 80 (1990), pp. 20 – 39.

Klein, J. , "Šulgi and Išmedagan: Originality and Dependence in Sumerian Royal Hymnology", Klein, J. , Skaist, A. , eds. , *Bar-Ilan Studies in Assyriology dedicated to Pinhas Artzi*, Ramat Gan: Bar-Ilan University Press, 1990, pp. 65 – 138.

Klima, J. , "Le règlement du mariage dans les lois babyloniennes anciennes", Meid, W. , Trenkwalder, H. , eds. , *Im Bannkreis des Alten Orients: Studien zur Sprach-und Kulturgeschichte des Alten Orients und seines Ausstrahlungsraumes: Karl Oberhuber zum 70. Geburtstag gewidmet*, Innsbruck: Institut für Sprachwissenschaft der Universität Innsbruck, 1986, pp. 109 – 121.

Kontopoulos, G. I. , "The Egyptian Diplomatic System in the Late Bronze Age Beyond the Terms of 'Brotherhood' and 'Equality': The Egyptian 'Abandonment' of Power and Aspects of Pharaonic Identity and Kindship", *Journal of*

Ancient Egyptian Interconnections 6/4 (2014), pp. 1 – 2.

Kosyan, A. , "Rulers of Hayasa: Hukkana", Kosyan, A. , Grekyan, Y. , Bobokhyan, A. , eds. , *The Black & The White: Studies on History, Archaeology, Mythology and Philology in Honor of Armen Petrosyan in Occasion of His 65th Birthday*, Yerevan: Association for Near Eastern and Caucasian Studies, 2014, pp. 128 – 134.

Kramer, S. N. , "The Marriage of Martu", Klein, J. , Skaist, A. , eds. , *Bar-Ilan Studies in Assyriology dedicated to Pinhas Artzi*, Ramat Gan: Bar-Ilan University Press, 1990, pp. 11 – 28.

Kupper, J-R. , "Roi et šakkanakku", *Journal of Cuneiform Studies* 21 (1967), pp. 123 – 125.

Laessøe, J. , "The Quest for the Country of * Utûm", *Journal of the American Oriental Society* 88/1 (1968), pp. 120 – 122.

Lafont, B. , "Relations internationales, alliances et diplomatie au temps des rois de Mari", *Amurru* 2 (2001), pp. 213 – 328.

Lafont, B. , "The Women of the Palace at Mari", Bottéro, J. , ed. , *Everyday Life in Ancient Mesopotamia*, Edinburgh: Edinburgh University Press, 2001, pp. 127 – 140.

Lantos, Z. G. , "Essai d'application de la méthode de la psychologie environnementale à travers l'exemple de la ville méso-élamite de Dûr-untaš (Tchoga-zanbil, Iran), site inscrit au patrimoine mondial de l'Unesco", De Graef, K. , Tavernier, J. , eds. , *Susa and Elam. Archaeological, Philological, Historical and Geographical Perspectives: Proceedings of the International Congress Held at Ghent University, December 14 – 17, 2009*, Leiden and Boston: Brill, 2013, pp. 139 – 160.

Laursen, S. T. , "Early Dilmun and its rulers: new evidence of the burial mounds of the elite and the development of social complexity, c. 2200 – 1750 BC", *Arabian Archaeology and Epigraphy* 19 (2008), pp. 155 – 166.

Lewy, H. , "The Synchronism Assyria-Ešnunna-Babylon", *Die Welt des Orients* 2/5 – 6 (1959), pp. 438 – 453.

Liebig, M. , "Nochmals zu den Feldzügen des Assyrerkönigs Tukulti-Ninurta I.

nach Babylonien und seinen Zeitgenossen auf dem babylonischen Thron", *Nouvelles Assyriologiques Brèves et Utilitaires* 2014/28.

Limet, H. , "L'étranger dans la société sumérienne", Edzard, D. O. , ed. , *Gesellschaftsklassen im Alten Zweistromland und in den angrenzenden Gebieten-XVIII. Rencontre assyriologique internationale, München, 29. Juni bis 3. Juli 1970*, München: Verlag der Bayerischen Akademie der Wissenschaften, 1972, pp. 123 – 138.

Limet, H. , "La royauté en Mésopotamie. Mort et succession du roi", *Res Antiquae* 2 (2005), pp. 295 – 308.

Liu, C. , "Six Ur III Tablets from the Special Collections of the University of Missouri-Columbia", *Cuneiform Digital Library Bulletin* 2012/2.

Liu, C. , "A Note on the Regular Offering to Ninlil at Tummal", *Cuneiform Digital Library Notes* 2014/6.

Liu, C. , "Notes on Elamites and the date of three Drehem texts", *Cuneiform Digital Library Notes* 2014/17.

Liu, C. , "An Ur III tablet from Southwestern University", *Aula Orientalis* 32/1 (2014), pp. 175 – 176.

Liu, C. , "Idadu, son of the governor of Egula", *Nouvelles Assyriologiques Bréves et Utilitaires* 2015/90.

Liu, C. , "Cuneiform Texts in Lithuania", *Aula Orientalis* 33/2 (2015), pp. 215 – 219.

Liu, C. , "Šulgi 45 or Amar-Suen 2: an ambiguous Ur III Year Name", *Nouvelles Assyriologiques Bréves et Utilitaires* 2015/63.

Liu, C. , "Aba-saga's Activities during the Reign of Sulgi in the Ur III Dynasty", *Journal of Ancient Civilizations* 31 (2016), pp. 1 – 6.

Liu, C. , "An Edition of Twelve Ur III Administrative Cuneiform Tablets from United States Collections", *Archiv Orientalni* 87 (2019), pp. 1 – 25.

Liu, C. , "The Neo-Sumerian Texts in the Williams College Museum of Arts", *Orient* 55 (2020), pp. 155 – 172.

Liu, C. , "Prosopography of Individuals Delivering Animals to Puzriš-Dagan in Ur III Mesopotamia", *Akkadica* 142 (2021), pp. 113 – 142.

Liu, C. , "Eastward Warfare and Westward Peace: the 'One-Sided' Foreign Policy of the Ur Ⅲ Dynasty (2112 – 2004 BC)", *The Digital Archive of Brief Notes & Iran Review (DABIR)* 9 (2022), pp. 53 – 57.

Liu, C. , "The Female Fat-tailed Sheep in Palaeography and the Administration of Drehem during the Ur Ⅲ Period", *Archiv Orientalni* 90 (2022), pp. 1 – 19.

Liu, C. , "Twenty-Three Ur Ⅲ Texts from Detroit Institute of Arts", *Bulletin of the John Rylands Library* 98/2 (2022), pp. 1 – 47.

Liu, C. , Jiménez, E. , "Cuneiform Texts at the University of Wyoming", *Akkadica* 137/2 (2016), pp. 195 – 202.

Liu, C. , Kleber, K. , "Cuneiform Texts in the Creighton University", *Altorientalische Forschungen* 43/1 – 2 (2016), pp. 1 – 10.

Liu, C. , Lecompte, C. , "The Cuneiform Tablet Collection of Truman State University", *Akkadica* 134/1 (2013), pp. 85 – 101.

Liu, C. , Nielsen, J. P. , "Cuneiform Texts in the Special Collections of Knox College", *Cuneiform Digital Library Bulletin* 2015/5.

Liu, C. , Nielsen, J. P. , "Cuneiform Tablets in the Logan Museum of Anthropology, Beloit College", *Akkadica* 140 (2019), pp. 73 – 102.

Llop, J. , George, A. R. , "Die babylonisch-assyrischen Beziehungen und die innere Lage Assyriens in der Zeit der Auseinandersetzung zwischen Ninurta-tukulti-Aššur und Mutakkil-Nusku nach neuen keilschriftlichen Quellen", *Archiv für Orientforschung* 48/49 (2001/2002), pp. 1 – 23.

Maeda, T. , "Two Rulers by the Name Ur-Ningirsu in Pre-Ur Ⅲ Lagash", *Acta Sumerologica* 10 (1988), pp. 19 – 35.

Maeda, T. , "The Defense Zone during the Rule of the Ur Ⅲ Dynasty", *Acta Sumerologica* 14 (1992), pp. 135 – 172.

Malamat, A. , "Mari and its Relations with the Eastern Mediterranean", Lubetski, M. , Gottlieb, C. , Keller, S. , eds. , *Boundaries of the Ancient Near Eastern World: A Tribute to Cyrus H. Gordon*, Sheffield: Sheffield Academic Press, 1998, pp. 411 – 419.

Margueron, J-C. , "The Kingdom of Mari", Crawford, H. , ed. , *The Sumerian World*, London and New York: Routledge, 2013, pp. 517 – 537.

Margueron, J-C. , Boutte, V. , "Emar, Capital of Aštata in the Fourteenth Century BCE", *The Biblical Archaeologist* 58/3 (1995), pp. 126 – 138.

Matthews, D. , Eidem, J. , "Tell Brak and Nagar", *Iraq* 55 (1993), pp. 201 – 207.

Meier, S. A. , "Diplomacy and International Marriage", Cohen, R. , Westbrook, R. , eds. , *Amarna Diplomacy: The Beginning of International Relations*, Baltimore and London: The Johns Hopkins University Press, 2000, pp. 165 – 173.

Melville, S. C. , "Royal Women and the Exercise of Power in the Ancient Near East", Snell, D. C. , ed. , *A Companion to the Ancient Near East*, Oxford: Blackwell Publishing, 2005, pp. 219 – 228.

Meyer, C. , et al. , eds. , "From Zanzibar to Zagros: A Copal Pendant from Eshnunna", *Journal of Near Eastern Studies* 50 (1991), pp. 289 – 298.

Meyer, J-W. , "Offene und geschlossene Siedlungen: Ein Beitrag zur Siedlungsgeschichte und historischen Topographie in Nordsyrien während des 3. und 2. Jts. v. Chr. ", *Altorientalische Forschungen* 23 (1996), pp. 132 – 170.

Michalowski, P. , "The Bride of Simanum", *Journal of the American Oriental Society* 95/4 (1975), pp. 716 – 719.

Michalowski, P. , "Durum and Uruk During the Ur Ⅲ Period", *Mesopotamia* 12 (1977), pp. 83 – 96.

Michalowski, P. , "Foreign Tribute to Sumer during the Ur Ⅲ Period", *Zeitschrift für Assyriologie und Vorderasiatische Archäologie* 68 (1978), pp. 34 – 49.

Michalowski, P. , "Royal Women of the Ur Ⅲ Period-Part Ⅲ", *Acta Sumerologica* 4 (1982), pp. 129 – 142.

Michalowski, P. , "Third Millennium Contacts: Observations on the Relationships between Mari and Ebla", *Journal of the American Oriental Society* 105/2 (1985), pp. 293 – 302.

Michalowski, P. , "Iddin-Dagan and his Family", *Zeitschrift für Assyriologie und Vorderasiatische Archäologie* 95 (2005), pp. 65 – 76.

Michalowski, P. , "Love or Death? Observations on the Role of the Gala in Ur Ⅲ Ceremonial Life", *Journal of Cuneiform Studies* 58 (2006), pp. 49 – 61.

Michalowski, P. , "The Mortal Kings of Ur: A Short Century of Divine Rule in

Ancient Mesopotamia", Brisch, N. , ed. , *Religion and Power*: *Divine Kingship in the Ancient World and Beyond*, Chicago: The Oriental Institute of the University of Chicago, 2007, pp. 33 – 45.

Michalowski, P. , "Observations on 'Elamites' and 'Elam' in Ur Ⅲ Times", Michalowski, P. , ed. , *On the Third Dynasty of Ur*: *Studies in Honor of Marcel Sigrist*, Boston: American Schools of Oriental Research, 2008, pp. 109 – 124.

Michalowski, P. , "On the Names of Some Early Ancient Near Eastern Royal Women and on a Seal Impression from Karum Kanesh", Dönmez, S. , ed. , *Veysel Donbaz'a Sunulan Yazilar DUB. SAR É. DUB. BA. A*: *Studies Presented in Honour of Veysel Donbaz*, Istanbul: Ege Publications, 2010, pp. 211 – 216.

Michalowski, P. , "The Steward of Divine Gudea and His Family in Ur Ⅲ Girsu", Collins, B. J. , Michalowski, P. , eds. , *Beyond Hatti*: *A Tribute to Gary Beckman*, Atlanta: Lockwood Press, 2013, pp. 173 – 194.

Michalowski, P. , "Networks of Authority and Power in Ur Ⅲ Times", Garfinkle, S. , Molina, M. , eds. , *From the 21st Century B. C. to the 21st Century A. D.* : *Proceedings of the International Conference on Sumerian Studies Held in Madrid 22 – 24 July 2010*, Winona Lake: Eisenbrauns, 2013, pp. 169 – 206.

Michalowski, P. , "News of a Mari Defeat from the Time of King Šulgi", *Nouvelles Assyriologiques Brèves et Utilitaires* 2013/23.

Michalowski, P. , "Of Bears and Men: Thoughts on the End of Šulgi's Reign and on the Ensuing Succession", Vanderhooft, D. S. , Winitzer, A. , eds. , *Literature as Politics, Politics as Literature*: *Essays on the Ancient Near East in Honor of Peter Machinist*, Winona Lake: Eisenbrauns, 2013, pp. 285 – 320.

Michalowski, P. , "Sumerian Royal Women in Motown", Corò, P. , et al. , eds. , *Libiamo ne'lieti calici*: *Ancient Near Eastern Studies Presented to Lucio Milano on the Occasion of his 65th Birthday by Pupils, Colleagues and Friends*, Münster: Ugarit-Verlag, 2016, pp. 395 – 403.

Miglio, A. E. , " 'Amurrite Age' Politics and an Intelligence Report about a Potential Rival to Zimri-Lim", *ARAM*: *Zoroastrianism in the Levant and the Amorites* 26/1&2 (2013), pp. 301 – 308.

Molina, M. , "Cases on Malpractice by Provincial Officers at Umma", Corò,

P. , et al. , eds. , *Libiamo ne'lieti calici: Ancient Near Eastern Studies Presented to Lucio Milano on the Occasion of his 65th Birthday by Pupils, Colleagues and Friends*, Münster: Ugarit-Verlag, 2016, pp. 319 – 335.

Monaco, S. F. , "Two Notes on ASJ 10, 1988: 1 Nam-mah-ni / Nam-ha-ni ensi lagaš^ki", *Acta Sumerologica* 12 (1990), pp. 89 – 105.

Monaco, S. F. , "Some New Light on Pre-Sargonic Umma", Feliu, L. , et al. , eds. , *Time and History in the Ancient Near East: Proceedings of the 56th Rencontre Assyriologique Internationale at Barcelona 26 – 30 July 2010*, Winona Lake: Eisenbrauns, 2013, pp. 745 – 750.

Monaco, S. F. , "More on Pre-Sargonic Umma", Archi, A. , ed. , *Tradition and Innovation in the Ancient Near East: Proceedings of the 57th Rencontre Assyriologique Internationale at Rome 4 – 8 July 2011*, Winona Lake: Eisenbrauns, 2015, pp. 161 – 166.

Munn-Rankin, J. M. , "Diplomacy in Western Asia in the Early Second Millennium B. C. ", *Iraq* 18/1 (1956), pp. 68 – 110.

Mynářová, J. , "Ugarit: ' International ' or ' Vassal ' Correspondence?" Charvát, P. , et al. , eds. , *L'État, le pouvoir, les prestations et leurs formes en Mésopotamie ancienne: Actes du Colloque assyriologique franco-tchèque. Paris, 7 – 8 novembre 2002*, Praha: Univerzita Karlova v Praze, Filozofická fakulta, 2006, pp. 119 – 128.

Mynářová, J. , "Tradition or Innovation? The Ugaritic-Egyptian Correspondence", *Ägypten und Levante / Egypt and the Levant* 20 (2010), pp. 363 – 372.

Mynářová, J. , "The Representatives of Power in the Amarna Letters", Wilhelm, G. , ed. , *Organization, Representation, and Symbols of Power in the Ancient Near East: Proceedings of the 54th Rencontre Assyriologique Internationale at Würzburg 20 – 25 July 2008*, Winona Lake: Eisenbrauns, 2012, pp. 551 – 558.

Nemet-Nejat, K. R. , "Women in Ancient Mesopotamia", Vivante, B. , ed. , *Women's Roles in Ancient Civilizations: A Reference Guide*, Westport and London: Greenwood Press, 1999, pp. 85 – 114.

Notizia, P. , "Prince Etel-pū-Dagān, Son of Šulgi", Garfinkle, S. , Molina,

M. , eds. , *From the 21st Century B. C. to the 21st Century A. D.* : *Proceedings of the International Conference on Sumerian Studies Held in Madrid 22 – 24 July 2010* , Winona Lake : Eisenbrauns , 2013 , pp. 207 – 220.

Oh'e, S. , "On the Meaning of Sag-rig₇" , *Al-Rafidan* 9 (1988) , pp. 201 – 208.

Ornan, T. , "The Queen in Public : Royal Women in Neo-Assyrian Art" , Parpola, S. , Whiting, R. M. , eds. , *Sex and Gender in the Ancient Near East* : *Proceedings of the 47th Rencountre Assyriologique Internationale* , Helsinki , July 2 – 6 , 2001 , 2 volumes , Helsinki : The Neo-Assyrian Text Corpus Project, 2002 , pp. 461 – 477.

Otto, A. , "Les Tombeaux en Pierre du Temple d'Ishtar et les Relations de Mari avec la Section Septentrionale du Moyen Euphrate au da Ⅲ" , *Syria supplément* 2 (2014) , pp. 587 – 601.

Owen, D. I. , "Widow's Rights in Ur Ⅲ Sumer" , *Zeitschrift für Assyriologie und Vorderasiatische Archäologie* 70 (1980) , pp. 170 – 184.

Owen, D. I. , "Random Notes on a Recent Ur Ⅲ Volume" , *Journal of the American Oriental Society* 108/1 (1988) , pp. 111 – 122.

Owen, D. I. , "Syrians in Sumerian Sources from the Ur Ⅲ Period" , *Bibliotheca Mesopotamica* 25 (1992) , pp. 108 – 182.

Owen, D. I. , "Ur Ⅲ Geographical and Prosopographical Notes" , Young, G. D. , Chavalas, M. W. , Averbeck, R. E. , eds. , *Crossing Boundaries and Linking Horizons* : *Studies in Honor of Michael C. Astour on His 80th Birthday*, Bethesda : CDL Press, 1997 , pp. 367 – 398.

Owen, D. I. , "The Royal Gift Seal of Šilluš-Dagan, Governor of Simurrum" , Graziani, S. , ed. , *Studi sul Vicino Oriente antico dedicati alla memoria di Luigi Cagni* , Napoli : Istituto Universitario Orientale, 2000 , pp. 829 – 859.

Owen, D. I. , Veenker, R. , "Megum, the First Ur Ⅲ Ensi of Ebla" , Cagni, L. , ed. , *Ebla 1975 – 1985* : *Dieci anni di studi linguistici e filologici* , Napoli : Istituto Universitario Orientale, 1987 , pp. 263 – 294.

Parr, P. A. , "Ninhilia : Wife of Ayakala, Governor of Umma" , *Journal of Cuneiform Studies* 26 (1974) , pp. 90 – 111.

Paulus, S. , "Beziehungen zweier Großmächte-Elam und Babylonien in der 2.

Hälfte des 2. Jt. v. Chr. Ein Beitrag zur internen Chronologie", De Graef, K. , Tavernier, J. , eds. , *Susa and Elam. Archaeological, Philological, Historical and Geographical Perspectives: Proceedings of the International Congress Held at Ghent University, December 14 – 17, 2009*, Leiden and Boston: Brill, 2013, pp. 429 – 450.

Peltenburg, E. , "King Kušmešuša and the Decentralised Political Structure of Late Bronze Age Cyprus", *British School at Athens Studies* 20 (2012), pp. 345 – 351.

Pettinato, G. , "Gli archivi reali di Tell Mardikh-Ebla. Riflessioni prospettive", *Rivista Biblica* 25 (1977), pp. 231 – 235.

Pettinato, G. , "Le città fenicie e Byblos in particolare nella documentazione epigrafica di Ebla", Bondì, S. F. , ed. , *Atti del primo Congresso di Studi Fenici e Punici*, Rome: Consiglio Nazionale delle Ricerche, 1983, pp. 107 – 118.

Peyronel, L. , "Guerre e Alleanze in Epoca Paleobabilonese: Il Peso di Inibšina, Figlia di Daduša di Ešnunna", *Vicino Oriente* 14 (2008), pp. 147 – 160.

Peyronel, L. , "Elam and Eshnunna: Historical and Archaeological Interrelations during the Old Babylonian Period", De Graef, K. , Tavernier, J. , eds. , *Susa and Elam. Archaeological, Philological, Historical and Geographical Perspectives: Proceedings of the International Congress Held at Ghent University, December 14 – 17, 2009*, Leiden and Boston: Brill, 2013, pp. 51 – 70.

Potts, D. T. , "Elamites and Kassites in the Persian Gulf", *Journal of Near Eastern Studies* 65/2 (2006), pp. 111 – 119.

Radner, K. , "The Seal of Tašmetum-šarrat, Sennacherib's Queen, and Its Impressions", Lanfranchi, G. B. , et al. , eds. , *Leggo! Studies Presented to Frederick Mario Fales on the Occasion of His 65th Birthday*, Wiesbaden: Harrassowitz Verlag, 2012, pp. 687 – 698.

Reid, J. N. , "Runaways and Fugitive-Catchers during the Third Dynasty of Ur", *Journal of the Economic and Social History of the Orient* 58/4 (2015), pp. 576 – 605.

Reiner, E. , "The Location of Anšan", *Revue d'Assyriologie et d'archéologie orientale* 67 (1973), pp. 57 – 62.

Renger, J. , "Who Are all Those People?" *Orientalia*, *NOVA SERIES* 42 (1973), pp. 259 – 273.

Roiter, D. E. , "An Indo-European God in a Gudea inscription", *Nouvelles Assyriologiques Brèves et Utilitaires* 2013/38.

Röllig, W. , "Politische Heiraten im Alten Orient", *Saeculum* 25 (1974), pp. 11 – 23.

Röllig, W. , "Heirat", *Reallexikon der Assyriologie und Vorderasiatischen Archäologie* 4 (1972 – 1975), pp. 282 – 287.

Roth, M. T. , "Age at Marriage and the Household: A Study of Neo-Babylonian and Neo-Assyrian Forms", *Comparative Studies in Society and History* 29/4 (1987), pp. 715 – 747.

Rutz, M. T. , "The Archaeology of Mesopotamian Extispicy: Modeling Divination in the Old Babylonian Period", Rutz, M. T. , Kersel, M. M. , eds. , *Archaeologies of Text: Archaeology, Technology, and Ethics*, Oxford and Philadephia: Oxbow Books, 2014, pp. 97 – 120.

Sack, R. H. , "Nabonidus of Babylon", Young, G. D. , Chavalas, M. W. , Averbeck, R. E. , eds. , *Crossing Boundaries and Linking Horizons: Studies in Honor of Michael C. Astour on His 80th Birthday*, Bethesda: CDL Press, 1997, pp. 455 – 474.

Sallaberger, W. , "Women at Beydar", *Subartu* 12 (2004), pp. 43 – 50.

Sallaberger, W. , "Who is Elite? Two Exemplary Cases from Early Bronze Age Syro-Mesopotamia", Chambon, G. , Guichard, M. , Langlois, A-I. , eds. , *De l'Argile au Numérique: Mélanges Assyriologiques en l'Honneur de Dominique Charpin*, Leuven-Paris-Bristol: Peeters, 2019, pp. 893 – 921.

Sasson, J. M. , "Biographical Notices on Some Royal Ladies from Mari", *Journal of Cuneiform Studies* 25/2 (1973), pp. 59 – 78.

Scarpi, P. , "La Divina Auctoritas di Ermete Trismegisto: Per una Nuova Religione di Tolleranza", Gaspa, S. , et al. , eds. , *From Source to History Studies on Ancient Near Eastern Worlds and Beyond: Dedicated to Giovanni Battista Lanfranchi on the Occasion of His 65th Birthday on June 23, 2014*, Münster: Ugarit-Verlag, 2014, pp. 647 – 654.

Scheil, V. , "Nin Alla, Femme de Gudêa", *Revue d'Assyriologie et d'archéologie orientale* 24 (1927), pp. 109 – 110.

Schrakamp, I. , "Akkadian Empire", MacKenzie, J. M. , ed. , *The Encyclopedia of Empire*, Hoboken: Wiley-Blackwell, 2016, pp. 1 – 10.

Schulman, A. R. , "Diplomatic Marriage in the Egyptian New Kingdom", *Journal of Near Eastern Studies* 38/3 (1979), pp. 177 – 193.

Selz, G. J. , " 'Elam' und 'Sumer' -Skizze einer Nachbarschaft nach inschriftlichen Quellen der vorsargonischen Zeit", De Mayer, L. , Gasche, H. , eds. , *Mesopotamie et Elam: Actes de la XXXVIème Rencontre Assyriologique Internationale, Gand, 10 – 14 juillet 1989*, Ghent: University of Ghent, 1991, pp. 27 – 44.

Sharlach, T. M. , "Beyond Chronology: The Šakkanakkus of Mari and the Kings of Ur", Hallo, W. W. , Winter, I. J. , eds. , *Seals and Seal Impressions: Proceedings of the XLVe Rencontre Assyriologique Internationale, Part II Yale University*, Bethesda: CDL Press, 2001, pp. 59 – 70.

Sharlach, T. M. , "Priestesses, Concubines, and the Daughters of Men: Disentangling the Meaning of the Word lukur in Ur III Times", Michalowski, P. , ed. , *On the Third Dynasty of Ur: Studies in Honor of Marcel Sigrist*, Boston: American Schools of Oriental Research, 2008, pp. 177 – 184.

Shibata, D. , "Dynastic Marriage in Assyria during the Late Second Millennium BC", Düring, B. S. , ed. , *Understanding Hegemonic Practices of the Early Assyrian Empire: Essays Dedicated to Frans Wiggermann*, Leiden: Nederlands Instituut voor het Nabije Oosten, 2015, pp. 235 – 242.

Siddall, L. R. , "A Geographical Analysis of the Injunctive in the Amarna Letters from Syria-Palestine and its Relevance for Egyptian Imperialism", *Journal of Ancient Egyptian Interconnections* 1/4 (2009), pp. 5 – 12.

Siddall, L. R. , "Sammu-ramāt: Regent or Queen Mother?" Marti, L. , ed. , *La famille dans le Proche-Orient ancien: réalités, symbolismes, et images: Proceedings of the 55th Recontre Assyriologique Internationale at Paris 6 – 9 July 2009*, Winona Lake: Eisenbrauns, 2014, pp. 497 – 504.

Singer, I. , "A Concise History of Amurru", Izre'el, S. , ed. , *Amurru Akkadi-*

an: *A Linguistic Study*, Atlanta: Scholars Press, 1991, pp. 164 – 171.

Singer, I. , "The Urhi-Teššub affair in the Hittite-Egyptian Correspondence", Van den Hout, T. , ed. , *The Life and Times of Hattušili Ⅲ and Tuthaliya Ⅳ*: *Proceedings of a Symposium Held in Honour of J. de Roos, 12 13 December 2003, Leiden*, Leiden: Nederlands Instituut voor het Nabije Oosten, 2006, pp. 27 – 38.

Sollberger, E. , "The Rulers of Lagaš", *Journal of Cuneiform Studies* 21 (1967), pp. 279 – 291.

Sollberger, E. , "Notes sur Gudea et Son Temps (En guise de Compte rendu du dernier ouvrage d'Adam Falkenstein", *Revue d'Assyriologie et d'archéologie orientale* 62 (1968), pp. 137 – 145.

Sollberger, E. , Brinkman, J. A. , "Ladies of the Ur-Ⅲ Empire", *Revue d'Assyriologie et d'archéologie orientale* 61/1 (1967), pp. 69 – 70.

Spycket, A. , "La coiffure feminine en mesopotamie des origins a la Ire dynastie de Babylone", *Revue d'Assyriologie et d'Archéologie Orientale* 49 (1955), pp. 113 – 128.

Steinkeller, P. , "More on the Ur Ⅲ Royal Wives", *Acta Sumerologica* 3 (1981), pp. 77 – 92.

Steinkeller, P. , "The Question of Marhaši: A Contribution to the Historical Geography of Iran in the Third Millennium B. C. ", *Zeitschrift für Assyriologie und Vorderasiatische Archäologie* 72 (1982), pp. 237 – 265.

Steinkeller, P. , "The Administrative and Economic Organization of the Ur Ⅲ State: the Core and the Periphery", Gibson, M. , Biggs, R. , eds. , *The Organization of Power Aspects of Bureaucracy in the Ancient Near East*, Chicago: The Oriental Institute of the University of Chicago, 1987, pp. 19 – 41.

Steinkeller, P. , "The Date of Gudea and His Dynasty", *Journal of Cuneiform Studies* 40 (1988), pp. 47 – 53.

Steinkeller, P. , "New Light on Marhaši and Its Contacts with Makkan and Babylonia", *Journal of Magan Studies* 1 (2006), pp. 1 – 17.

Steinkeller, P. , "New Light on Šimaški and Its Rulers", *Zeitschrift für Assyriologie und Vorderasiatische Archäologie* 97 (2007), pp. 215 – 232.

Steinkeller, P. , "How Did Šulgi and Išbi-Erra Ascend to Heaven?" Vander-hooft, D. S. , Winitzer, A. , eds. , *Literature as Politics, Politics as Literature: Essays on the Ancient Near East in Honor of Peter Machinist*, Winona Lake: Eisenbrauns, 2013, pp. 459 – 478.

Steinkeller, P. , "The Sargonic and Ur Ⅲ Empires", Bang, P. F. , Bayly, C. A. , Scheidel, W. , eds. , *The Oxford World History of Empire, Volume 2: The History of Empires*, Oxford: Oxford University Press, 2021, pp. 43 – 72.

Stol, M. , "Women in Mesopotamia", *Journal of the Economic and Social History of the Orient* 38/2 (1995), pp. 123 – 144.

Stolper, M. W. , "On the Dynasty of Shimashki and the Early Sukkalmahs", *Zeitschrift für Assyriologie und Vorderasiatische Archäologie* 72 (1982), pp. 42 – 67.

Suter, C. E. , "Who are the Women in Mesopotamian Art from ca. 2334 – 1763 BCE?" *Kaskal* 5 (2008), pp. 1 – 47.

Szemerényi, O. , "Four old Iranian ethnic names: Scythian; Skudra; Sogdian; Saka", *Sitzungsberichte der Österreichischen Akademie der Wissenschaften* 371 (1980), pp. 2051 – 2093.

Tonietti, M. V. , "Le cas de Mekum: continuité ou innovation dans la traditio éblaïte entre le Ⅲe et le IIe millénaires?" *Mari, Annales de Recherches Inter-disciplinaires* 8 (1997), pp. 225 – 242.

Tonietti, M. V. , "Le terme ama-gal dans les textes administratifs d'Ebla: non pas indication de rang mais variante diachronique", *Nouvelles Assyriologiques Brèves et Utilitaires* 2009/63.

Ur, J. A. , "Cycles of Civilization in Northern Mesopotamia, 4400 – 2000 BC", Journal of Archaeological Research 18/4 (2010), pp. 387 – 431.

Vallat, F. , "L'inscription du cylindre néo-élamite de Chigha Sabz (Luristan)", *Nouvelles Assyriologiques Brèves et Utilitaires* 1992/14.

Vallat, F. , "L'hommage de l'élamite Untash-Napirisha au Cassite Burnaburia-sh", *Akkadica* 114 – 115 (1999), pp. 109 – 117.

Vallat, F. , "Du règne de Kindadu à celui d'Attaḫušu", *Nouvelles Assyriologiques Brèves et Utilitaires* 2009/16.

Van de Mieroop, M. , "Women in the Economy of Sumer", Lesko, B. S. , ed. ,

Women's Earliest Records from Ancient Egypt and Western Asia, London and New York: Routledge, 1999, pp. 53 – 66.

Van Dijk, J. , "Ishbi'erra, Kindattu, l'homme d'Elam, et la chute de la ville d'Ur", *Journal of Cuneiform Studies* 30 (1978), pp. 189 – 208.

Van Dijk, J. , "Die dynastischen Heiraten zwischen Kassiten und Elamern: eine verhängnisvolle Politik", *Orientalia*, *NOVA SERIES* 55/2 (1986), pp. 159 – 170.

Van Koppen, F. , "Inscription of Kurigalzu I", Chavalas, M. W. , ed. , *The ancient Near East: historical sources in translation*, Blackwell Publishing, 2006, pp. 140 – 141.

Viganó, L. , "Mari and Ebla: Of Time and Rulers", *Liber Annuus* 44 (1994), pp. 351 – 373.

Villard, P. , "Un Roi de Mari a Ugarit", *Ugarit Forschungen* 18 (1986), pp. 387 – 412.

Virolleaud, C. , "Quelques textes cunéiformes inédits", *Zeitschrift für Assyriologie und Verwandte Gebiete* 19 (1905 – 1906), pp. 377 – 385.

Weiershäuser, F. , "Die bildliche Darstellung königlicher Frauen der Ⅲ. Dynastie von Ur und ihre sozialpolitische Aussage in Images and Gender", Schroer, S. , ed. , *Contributions to the hermeneutics of reading ancient art*, Fribourg/ Göttingen: Academic Press/Vandenhoeck & Ruprecht, 2006, pp. 263 – 279.

Werr, L. , "A Note on the Seal Impression IM 52599 from Tell Harmal", *Journal of Cuneiform Studies* 30/1 (1978), pp. 62 – 64.

Westbrook, R. , "Babylonian Diplomacy in the Amarna Letters", *Journal of the American Oriental Society* 120/3 (2000), pp. 377 – 382.

Whiting, R. M. , "Tiš-atal of Nineveh and Babati, Uncle of Šu-Sin", *Journal of Cuneiform Studies* 28/3 (1976), pp. 173 – 182.

Wilcke, C. , "Zum Königtum in der Ur Ⅲ-Zeit", Garelli, P. , ed. , *Le palais et la royauté (Archéologie et Civilisation): XIXe Rencontre Assyriologique Internationale organisée par le groupe François Thureau-Dangin, Paris, 29 juin-2 juillet 1971*, Paris: Librairie Orientaliste Paul Geuthner S. A. , 1974, pp. 192 – 193.

Wilcke, C. , "Die Inschriftenfunde der 7. und 8. Kampagnen (1983 und

1984）", Hrouda, B., ed., *Isin-Ishan Bahriyat Ⅲ*: *Die Ergebnisse der Ausgrabungen 1983 – 1984*, *Philosophisch-historische Klasse*, München: Bayerische Akademie der Wissenschaften, 1987, pp. 108 – 111.

Wilcke, C., "Ti'āmat-bāšti and the Goddess Ša（w）uš（k）a of Nineveh", *Drevnej Vostok* 5（1988）, pp. 21 – 26.

Wilcke, C., "Ti'āmat-bāštī", *Nouvelles Assyriologiques Brèves et Utilitaires* 1990/36.

Wilhelm, G., "Tušratta", *Reallexikon der Assyriologie und Vorderasiatischen Archäologie* 14（2014）, p. 222.

Wu, Y., "Naram-ili, Šu-Kabta and Nawir-ilum in the Archives of Garšana, Puzriš-Dagan and Umma", *Journal of Ancient Civilizations* 23（2008）, pp. 1 – 36.

Wu, Y., "19 Years' Finance of the Household of Geme-Lamma, the High Priestess of Baba in Girsu of Ur Ⅲ（Š 31 – AS 1 = 2065 – 2046 B. C.）", *Journal of Ancient Civilizations* 26（2011）, pp. 1 – 40.

Wu, Y., Wang, J., "The Identifications of Šulgi-simti, Wife of Šulgi, with Abi-simti, Mother of Amar-Sin and Šu-Sin, and of Ur-Sin, the Crown Prince, with Amar-Sin", *Journal of Ancient Civilizations* 27（2012）, pp. 99 – 130.

Yuan, Z., "Amurru's Expansion and Egypt's Response in the Amarna Age", *Journal of Ancient Civilizations* 19（2004）, pp. 21 – 31.

Zaccagnini, C., "Aspetti della diplomazia nel Vicino Oriente antico（ⅩⅣ – ⅩⅢ secolo a. C.）", *Studi Storici* 40/1（1999）, pp. 181 – 217.

Zadok, R., "Elamites and Other Peoples from Iran and the Persian Gulf Region in Early Mesopotamian Sources", *Iran* 32（1994）, pp. 31 – 51.

三 中文参考书目

《马克思恩格斯选集》，人民出版社 2012 年版。

［芬］爱德华·亚历山大·韦斯特马克：《人类婚姻史》，李彬等译，商务印书馆 2015 年版。

［法］布洛涅：《西方婚姻史》，赵克非译，中国人民大学出版社 2008 年版。

［英］M. I. 芬利：《古代世界的政治》，晏绍祥、黄洋译，商务印书馆 2019 年版。

［美］马克·范·德·米罗普：《希腊前的哲学：古代巴比伦对真理的追求》，刘昌玉译，商务印书馆 2020 年版。

［比］让－克洛德·布洛涅：《西方婚姻史》，赵克非译，上海文化出版社 2020 年版。

［加］伊丽莎白·阿伯特：《婚姻史：婚姻制度的精细描绘与多角度解读》，孙璐译，中央编译出版社 2014 年版。

陈顾远：《中国婚姻史》，商务印书馆 2014 年版。

陈顾远：《中国古代婚姻史》，山西人民出版社 2014 年版。

陈鹏：《中国婚姻史稿》，中华书局 2005 年版。

崔明德：《先秦政治婚姻史》，山东大学出版社 2004 年版。

崔明德：《中国古代和亲通史》，人民出版社 2007 年版。

东北师范大学世界古典文明史研究所：《世界诸古代文明年代学研究的历史与现状》，世界图书出版公司 1999 年版。

耿超：《性别视角下的商周婚姻、家族与政治》，人民出版社 2018 年版。

拱玉书：《日出东方：苏美尔文明探秘》，云南人民出版社 2001 年版。

拱玉书：《西亚考古史（1842—1939）》，文物出版社 2002 年版。

郭丹彤：《古代埃及对外关系研究》，黑龙江人民出版社 2005 年版。

郭丹彤：《埃及与东地中海世界的交往》，社会科学文献出版社 2011 年版。

郭丹彤译著：《古代埃及象形文字文献译注》，东北师范大学出版社 2015 年版。

郭丹彤、黄薇编著：《古代近东文明文献读本》，中西书局 2019 年版。

郭子林编译：《古代埃及文明文献萃编》，华夏出版社 2023 年版。

国洪更：《亚述赋役制度考略》，中国社会科学出版社 2015 年版。

哈全安：《中东史：610—2000》，天津人民出版社 2010 年版。

蒋家瑜：《不可不知的古代地中海文明史》，华中科技大学出版社 2019 年版。

李海峰：《古巴比伦时期不动产经济活动研究》，社会科学文献出版社 2011 年版。

李海峰：《古代近东文明》，科学出版社 2014 年版。

李海峰：《古巴比伦时期动产交易活动研究》，上海三联书店 2018 年版。

李政：《赫梯文明与外来文化》，江西人民出版社 1996 年版。

李政：《赫梯文明研究》，昆仑出版社 2018 年版。

林恩显：《中国古代和亲研究》，黑龙江教育出版社 2012 年版。

林晓雁：《西周春秋时期的女性、联姻与政治格局演进研究》，中国社会科学出版社 2021 年版。

刘昌玉：《从"上海"到下海：早期两河流域商路初探》，中国社会科学出版社 2019 年版。

刘昌玉：《古代两河流域乌尔第三王朝赋税制度研究》，中国社会科学出版社 2021 年版。

刘家和、廖学盛主编：《世界古代文明史研究导论》，高等教育出版社 2001 年版。

刘文鹏主编：《古代西亚北非文明》，中国社会科学出版社 1999 年版。

刘文鹏：《古代埃及史》，商务印书馆 2000 年版。

欧阳晓莉：《英雄与神祇：〈吉尔伽美什史诗〉研读》，上海三联书店 2021 年版。

彭立荣主编：《婚姻家庭大辞典》，上海社会科学院出版社 1988 年版。

亓佩成：《古代西亚文明》，山东大学出版社 2016 年版。

齐伟：《辽代汉官集团的婚姻与政治》，科学出版社 2017 年版。

任凤阁、王成军：《人类婚姻史》，科学出版社 2017 年版。

施治生、徐建新主编：《古代国家的等级制度》，中国社会科学出版社 2015 年版。

王俊娜：《乌尔第三王朝王后贡牲机构档案重建与研究》，中国社会科学出版社 2017 年版。

王连儒：《汉魏六朝琅琊王氏家族政治与婚姻文化研究》，中国社会科学出版社 2013 年版。

王晴佳：《人写的历史必须是人的历史吗？西方史学二十论》，上海人民出版社 2020 年版。

王兴运：《古代伊朗文明探源》，商务印书馆 2008 年版。

吴宇虹：《古代两河流域的历史与社会》，贵州大学出版社 2022 年版。

吴宇虹等：《泥板上不朽的苏美尔文明》，北京大学出版社 2013 年版。

吴宇虹等：《古代两河流域楔形文字经典举要》，黑龙江人民出版社 2006 年版。

吴宇虹等：《古代西亚塞姆语和印欧语楔形文字和语言》，东北师范大学出版社 2009 年版。

阎明恕：《中国古代和亲史》，贵州民族出版社 2003 年版。

杨建华：《两河流域：从农业村落走向城邦国家》，科学出版社 2014 年版。

易建平：《部落联盟与酋邦：起源问题比较研究》，社会科学文献出版社 2004 年版。

易建平、李安山：《战争与古代政治制度演进》，江西人民出版社 2012 年版。

于殿利：《巴比伦古文化探研》，江西人民出版社 1998 年版。

于殿利：《巴比伦法的人本观》，生活·读书·新知三联书店 2011 年版。

于殿利：《巴比伦与亚述文明》，北京师范大学出版社 2013 年版。

于殿利：《人性的启蒙时代：古代美索不达米亚的艺术与思想》，故宫出版社 2016 年版。

于殿利：《古代美索不达米亚文明》，北京师范大学出版社 2018 年版。

于殿利、周启迪：《世界最早两大文明：古代两河流域和古代埃及》，北京师范大学出版社 2023 年版。

张文安：《中国与两河流域神话比较研究》，中国社会科学出版社 2009 年版。

张新刚：《友爱共同体：古希腊政治思想研究》，北京大学出版社 2020 年版。

四 中文参考论文

陈飞：《〈亚述王表〉与亚述王权》，《世界历史》2019 年第 1 期。

陈晓阳：《古代近东与古代希腊、罗马妇女地位及婚姻关系之比较》，《内蒙古师范大学学报》（哲学社会科学版）2006 年第 2 期。

陈艳丽：《古巴比伦时期马瑞王室妇女地位研究》，《史学月刊》2018 年第 12 期。

陈艳丽、张宝利：《古巴比伦时期马瑞国王金瑞林与延哈德公主西卜图的政治联姻》，《西南大学学报》（社会学科版）2016 年第 1 期。

崔明德：《和亲文化的世界性及中外比较》，《世界民族》2023 年第 2 期。

郭丹彤：《第十八王朝时期埃及在叙利亚和巴勒斯坦地区的统治》，《东北师大学报》（哲学社会科学版）2002 年第 2 期。

郭丹彤：《史前时期埃及与巴勒斯坦的关系》，《史学集刊》2002 年第 4 期。

郭丹彤：《论新王国时期埃及和巴勒斯坦地区的关系》，《东北师大学报》（哲学社会科学版）2004 年第 2 期。

郭丹彤：《论第第十八王朝时期埃及和米坦尼王国的关系》，《东北师大学报》（哲学社会科学版）2006 年第 6 期。

郭丹彤：《公元前 1600 年—前 1200 年古代东地中海世界的联盟和联姻》，《东北师大学报》（哲学社会科学版）2009 年第 6 期。

郭丹彤：《论公元前 1600 年至前 1100 年东地中海世界的战争》，《历史教学》2011 年第 4 期。

郭丹彤：《论中王国时期埃及与迦南的关系》，《外国问题研究》2016 年第 2 期。

郭丹彤：《埃及人心中的异邦》，《东北师大学报》（哲学社会科学版）2017 年第 3 期。

郭小凌：《论古希腊人的妇女观》，《学术研究》2007 年第 1 期。

郭子林：《"继承神秘剧"的展演：古埃及王权继承仪式探析》，《历史研究》2015 年第 2 期。

郭子林：《古埃及文明根本特征探析》，《外国问题研究》2016 年第 2 期。

郭子林：《大历史观下的古埃及与周围地区关系》，《历史教学》（下半月刊）2023 年第 4 期。

郭子林、李凤伟：《论托勒密埃及的王室婚姻》，《广西社会科学》2005 年第 7 期。

国洪更：《古巴比伦婚姻习俗若干问题的再考察》，《史学月刊》2004 年第 11 期。

国洪更：《亚述帝国的占卜与军队的征战》，《军事历史研究》2015 年第 4 期。

何立波：《古罗马妇女的婚姻生活》，《世界文化》2008 年第 3 期。

黄建：《古希腊婚礼仪式及其社会文化意蕴》，《学术研究》2021 年第 10 期。

蒋家瑜：《论赫梯王国的流放政策》，《世界历史》2015 年第 5 期。

金寿福：《古代埃及妇女在神庙中的职能和地位》，《山东社会科学》2009年第1期。

金寿福：《古埃及妇女地位并不特殊》，《中国社会科学报》2009年11月19日。

金寿福：《从写给死者的信看古埃及妇女的社会地位（公元前2100年至前1300年)》，《历史研究》2017年第2期。

金寿福：《战争、阴谋和爱情：区域网络中的埃及与赫梯关系（1350—1207 BCE)》，《全球史评论》2017年第2期。

金寿福：《文明兴衰视野下的"海上民族"考论》，《历史研究》2022年第4期。

孔繁倩、郭丹彤：《古代埃及社会中的舍尔登人》，《世界民族》2018年第6期。

李海峰、宋娇：《试析古代两河流域妇女社会地位的变迁——以大母神与世俗妇女为考察中心》，《历史教学》（下半月刊）2018年第6期。

李晓东：《古代埃及社会主导意识的诞生及其历史分期》，《史学集刊》2015年第2期。

李政：《论赫梯国王的对外政策》，《世界历史》2007年第2期。

李政：《论赫梯国王铁列平的历史功绩》，《古代文明》2016年第3期。

李智：《苏美尔人驿站系统的形成及其作用》，《世界历史》2021年第1期。

刘昌玉：《麦鲁哈与上古印度洋：波斯湾海上贸易》，《浙江师范大学学报》（社会科学版）2016年第5期。

刘昌玉：《乌尔第三王朝行省制度探析》，《社会科学》2017年第1期。

刘昌玉：《古代两河流域的乳母与保姆》，《妇女与性别史研究》2017年第2辑。

刘昌玉：《政治婚姻与两河流域乌尔第三王朝的治理》，《社会科学》2018年第8期。

刘昌玉：《税制与乌尔第三王朝的国家治理》，《古代文明》2021年第1期。

刘昌玉：《排斥还是认同：库提人、阿摩利人与古代两河流域文化》，《社会科学战线》2021年第5期。

刘昌玉：《从印度到东非：古代两河流域文献中的"麦鲁哈"地名变迁探析》，《史林》2021 年第 6 期。

刘昌玉：《"无爱之约"：古代两河流域的政治婚姻》，《社会科学报》2021 年 6 月 17 日。

刘昌玉：《何谓两河》，《丝路文明》2021 年第 6 辑。

刘昌玉《历史上最早的国际条约〈埃卜拉—阿巴尔萨条约〉译注》，《世界历史评论》2022 年第 3 期。

刘昌玉：《"文明"与"交往"：青铜时代叙利亚文明的特征》，《史学月刊》2022 年第 8 期。

刘昌玉：《两河流域文明的起源、演变及其特质》，《中国历史研究院集刊》2022 年第 2 辑。

刘昌玉：《政治区域划分与乌尔第三王朝的国家治理》，《世界历史》2023 年第 2 期。

刘昌玉、徐圣：《边疆观的演变与古代两河流域的国家治理》，《浙江师范大学学报》（社会科学版）2023 年第 2 期。

刘昌玉、朱方云：《古叙利亚埃卜拉城的考古发掘与埃卜拉学研究》，《西北大学学报》（哲学社会科学版）2021 年第 6 期。

刘健：《论古代赫梯宗教——兼谈赫梯妇女在宗教活动中的地位与作用》，《东北师大学报》1996 年第 4 期。

刘健：《赫梯文献中的阿黑亚瓦问题——小亚与希腊早期关系新探》，《世界历史》1998 年第 4 期。

刘健：《脏卜与古代两河流域的史料学》，《世界历史》1999 年第 2 期。

刘健：《古代两河流域新年礼俗、观念及其政治功能的演进》，《贵州社会科学》2017 年第 10 期。

刘健：《新巴比伦王纳布尼德与古迹修葺》，《古代文明》2022 年第 4 期。

马一舟、郭丹彤：《古代两河流域脏卜卜辞中的阿达德神》，《历史教学》2012 年第 7 期。

欧阳晓莉：《何谓"中央集权"——两河流域乌尔第三王朝国王舒勒吉改革辨析》，《江海学刊》2019 年第 4 期。

欧阳晓莉：《从"自然"到"教化"——解读〈吉尔伽美什史诗〉中的角色恩启都》，《四川大学学报》（哲学社会科学版）2019 年第 4 期。

欧阳晓莉：《交相辉映：两河流域文化元素在古埃及前王朝时期的发现》，《世界历史》2023 年第 1 期。

亓佩成：《加喜特巴比伦王朝的外交》，《鲁东大学学报》（哲学社会科学版）2016 年第 1 期。

史海波：《古代埃及新王国时期王表的历史解析》，《世界历史》2019 年第 3 期。

史孝文：《古亚述商人在安纳托利亚的婚姻》，《中国社会科学报》2014 年 9 月 3 日。

宋娇、李海峰：《古代两河流域人的宇宙观世界》，《世界历史评论》2021 年第 4 期。

孙宝国：《阿玛纳时代的东地中海世界政治生态》，《上海师范大学学报》（哲学社会科学版）2017 年第 4 期。

孙宝国：《跨文化交流视域下的阿玛纳时代东地中海世界跨境移民活动考略》，《史林》2019 年第 2 期。

孙宝国：《阿玛纳时代东地中海世界跨国人才流动考略——以商人、医生、教师、艺术家为例》，《北华大学学报》（社会科学版）2020 年第 4 期。

王成军：《论妇女在由群婚向对偶婚转变中的作用》，《陕西师大学报》（哲学社会科学版）1994 年第 1 期。

王光胜、吴宇虹：《乌尔帝国阿马尔辛王的贡牲中心结构和总管研究》，《历史教学》（下半月刊）2013 年第 9 期。

王海利：《古埃及"只娶不嫁"的外交婚姻》，《历史研究》2002 年第 6 期。

王海利：《古埃及女性地位考辨》，《西亚非洲》2010 年第 2 期。

王欢：《古代埃及文献中的赫梯国王形象》，《古代文明》2013 年第 7 期。

王俊娜、吴宇虹：《阿比新提太后和舒尔吉新提身份同一研究》，《东北师大学报》（哲学社会科学版）2011 年第 2 期。

王献华：《皇族"恩图"女祭司与阿卡德帝国的治理》，《中山大学学报》（社会科学版）2016 年第 5 期。

王献华：《"神庙经济"论与早期两河流域研究》，《社会科学研究》2019 年第 4 期。

王献华：《阿卡德帝国研究中的新问题与新方法》，《中国史研究》2022 年第 3 期。

王新刚：《古叙利亚文明的流变和特征》，《史学月刊》2022 年第 8 期。

王颖杰：《古巴比伦城马尔杜克女祭司的婚姻和财产》，《东北师大学报》2006 年第 6 期。

温静：《〈阿玛尔纳书信〉中的埃及与巴比伦》，《外国问题研究》2020 年第 3 期。

徐海晴：《古埃及妇女的婚姻和经济状况——以婚约为考察中心》，《历史比教学问题》2013 年第 2 期。

徐昊：《〈拉美西斯二世与赫梯第一次联姻铭文〉译注》，《中东研究》2018 年第 1 期。

晏绍祥：《世界文明的摇篮：古代两河流域和埃及文明》，《历史教学》（上半月刊）2022 年第 3 期。

杨松：《中世纪晚期王室联姻与近代早期国家历史》，《中学历史教学参考》2015 年第 1 期。

裔昭印：《西方古典妇女史研究的兴起与发展》，《世界历史》2014 年第 3 期。

尹蔚婷：《论赫梯王国附属国的独立性》，《古代文明》2013 年第 2 期。

袁波：《古罗马社会转型时期婚姻制度的演变》，《广西社会科学》2006 年第 6 期。

袁指挥、刘凤华：《阿玛尔纳时代埃及与巴比伦的关系》，《内蒙古民族大学学报》（社会科学版）2004 年第 3 期。

袁指挥：《论阿玛尔纳时代埃及与米坦尼的关系》，《安徽史学》2005 年第 5 期。

袁指挥：《阿马尔那泥板书信中所见的古代近东大国外交方式》，《古代文明》2008 年第 3 期。

袁指挥：《阿马尔那时代的近东大国关系》，《历史教学》2010 年第 20 期。

袁指挥：《阿马尔那时代近东大国外交研究述评》，《西南大学学报》（社会科学版）2011 年第 3 期。

袁指挥、成淑君：《古代近东的王后外交》，《中国社会科学报》2014 年 9 月 3 日。

袁指挥：《阿马尔那时代埃及在叙巴的统治》，《东北师大学报》（哲学社会科学版）2015 年第 2 期。

袁指挥：《阿马尔那时代近东大国的礼物交换》，《东北师大学报》（哲学社会科学版）2019 年第 2 期。

袁指挥：《公元前三千纪西亚外交初探》，《外国问题研究》2022 年第 1 期。

袁指挥：《论阿马尔那时代埃及与西亚大国的外交联姻》，《社会科学战线》2023 年第 3 期。

张文安：《古代两河流域性爱巫术的文化考察》，《外国问题研究》2017 年第 1 期。

周学军：《联姻外交是封建社会特有的产物吗？——与朱志辉同志商榷》，《世界历史》1992 年第 4 期。

邹文星：《古埃及时代妇女地位较高原因之探析》，《东疆学刊》2009 年第 4 期。

邹芝：《试析共和向帝制转型时期的古罗马婚姻》，《江西社会科学》2009 年第 4 期。

五　网络资源

美国加利福尼亚大学洛杉矶分校、英国牛津大学和德国马克斯·普朗克历史科学研究所的"楔形文字数字图书馆计划"（Cuneiform Digital Library Initiative，简称 CDLI），https：//cdli. mpiwg-berlin. mpg. de/。

西班牙马德里高等科学研究院的"新苏美尔语文献数据库"（西班牙语：Base de Datos de Textos Neo-Sumerios，简称 BDTNS，英语：Database of Neo-Sumerian Texts），http：//bdtns. filol. csic. es/。

英国牛津大学的"苏美尔文学电子文学大全"（The Electronic Text Corpus of Sumerian Literature，简称 ETCSL），http：//etcsl. orinst. ox. ac. uk/。

美国宾夕法尼亚大学的"电子版宾夕法尼亚苏美尔语词典"（electronic Pennsylvania Sumerian Dictionary，简称 ePSD），http：//oracc. museum. upenn. edu/epsd2/。

德国图宾根大学的"楔形文字文学目录项目"（Die Keilschrift-Bibliographie，简称 KeiBi），http：//vergil. uni-tuebingen. de/keibi/。

美国安德鲁·W. 梅隆基金会和美国国家科学基金会的"电子工具与古代近东档案"（Electronic Tools and Ancient Near East Archives，简称 ET-

ANA），http：//www. etana. org/。

德国巴伐利亚科学院的"亚述学与西亚考古学专业词典"（Reallexikon der Assyriologie und Vorderasiatischen Archäologie，简称 RlA），https：//rla. badw. de/das-projekt. html。

美国芝加哥大学的"东方研究所出版物"（Oriental Institute Publications，简称 OIP），https：//oi. uchicago. edu/research/oriental-institute-publications-office。

美国加利福尼亚大学伯克利分校的"楔形文字辞典文献数字库"（Digital Corpus of Cuneiform Lexical Texts，简称 DCCLT），http：//oracc. museum. upenn. edu/dcclt/。

匈牙利科学研究基金会的"苏美尔王室铭文电子文献大全"（The Electronic Text Corpus of Sumerian Royal Inscriptions），http：//oracc. museum. upenn. edu /etcsri/introduction/index. html。

国际学术界的"分享研究"网，https：//www. academia. edu/。

中国社会科学网，http：//www. cssn. cn/。

中外文专有名词对照表

（按照专有名词首字母顺序）

（一）神名

安（An）

巴巴（Baba）

巴乌（Bau）＝巴巴

贝拉特舒赫尼尔（Belat-Shuhnir）

贝拉特泰拉班（Belat-Teraban）

恩利勒（Enlil）

加图姆杜（Gatumdu）

卡米什（Kamish）

南那（Nanna）

宁阿加拉（Nin-agala）

宁吉尔苏（Ningirsu）

宁利勒（Ninlil）

沙马什（Shamash）

沙乌什卡（Shawushka）

辛（Sin 或 Suen）

提什帕克（Tishpak）

乌图（Utu）

伊南娜（Inanna）

伊什塔尔（Ishtar）

（二）人名

1. 古代人名

阿巴尔萨尔（Abarsal）

阿比埃舒赫（Abi-eshuh）

阿比西姆提（Abi-simti）

阿达德阿普拉伊丁那（Adad-apla-iddina）

阿达德尼拉里一世（Adad-nirari Ⅰ）

阿达德尼拉里二世（Adad-nirari Ⅱ）

阿达德尼拉里三世（Adad-nirari Ⅲ）

阿达德舒马乌舒尔（Adad-shuma-usur）

阿达吞（Adatum）

阿卜迪里沙（Abdi-Eisha）

阿尔哈尔巴（Arhalba）

阿尔努万达二世（Arnuwanda Ⅱ）

阿尔塔舒玛拉（Artashshumara）

阿尔塔塔玛一世（Artatama Ⅰ）

阿尔扎图（Arzatu）

阿哈特阿比莎（Ahat-abisha）

阿哈特米尔库（Ahatmilku）

阿加（Agga）

阿克巴尼（Akbani）

阿拉德姆（Aradmu）

阿拉德南那（Arad-Nanna）＝阿拉德姆

阿拉帕（Arrapha）

阿里卜阿塔尔（Arib-atal）

阿马尔辛（Amar-Suen）

阿美尔马尔杜克（Amel-Marduk）

阿蒙霍特普三世（Amenhotep Ⅲ）

阿蒙霍特普四世（Amenhotep Ⅳ）

阿米迪塔那（Ammi-ditana）

阿米喀图姆（Ammiqatum）

阿米萨杜喀（Ammi-saduqa）

阿米尔舒尔吉（Amir-Shulgi）

阿米马达尔（Ammi-madar）

阿米斯坦如二世（Ammistamru Ⅱ）

阿米塔库（Ammi-taku）

阿米塔姆如一世（Ammittamru Ⅰ）

阿米塔姆如二世（Ammittamru Ⅱ）

阿米塔姆如三世（Ammittamru Ⅲ）

阿密提斯（Amyitis 或 Amytis）

阿穆拉皮（Ammurapi）

阿穆那（Ammuna）

阿穆特皮埃尔（Amut-pi-El）

阿皮尔金（Apilkin）

阿皮勒辛（Apil-Sin）

阿如衮（Arrugum）

阿如坤（Arrukum）

阿舒尔巴尼帕（Ashurbanipal）

阿舒尔贝尔卡拉（Ashshur-bel-kala）

阿舒尔丹三世（Ashur-dan Ⅲ）

阿舒尔莱沙伊西（Ashur-resha-ishi）

阿舒尔那丁阿赫二世（Ashur-nadin-ahhe Ⅱ）

阿舒尔那西尔帕二世（Ashurnasirpal Ⅱ）

阿舒尔尼拉里五世（Ashur-nirari Ⅴ）

阿舒尔乌巴里特一世（Ashur-uballt Ⅰ）

阿舒尔乌巴里特二世（Ashur-uballit Ⅱ）

阿斯库杜姆（Asqudum）

阿斯库尔阿达德（Asqur-Adad）

阿斯提阿格斯（Astyages）

阿塔里亚（Atalia）

阿伊（Ay）

埃安达姆亚（Eandamua）

埃安纳吞（Eannatum）

埃赫那吞（Akhenaten）＝阿蒙霍特普四世

埃拉伊米提（Erra-imitti）

埃里巴阿达德一世（Eriba-Adad Ⅰ）

埃曼伊利（Eman-ili）

埃纳卡莱（Enakalle）

埃瑞舒姆一世（Erishum Ⅰ）

埃萨尔哈东（Esarhaddon）

安巴（Anba）

安巴里斯（Ambaris

安布（Anbu）

巴巴提（Babati）

巴尔塔图雅（Bartatua）

巴拉伊尔努（Barairnun）

巴穆（Bamu）

巴伊（Bay）

巴兹（Bazi）

贝尔图姆（Beltum）

本提西那（Bentisina）

俾拉拉马（Bilalama）

比朱亚（Bizua）

布尔纳布里亚什二世（Burna-Buriash Ⅱ）

布尔辛（Bur-Sin）

布尼尔尼（Bunirni）

布乌杜（Buwudu）

茨里辛（Silli-Sin）

达达（Dada）

达杜海帕（Daduhepa 或 Tadukhipa）

达杜沙（Dadusha）

达卡蒙朱（Dakhamunzu 或 Anchsepa-Aton）

达米克图姆（Damiqtum）

达米可伊利舒（Damiq-ilishu）

达姆胡拉西（Dam-huraṣi）

达提图（Datitu）

达亚亚（Dayaya）

迪什阿杜（Qish-Addu）

杜布胡阿达（Dubuhu-'Ada）

杜杜（Dudu）

杜铁舒卜（DU-Teshub）

杜西古（Dusigu）

恩安奈帕达（En-anne-padda）

恩尔哈拉玛（En'ar-Halama）

恩黑杜安娜（Enheduanna）

恩利尔巴尼（Enlil-bani）

恩利尔库杜里乌舒尔（Enlil-kudurri-usur）

恩利尔那丁舒米（Enlil-nadin-shumi）

恩美巴拉格西（En-me-barage-si）

恩那达干（Enna-Dagan）

恩那乌图（Enna-Utu）

古地亚（Gudea）

衮古努（Gungunum）

哈达尼什（Hadanish）

哈拉普西里（Harapshili）

哈塔杜海帕（Hataduhepa）

哈图西里一世（Hattusili Ⅰ）

哈图西里三世（Hattushili Ⅲ）

哈希卜阿塔尔（Hashib-atal）

哈亚山（Hayasan）

哈亚苏穆（Haya-Sumu）

海恩提（Henti）

汉谟拉比（Hammurabi）

汉穆拉皮（Hammurapi）

汉提里（Hantili）

胡巴西姆提（Huba-simti）

胡巴亚（Hubaya）

胡尔巴提拉（Hur-batila）

胡喀那（Huqqana）

胡姆班努美那（Humban-Numena）

胡特兰坦提（Hutran-temti，又称 Hutran-tepti）

胡兹亚一世（Huzziya Ⅰ）

霍连姆赫布（Horemheb）

吉尔伽美什（Gilgamesh）

吉鲁海帕（Giluhepa，或者 Kilu-Hepa，Gilukhepa）

吉美埃安娜（Geme-Eanna）

吉美南娜（Geme-Nanna）

基米尔宁卡拉克（Gimil-Ninkarrak）

吉沙基杜（Gishakidu）

基亚克萨雷斯（Cyaxares）

伽舒利亚威亚（Gashshuliyawiya）

金瑞林（Zimri-Lim）

卡达什曼恩利勒一世（Kadashman-Enlil Ⅰ）

卡达什曼哈尔贝（Kadashman-Har-be）

卡库（Kaku）

卡拉哈尔达什（Kara-hardash）

卡拉穆（Kallamu）

卡什塔利提（Kashtariti）

卡什提里阿什四世（Kashtiliash Ⅳ）

卡什提里阿舒（Kashtiliashu）

凯什杜特（Keshdut）＝希尔杜特

库巴图姆（Kubatum）

库尔比拉克（Kurbilak）

库尔提瓦扎（Kurtiwaza）

库里加尔朱一世（Kurigalzu Ⅰ）

库提尔那浑特（Kutir-Nahhunte）

库瓦里（Kuwari）

昆西马图姆（Kunshi-matum）

拉巴施马尔杜克（Labashi-Marduk）

莱伊图（Re'itu）

利布尔尼如姆（Libur-nirum, Li-bur-ni-rum）

里美尔（Limer）

里皮特恩利尔（Lipit-Enlil）

里皮特伊什塔尔（Lipit-Ishtar）

李维米塔舒（Liwwir-mittashu）

卢巴乌（Lu-Bau）

卢古拉（Lugula）

卢基利扎勒（Lugirizal）

卢伽尔库朱（Lugal-kuzu）

卢伽尔马古莱（Lugal-magurre）

卢伽尔扎格西（Lugal-zagesi）

卢南那（Lu-Nanna）

卢萨（Rusa）

卢孜马利克（Ruzi-Malik）

卢孜马利克（Ruzi-Malik，同名另一人）

马蒂斯（Madys）

马尔杜克贝勒乌沙提（Marduk-bel-ushati）

马尔杜克沙皮克泽里（Marduk-shapik-zeri）

马尔杜克扎吉尔舒米一世（Marduk-zakir-shumi Ⅰ）

马拉伊勒（Mara-il）

玛丽格纳尔（Malignal 或 Mal-Nikkal）

马纳帕塔尔混塔（Manapa-Tarhunta）

玛尼什吐苏（Manishtushu）

玛莎纳乌孜（Mashshana-uzzi，或 Illi-IR-innas）

马什辉鲁瓦（Mashhuiluwa）

马什图利（Mashturi）

美库比（ME-kubi）

美库姆（Mekum）

美里施帕克（Meli-Shipak）

美伊什塔兰（Me-Ishtaran）

米吉尔宁利尔图姆（Migir-Ninliltum）

米塔（Mita）

穆巴利塔特舍鲁娅（Muballiṭat-Šerua）

穆尔西里一世（Mursili Ⅰ）

穆尔西里二世（Mursili Ⅱ）

穆尔西里三世（Murshili Ⅲ）

穆瓦塔里二世（Muwatalli Ⅱ）

穆瓦提（Muwatti）

那波尼德（Nabonidus）

那波帕拉萨尔（Nabopalassar）

那布达（Nabuda）

纳布莱伊（Nabu-le'i）

纳布舒马乌金一世（Nabu-shuma-ukin Ⅰ）

纳拉姆辛（Naram-Sin）

纳姆哈尼（Nammahani 或 Namhani，拉伽什恩西）

那尼卜阿塔尔（Nanip-atal）

那齐娅（Naqia）

那瓦尔阿塔尔（Nawar-atal）

纳兹布伽什（Nazibugash）

那兹马如塔什（Nazi-Marutash）

奈里格里萨尔（Neriglissar）

南哈尼（Namhani，哈马兹恩西）

尼布甲尼撒一世（Nebuchadnezzar Ⅰ）

尼布甲尼撒二世（Nebuchadnezzar Ⅱ）

尼科马杜二世（Niqmadu Ⅱ）

尼克美帕（Niqmepa）

尼尔达伽尔（Niridagal）

尼努尔塔阿帕尔埃库尔（Ninurta-apal-Ekur）

尼孜（Nizi）

涅利格里萨尔（Neriglissar）

涅利卡里（Nerikkaili）

宁阿拉（Nin-alla）

宁海杜（Nin-hedu）

宁卡吉娜（Nin-KA-gina）

宁利莱马那格（Ninlile-manag）

宁尼加尔埃西（Nin-nigar-e-si）

穆塔斯库尔（Mutasqur）

帕巴（Paba）

帕吉如姆（Pagirum）

帕拉塔尔那（Parattarna）

帕希尔伊山（Pahir-Ishshan）

皮里格美（Pirig-me）

普沙姆（Pusham）

普度海帕（Puduhepa）

普朱尔阿舒尔一世（Puzur-Ashur Ⅰ）

普朱尔埃拉（Puzur-Erra）

普朱尔埃什塔尔（Puzur-Eshtar）

普朱如姆（Puzurum）

瑞穆什（Rimush）

瑞姆辛（Rim-Sin）

瑞什阿达德（Rish-Adad）

萨比乌姆（Sabium）

萨尔贡（Sargon）

萨尔贡二世（Sargon Ⅱ）

萨穆阿达德（Samu-Adad）

萨姆苏迪塔那（Samsu-Ditana）

萨姆苏伊卢纳（Samsu-iluna）

萨乌萨达特（Sausadat）

沙迪图（Shadditu）

沙尔卡里沙利（Shar-Kali-Sharri）

沙勒马那沙尔三世（Shalmaneser Ⅲ）

沙勒马那沙尔四世（Shalmaneser Ⅳ）

沙勒马那沙尔五世（Shalmaneser Ⅴ）

沙鲁尔图姆（Shallurtum）

沙穆拉马特（Shammuramat）

沙姆西阿达德一世（Shamshi-Adad Ⅰ）

沙姆西阿达德五世（Shamshi-Adad Ⅴ）

沙如巴尼（Sharrum-bani）

沙如姆伊特尔（Sharrum-iter）

沙特马米（Shat-Mami）

沙提瓦扎（Shattiwaza 或 Mattiwaza） = 库尔提瓦扎

沙提亚（Shatiya）

沙图亚拉（Shattuara）

沙乌什加穆瓦（Shaushgamuwa）

施卜图（Shibtu）

施勒哈克因舒施那克（Shilhak-Inshushinak）

示撒（Shosheng）

舒阿达德（Shu-Adad）

图特摩斯四世（Thutmosis Ⅳ）

瓦尼（Wanni）

温塔什那皮里沙（Untash-Napirisha）

乌巴亚（Ubaya）

乌尔阿亚巴（Ur-ayabba）

乌尔巴巴（Ur-Baba）

乌尔巴乌（Ur-Bau）＝乌尔巴巴

乌尔杜库加（Ur-dukuga）

乌尔吉吉尔（Ur-gigir）

乌尔伽尔（Ur-GAR）

乌尔鲁玛（Ur-Lumma）

乌尔马马（Ur-Mama）

乌尔南塞（Ur-Nanshe）

乌尔纳姆（Ur-Nammu）

乌尔尼加尔（Ur-nigar）

乌尔尼努尔塔（Ur-Ninurta）

乌尔宁吉尔苏一世（Ur-Ningirsu Ⅰ）

乌尔宁吉尔苏二世（Ur-Ningirsu Ⅱ）

乌尔宁马尔（Ur-Ninmar）

乌尔伊什库尔（Ur-Ishkur）

乌尔扎巴巴（Ur-Zababa）

乌科尼图姆（Uqnitum）

乌勒吞胡胡（Ultum-Huhu，Ul-tum-HU.HU）

乌鲁卡基那（Urukagina）

乌图赫伽尔（Utu-hegal）

希达尔（HI-da'ar）

希尔杜特（Hirdut）

西拉克拉里斯（Cyaxares）

希罗多德（Herodotus）

西马特库比（Simat-Kubi）＝美库比

西马特伊什塔兰（Simat-Ishtaran）＝美伊什塔兰

西马图姆（Shimatum）

希塔（Hita）

西威帕拉尔胡帕克（Siwe-palar-huppak）

辛阿布舒（Sin-abushu）

辛卡施德（Sin-kashid）

辛马吉尔（Sin-magir）

辛穆巴里特（Sin-muballit）

辛那赫里布（Sennacherib）

辛沙尔伊什昆（Sin-shar-ishkun）

亚巴（Yaba）

雅迪赫阿布（Yadih-Abu）

亚赫顿林（Yahdun-Lim）

亚基德林（Yaggid-Lim）

亚马马（Yamama）

雅帕赫舒穆（Yapah-Shumu）

亚瑞姆林一世（Yarim-Lim Ⅰ）

亚瑞姆林三世（Yarim-Lim Ⅲ）

亚斯马赫阿杜（Yasmah-Addu）

雅斯马赫达干（Yasmah-Dagan）

亚塔如姆（Yatarum）

伊巴拉（Ibara）

伊巴勒皮埃勒二世（Ibal-pi-El Ⅱ）

伊比拉努（Ibiranu）

伊比斯皮什（Ibbi-Sipish）

伊比辛（Ibbi-Suen）

伊比孜吉尔（Ibbi-zikir）

伊卜杜阿什塔尔（Ibdu-Ashtar）

伊卜利温（Ibrium）

伊卜鲁勒伊勒（Iblul-Il）

伊卜马利克（I'ib-malik）

伊卜尼辛（Ibni-Sin）

伊茨舒穆阿布（Isi-Shumu-Abu）

伊丁达干（Iddin-Dagan，乌尔第三王朝时人）

259

伊丁达干（Iddin-Dagan，伊新国王）

伊丁卡卡（Iddin-Kakka）

伊尔卡卜达穆（Irkab-damu）

伊尔奈（IrNE）

伊格哈尔基（Ige-Halki）

伊格利什哈拉卜（Igrish-Halab）

伊格利什哈兰（Igrish-Halam）

伊基德林（Iggid-Lim）

伊昆伊沙尔（Ikun-ishar）

伊拉（Ila）

伊拉格达穆（Ir'ag-damu）

伊拉卡卜卡布（Ila-kabkabu）

伊里什提卡尔（Ilish-tikal）

伊鲁舒马（Ilushuma）

伊尼姆南那（Inim-Nanna）

伊普胡哈（Iphuha）

伊萨尔达穆（Isar-Damu，Ishar-damu）

伊沙尔达穆（Ishar-damu）

伊沙尔林（Ishar-Lim）

伊什比埃拉（Ishbi-Erra）

伊什杜姆金（Ishdum-kin）

伊什黑阿达德（Ishhi-Adad）

伊什美达干（Ishme-Dagan）

伊什帕卡（Ishpaka）

伊什塔帕里亚（Ishtapariya）

伊特尔皮沙（Iter-pisha）

伊特拉克伊里（Itraq-ili）

伊提穆特（Iti-Mut）

伊图里亚（Ituria）

伊西赫达干（Isih-Dagan）

因达苏（Indasu）

因马利克（Inmalik）

英特莱格努（Interregnum）

扎里克（Zariq）

扎南扎（Zannanza）

扎奈西马瑞（Zanehimari）

扎雅舍（Za'ashe）

扎兹亚（Zaziya）

占比亚（Zambia）

朱杜（Zudu）

朱加巴（Zugaba）

朱加卢姆（Zugalum）

孜丹塔（Zidanta）

孜米尼巴尔库（Zimini-barku）

孜润古（Ziringu）

兹孜（Zizi）

2. 现代人名

阿方索·阿尔基（Alfonso Archi）

阿兰·R. 舒尔曼（Alan R. Schulman）

彼得·米哈沃夫斯基（Piotr Michalowski）

柴田大辅（Daisuke Shibata）

菲洛·H. J. 霍温克·腾卡特（Philo H. J. Houwink ten Cate）

弗劳科·魏尔斯霍伊纳（Frauke Weiershäuser）

格里戈里奥斯·I. 孔托普洛斯（Grigorios I. Kontopoulos）

亨利·法兰克福（Henri Frankfort）

卡洛·扎卡尼尼（Carlo Zaccagnini）

劳埃德（Seton Lloyd）

雷蒙德·韦斯特布鲁克（Raymond Westbrook）

马可·博内基（Marco Bonechi）

玛丽莲·凯莉－布切拉蒂（Marilyn Kelly-Buccellati）

玛利亚·乔凡娜·比加（Maria Giovanna Biga)

玛乔丽·费舍尔（Marjorie Fisher）

穆恩－兰金（J. M. Munn-Rankin）

穆罕默德·拉法特·阿巴斯
　（Mohamed Raafat Abbas）

帕尔萨·丹斯曼德（Parsa Danesh-
　mand）

平托雷（F. Pintore）

乔瓦尼·佩蒂纳托（Giovanni Pettinato）

乔治·布切拉蒂（Giorgio Buccellati）

斯特凡诺·德马蒂诺（Stefano
　de Martino）

特雷沃·布赖斯（Trevor Bryce）

瓦尔特·扎拉贝格尔（Walther
　Sallaberger）

威廉·洛夫特斯（William Loftus）

威廉·L. 莫兰（William L. Moran）

沃尔夫冈·勒里希（Wolfgang
　Röllig）

雅克布森（Thorkild Jacobsen）

亚娜·米娜诺娃（Jana Mynářová）

扬·范戴克（Jan van Dijk）

茱莉亚·M. 亚瑟－格雷夫（Julia
　M. Asher-Greve）

（三）地名
1. 古代地名

阿巴尔（Abal）

阿巴尔萨尔（Abarsal）

阿达卜（Adab）

阿丹顿（Adamdun）

阿尔米（Armi）

阿尔扎瓦（Arzawa）

阿卡德（Akkad）

阿克隆（Ekron）

阿克沙克（Akshak）

阿拉拉赫（Alalakh）

阿拉帕（Arrapha）

阿拉什亚（Alashiya）

阿鲁米达吞（Alumidatum）

阿米亚（Ammia）

阿姆那农（Amnānum）

阿穆如（Amurru）

阿帕萨（Apasa）

阿皮沙尔（Apishal）

阿什达尔鲁姆（Ashdarlum）

阿什那库（Ashnakkum）

阿舒（'Ashu）

阿舒尔（Ashur）

阿万（Awan）

阿西亚瓦（Ahhiyawa）

阿扎恩（'Azan）

阿兹－哈亚萨（Azzi-Hayasa，Azzi/
　Hajasha）

埃卜拉（Ebla）

埃尔台凯赫（Eltekeh）

埃兰（Elam）

埃利都（Eridu）

埃马尔（Emar）

埃穆特巴尔（Emut-Bal）

埃尼沙希（Enishasi）

埃什努那（Eshnunna）

安山（Anshan）

巴比伦（Babylon）

巴德提比拉（Bad-tibira）

巴拉伊尔努（Barairnum）

比布罗斯（Byblos）

波尔西帕（Borsippa）

德尔（Der）

底比斯（Thebes）

布尔曼（Burman）

迪尔巴特（Dilbat）

狄勒蒙（Dilmun）

杜古拉苏（Dugurasu）

杜鲁（Dulu）

杜卜（Dub）

腓力斯丁（Philistine）

腓尼基（Phoenicia）

弗里吉亚（Phrygia）

古尔古姆（Gurgum）

哈拉比图（Halabitu）

哈拉卜（Halab）

哈兰（Harran）

哈勒苏（Halsum）

哈马特（Hamath）

哈马兹（Hamazi）

哈那（Hana）

哈帕拉（Hapalla）

哈梯（Hatti）

哈亚萨－阿兹（Hayasa-Azzi）=
  阿兹－哈亚萨

哈朱万（Hazuwan）

赫梯（Hittite）

胡卡纳（Hukkana）

胡提穆（Hutimu）

吉尔苏（Girsu）

吉沙基杜（Gishshakidu）

基什（Kish）

基苏拉（Kisurra）

加尔沙那（Garshana）

加尔塔（Garta）

加苏尔（Gasur）

加喜特（Kassites）

卡尔杜尼阿什（Karduniash）

卡尔凯美什（Carkemish）

卡拉赫（Kalhu 或 Calah）

卡拉那（Karana）

卡里亚（Caria）

喀特那（Qatna 或 Qaṭina）

库木基（Kummukhi）

拉尔萨（Larsa）

拉伽什（Lagash）

腊皮库（Rapiqum）

曼基苏（Mankisum）

卢卢布（Lulubu）

鲁姆南（Lumnan）

吕底亚（Lydia）

马尔哈西（Marhashi）

马干（Magan）

马腊德（Marad）

马里（Mari）

马什勘沙润（Mashkan-sharrum）

麦鲁哈（Meluhha）

迈锡尼（Mycenae）

孟菲斯（Memphis）

米底（Media）

米拉（Mira）

米拉万塔（Millawanta）

米坦尼（Mitanni）

那加尔（Nagar）

那瓦尔（Nawar）=那加尔

那扎拉（Nazala）

尼阿卜（Niab）

尼布尔马特（Nibulmat）

尼拉尔（Nirar）

尼腊尔（Nilar）

尼那（Nina）

尼尼微（Nineveh）

尼普尔（Nippur）

帕西美（Pashime）

普兹瑞什达干（Puzrish-Dagan）

萨尔贡堡（Dur-Sharrukin）

萨勒巴图（Salbatu）

萨那普朱古姆（Sanapzugum）

沙杜普（Shaduppum）

沙提鲁（Shatilu）

舍哈（Sheha,）

舍赫纳（Shehna）

舒鲁帕克（Shuruppak）

舒沙拉（Shusharra）

舒伊利亚（Shu-iliya）

斯基泰（Scythia，又译为西徐亚）

塔巴勒（Tabal，又称 Bit-Burutash）

台尔喀（Terqa）

图如库（Turukum）

图图卜（Tutub）

图图勒（Tutul）

瓦什舒卡尼（Washshukanni）

温马（Umma）

乌尔（Ur）

乌尔比隆（Urbilum）

乌尔凯什（Urkesh）

乌加里特（Ugarit）

乌拉尔图（Urartu）

乌鲁克（Uruk）

乌皮（Upi）

乌提古（Utigu）

乌图姆（Utum）

乌扎利米隆（Uzarimilum）

西格里什（Shigrish 或 Sigrish）

希拉库（Hilakku）

西马农（Simanum）

西马什基（Shimashki）

西穆如姆（Simurum）

西帕尔（Sippar）

西乌米城（Siummi）

亚普（Iap）

亚述（Assyria）

延哈德（Yamhad）

以弗所（Ephesus）

伊达马拉斯（Idamaras）

以东（Edom）

伊兰苏拉（Ilanṣura）

伊尼布（Inibu）

伊新（Isin）

犹大（Judah）

扎卜沙里（Zabshali）

2. 现代地名

阿布沙拉比赫（Abu Salabikh）

阿布舍加（Tell Abu Sheeja，伊拉克）

阿哈朱姆（Ahazum）

阿马尔那（Amarna，埃及）

阿穆喀河（Amuq，土耳其）

阿斯玛尔（Tell Asmar，伊拉克）

阿特查那（Tell Atchana，土耳其）

安巴尔（Tell Anbar，伊拉克）

奥朗特河（Orontes，叙利亚）

巴塞特吉（Bassetki，伊拉克）

贝喀河（Beqaa，黎巴嫩）

布拉克（Tell Brak，叙利亚）

布什尔（Bushire，伊朗）

盖迪斯河（Gediz，土耳其）

德莱海姆（Tell Drehem，伊拉克）

埃尔比勒（Erbil，伊拉克）

哈利勒河（Halil，伊朗）

哈利里（Tell Hariri，叙利亚）

哈马尔（Tell Harmal，伊拉克）

豪尔萨巴德（Khorsabad，伊拉克）

吉德尔（Al-Khidhr，伊拉克）

吉罗夫特（Jiroft，伊朗）

卡克米山（Kakmean）

喀卜拉（Qabra）

喀拉·迪则赫（Qala Dizeh）

喀拉特舍尔喀特（Qalat Sherqat，
伊拉克）

凯瓦·拉什（Kewa Rash）

科曼省（Kerman，伊朗）

库尔库尔山（Kurkur）

拉尼亚平原（Raniya）

拉斯·沙姆拉（Ras Shamra，
叙利亚）

美斯凯奈（Tell Meskene，叙利亚）

门德雷斯河（Maeander，土耳其）

米什里费（Tell el-Mishrife，叙利亚）

马尔迪克（Tell Mardikh，叙利亚）

摩苏尔（Mosul，伊拉克）

莫赞（Tell Mozan，叙利亚）

蒙巴卡特（Mumbaqat，叙利亚）

穆凯吉尔（Tell el-Muqejjir，伊拉克）

欧贝德（Obaid，伊拉克）

帕什凯乌（Pashkew）

努孜（Nuzi，伊拉克）

沙赫达德（Shahdad，伊朗）

舍姆沙拉（Tell Shemshara，伊拉克）

苏维哈特（Suweyhat，叙利亚）

塔里马颜（Tall-i Malyan，伊朗）

特拉普宗（Trabzon，土耳其）

提卜河（River Tieb，伊朗）

叙利亚－西里西亚地区（Syrian-
Cilician）

乌尔米亚湖（Lake Urmiah，伊朗）

兰亚平原（Ranya，伊拉克）

伊德利卜省（Idlib，叙利亚）

伊山艾尔巴利亚特（Ishan al-
Bahriyat，伊拉克）

约卡（Tell Jokha，伊拉克）

（四）其他专有名词

阿拉米人（Arameans）

阿马尔那书信（Amarna letters）

阿米萨杜喀的金星泥板（Venus
tablet of Ammisaduqa）

阿摩利长城"穆里克提德尼姆"
（Muriq-Tidnim）

阿摩利人（Amorite）

埃卜拉学（Eblaitology）

《埃什努那法典》（Laws of Eshnunna）

《恩美卡尔与阿拉塔之主》（Enmerkar
and the Lord of Aratta）

古巴比伦时期（Old Babylonian Period）

古巴比伦早期或前期（Early Old
Babylonian period）

《古地亚滚筒铭文 A 和 B》（Gudea
Cylinder A & B）

古亚述时期（Old Assyrian Period）

《汉谟拉比法典》（Code of Hammurabi）

胡里人（Hurrians）

《吉尔伽美什史诗》（Epic of Gilgamesh）

《里皮特伊什塔尔法典》（Code of Lipit-
Ishtar）

《历史》（Histories）

曼纳人（Mannaean）

沙勒马那沙尔三世黑色方尖碑（Black Obelisk of Shalmaneser Ⅲ）

《苏美尔王表》（Sumerian King List）

苏美尔"文艺复兴"（Sumerian Renaissance）

《苏皮鲁流马敕令》（Deeds of Suppil-uliuma）

《苏皮鲁流马与沙提瓦扎/库尔提瓦扎的条约》（Treaty of Suppiluliuma and Shattiwaza）

《铁列平敕令》（Telepinu Proclamation）

外交婚姻（diplomatic marriage）

王朝内部婚姻（dynastic marriage）

《乌尔纳姆法典》（Code of Ur-Nammu）

西马连人（Cimmerian）

新苏美尔帝国（Neo-Sumerian Empire）

新苏美尔时期（Neo-Sumerian Period）

"眼神庙"（Eye Temple）

早王朝时期（Early Dynastic period，简称 ED）

政治婚姻（英文：Political Marriage，德文：Politische Heiraten）

后　记

　　本书从构思到写作完成历时十年有余，当我还在海德堡大学读书时，已经开始关注古代两河流域的政治婚姻问题，并且搜集了许多相关研究资料。由于古代文献记载的简洁性、碎片化，我们对于政治婚姻的详细经过、婚姻双方内心的思想感情的认识几乎空白，这也体现了政治婚姻的"政治性"特色，尤其是出嫁的王公女子，有些甚至没有留下名字，沦为婚姻的"政治工具"。

　　每每想到如此，我更觉得有责任记录下几千年前这些婚姻中的男女，哪怕仅仅是为了"没有忘却的纪念"。

　　作为教育部哲学社会科学研究后期资助项目的结项成果，本书也得到了浙江师范大学出版基金的资助。同时，本书的写作得到了诸多学界前辈、同行们的指导与关心，在此表示由衷感谢。此外，还要感谢浙江师范大学人文学院、人文社会科学处的支持与资助，感谢海德堡大学亚述学研究所、浙江大学人文高等研究院、西北大学叙利亚研究中心的支持。最后，本书能够完成离不开家人们无微不至的关怀与始终如一的支持。

　　由于笔者的学术水平有限，书中难免有纰漏，诚挚地期待专家和读者批评指正。

刘昌玉

2023 年 6 月 1 日

浙江师范大学丽泽花园寓所